Im Reich der Ritter

DIETER BUCK

Im Reich der Ritter

AUSFLÜGE ZU DEN
SCHÖNSTEN BURGEN UND
RUINEN IN KÄRNTEN

Verlag Carinthia

HINWEIS
Die Wander- und Besichtigungsvorschläge wurden mit aller Sorgfalt zusammengestellt. Zu beachten ist, dass viele Anlagen nur auf eigene Gefahr zu besichtigen sind, bei manchen das Betreten auch verboten ist. Eine Haftung für Schäden irgendwelcher Art kann daher aus keinem Rechtsgrunde übernommen werden.
Da sich der Zustand und Zugang der Anlagen jederzeit ändern kann, wären Ihnen Verlag und Autor um Mitteilung dankbar. Für Anregungen wenden Sie sich bitte an: Dieter Buck, Am Ochsenwald 27 A, D 70565 Stuttgart.

IMPRESSUM

ISBN: 978-3-85378-596-6

© 2007 by Carinthia Verlag in der
Verlagsgruppe Styria GmbH & Co KG
Wien – Graz – Klagenfurt
Alle Rechte vorbehalten

www.carinthiaverlag.at

Alle Fotos: © Dieter Buck
Covermotiv: Ruine Hohenliebenfels
Gestaltung, Satz & Repro: TextDesign GmbH, Klagenfurt
Druck & Bindung: Druckerei Theiss GmbH, St. Stefan im Lavanttal
Printed in Austria

Die Burgen und ihre Ritter

10 Die Burgen und ihre Ritter   **13** Über den Burgenbau
19 Der Ritter und das gesellschaftliche System
25 Der Ritter und sein Werdegang   **29** Fehde und Krieg
33 Das Leben auf der Burg   **42** Burgen und Ruinen in Kärnten

Kärntens schönste Burgen

50 Mautturm   **52** Ruine Hohenburg   **54** Ruine Flaschberg
56 Ruine Pittersberg   **58** Ruine Goldenstein   **62** Ruine
Weidenburg   **64** Ruine Mölltheurer   **66** Ruine Ödenfest
68 Ruine Sonnenburg   **70** Altes Schloss Gmünd   **74** Ruine
Hohenburg   **76** Ruine Feldsberg   **78** Ruine Ortenburg
82 Ruine Sommeregg   **84** Ruine Malenthein   **86** Ruine
Khünburg   **90** Ruine Aichelburg   **92** Ruine Arnoldstein
96 Ruine Federaun   **100** Ruine Alt-Treffen   **102** Ruine
Landskron   **106** Ruine Alt-Finkenstein   **108** Ruine Aichelberg   **110** Ruine Hohenwart   **112** Ruine Altrosegg   **114** Ruine
Alt-Albeck   **118** Ruine Arnulfsfeste   **122** Ruine Alt-Leonstein
126 Ruine Reifnitz   **128** Ruine Glanegg   **132** Ruine Alt-Liemberg   **134** Ruine Gradenegg   **136** Ruine Hohenliebenfels
138 Ruine Karlsberg   **140** Ruine Hardegg   **142** Ruine Zeiselberg   **146** Burgenstadt Friesach   **154** Schloss Straßburg
156 Kraiger Schlösser   **162** Ruine Taggenbrunn   **164** Burg
Hochosterwitz   **170** Ruine Grünburg   **172** Ruine Hornburg
174 Ruine Waisenberg   **176** Ruine Höhenbergen   **178** Ruine
Reichenfels   **180** Ruine Gomarn   **182** Ruine Twimberg
186 Ruine Reisberg   **188** Ruine Hartneidenstein   **190** Ruine
Sonnegg   **192** Ruine Rechberg   **194** Ruine Haimburg
196 Ruine Griffen   **200** Ruine Rabenstein

Anhang

204 Glossar   **214** Register   **216** Literatur

Vorwort

Dieses Buch soll einen Einblick in die Zeit der Ritter und ihrer Burgen gewähren – ein Thema, das nicht nur Kinder fasziniert, sondern auch viele Erwachsene in seinen Bann zu ziehen vermag. Am Anfang werden das Leben der Menschen jener Zeit, der Burgenbau, der Werdegang eines Ritters und vieles mehr beschrieben. Denn wer weiß, was es mit den Gebäuden und ihren Bewohnern auf sich hatte, wie sie lebten, kämpften, liebten und starben, der wird bei einer Besichtigung mehr verstehen als jemand ohne diese Kenntnisse. Anschließend werden 55 Burgen und Burgruinen in Kärnten vorgestellt und der Zugang zu ihnen erklärt. Dies kann eine kurze oder längere Wanderung sein, manchmal kann man auch fast direkt vor der Burg parken.

Viele der Anlagen sind speziell für Kinder ein Anziehungspunkt. Denn gibt es ein Kind, das nicht davon träumt, Knappe, Ritter oder Burgfräulein zu sein? Mit Rüstung, Schwert und Pferd als Junge oder mit Schleier, in lange, wallende Gewänder gehüllt als Mädchen? Ritterspiele als Zeitvertreib oder Minnesängern lauschend? Da ist auch eine Wanderung dorthin kein großes Problem mehr! Sollten Anlagen für Kinder nicht geeignet sein, ist dies extra vermerkt.

Was man von diesem Buch allerdings nicht erwarten darf, ist ein wissenschaftlicher Burgenführer. Das Buch soll Sie nur zu den Anlagen führen und Ihnen Anhaltspunkte zu ihrer Geschichte und den Anlagen selbst geben – und Ihnen mit diesem »Hintergrundwissen« einen schönen und erfüllten Ausflugstag verschaffen.
Dieter Buck

Die Burgen und ihre Ritter

10 Die Burgen und ihre Ritter   **13** Über den Burgenbau
19 Der Ritter und das gesellschaftliche System
25 Der Ritter und sein Werdegang   **29** Fehde und Krieg
33 Das Leben auf der Burg   **42** Burgen und Ruinen in Kärnten

Die Burgen und ihre Ritter

Denkmäler sind Zeugen wirklichen Lebens. Sie sollen nicht als sinnlose Überbleibsel einer fernen Vergangenheit, sondern als Male, als Richtpunkte angesehen werden, an die zu denken und über die nachzudenken sich lohnt. So betrachtet, werden Denkmäler zu Haltepunkten in der geistigen Indifferenz unserer Zeit, zu Bindegliedern, die zur Beheimatung des Menschen in seiner Umwelt beitragen, wobei der Grad der Bildung von der Strahlkraft des Denkmales abhängt.

Kurt Conrad: Burgen in Salzburg, 1977

Burgen und wehrhafte Bauten haben den Menschen seit Beginn seiner Kulturgeschichte, seit er begann, sesshaft zu werden, begleitet. Burgen prägten seit Jahrhunderten die Landschaft, und das gilt noch heute. Man denke nur an so großartige Anlagen wie Hochosterwitz, Landskron oder Glanegg, die auch prächtig ausgebaut sind. Bedeutende Burgen besaßen eine Vorburg und eine Hauptburg, die größeren auch handwerkliche Nebengebäude wie Schmiede, Bäckerei und Ähnliches. Die Vorburg war so gebaut, dass sie dem Feind, hatte er sie doch einmal erstürmt, bei seinem weiteren Vorgehen gegen die Hauptburg möglichst geringe Deckung bot. In den Anlagen waren Türen und Gänge möglichst eng gebaut, um bei einem eingedrungenen Gegner das weitere Vordringen mit möglichst geringen Kräften verhindern zu können. Viele Burgen waren aber auch klein und bescheiden; der einfache Adelige, der sie bewohnte, lebte vielleicht nur vom Zehnten eines Dorfes oder mehrerer Höfe oder als Dienstmann vom Zoll einer Straße. Die Burg bestand in diesem Fall oft nur aus einem Wohnturm mit oder ohne Mauer, einem Bergfried mit kleinem Palas oder einer Ummauerung, die einen Hof bildete oder einem schon wehrhaften Wohnbau mit einer umgebenden Ringmauer. Und auch diese kleineren Anlage, die gleich einer Perle aus dem dunklen Wald hervorblitzen, wie beispielsweise die Ruine Khünburg oberhalb des Pressegger Sees, sind aus unserer Landschaft nicht mehr wegzudenken.

Doch so romantisch, wie manche Burg auch aussehen mag, war das Ritterleben einst sicher nicht. Gefährlich war's. Mühselig und einsam oft. Willkommene Abwechslung brachten nur fahrende Händler, Spielleute, Gaukler oder Sänger. Die Burgen waren ungemütlich, eiskalt und zugig zwischen Herbst und Frühjahr. Und selbst im Sommer erwärmten sich die dicken Mauern kaum. Ganz zu schweigen von Zeiten des Krieges oder der Fehde. Oder in Belagerungszeiten. Kann man sich heute noch vorstellen, wie man sich fühlte, wenn der Feind vor der Haustüre lag? Keine übergeordnete Macht, an die man sich wenden konnte! Wenn Faustrecht, das Recht des Stärkeren, galt?

Prof. Horst Fuhrmann schrieb in seinem Buch »Vom Elend des Ritterlebens«: »Die Enge im Wohnturm, die grimmige Kälte im Winter, die Nahrungsvorsorge, die ständige Erneuerung, um den Bau vor dem Auseinanderfallen zu bewahren, und anderes mehr, verursachten eine immerwährende Plackerei.« Ulrich von Hutten, Humanist und Schriftsteller im 16. Jahrhundert, schrieb 1518 in einem Brief von seiner Burg Steckelberg: »Die Burg selbst, mag sie auf dem Berg oder im Tal liegen, ist nicht gebaut, um schön, sondern um fest zu sein; von Wall und Graben umgeben, innen eng, da sie durch die Stallungen für Vieh und Herden versperrt wird. Daneben liegen die dunklen Kammern, angefüllt mit Geschützen, Pech, Schwefel und dem übrigen Zubehör der Waffen und Kriegswerkzeuge. Überall stinkt es nach Pulver, dazu kommen die Hunde mit ihrem Dreck, eine liebliche Angelegenheit, wie sich denken läßt, und ein feiner Duft. … Reiter kommen und gehen, unter ihnen sind Räuber, Diebe und Banditen … Man hört das Blöken der Schafe, das Brüllen der Rinder, das Hundegebell, das Rufen der Arbeiter auf dem Felde, das Knarren und Rattern von Fuhrwerken und Karren; ja wahrhaftig, auch das Heulen der Wölfe wird im Haus vernehmbar, da der Wald so nahe ist. Der ganze Tag birgt Sorge und Plage, beständige Unruhe und dauernden Betrieb.«

Der Burgenbau des Mittelalters war eine große Leistung in technischer und organisatorischer Sicht, vergleichbar nur noch mit dem Bau der großen Kirchen. Allerdings wurde an den Kirchen oft jahrzehnte- oder jahrhundertelang gebaut – manchmal mit jahrzehntelangen Unterbrechungen, eine Burg musste jedoch in kürzerer Zeit fertig sein! Manche Anlagen wurden sogar nur in der Zeit eines Waffenstillstands oder während einer Belagerung erstellt, und zwar trotzdem so solide, dass sie lange bestehen blieben. Und auch hier fand man noch Zeit für Schmuckformen. Für die großen Stauferburgen rechnet man beispielsweise mit Bauzeiten von bis zu zehn Jahren.

War der Platz für den Bau erst einmal bestimmt, musste er baureif gemacht werden: Man rodete seine Umgebung und legte Steinbrüche, Sand- und Kalkgruben an. Die Leitung der Bauhütte übernahm als Fachmann ein Meister aus dem Baugewerbe. Die verwaltungsmäßige und kaufmännische Leitung konnte in den Händen des Bauherrn verbleiben. Die Steinmetze kennzeichneten die von ihnen geschaffenen Steine mit Zeichen, so dass man heute noch die Zahl der beschäftigten Handwerker feststellen kann. Es waren manchmal über sechzig, dazu kamen noch die dienstverpflichteten Handlanger und die Spanndienst leistenden Bauern, so dass es auf dem Bauplatz wahrscheinlich recht lebhaft zugegangen ist.

Obgleich manche Burgen zwar versteckt im Wald lagen, befanden sich die meisten doch frei auf Höhen. Früher jedenfalls, heute sind auch diese Anlagen oft von Wald überwuchert. Dabei wurde einst auch die Umgebung freigehalten; einerseits um Gegner genau beobachten zu können, andererseits, um ihnen keine Möglichkeit zu geben, durch einen Waldbrand die Burg »auszuräuchern«.

Über den Burgenbau

Kann man aber Kärnten als »Burgenland« bezeichnen? Wohl kaum, trotzdem gab es hier eine stattliche Zahl von Burgen, die teilweise heute noch gut, teilweise auch nur als Ruinen erhalten sind. Einige wurden zu Schlössern umgestaltet, bei anderen jedoch erinnern nur noch Flurnamen wie beispielsweise »Burgstall« an die einstige Burg.

Gründer und Erbauer von Burgen war bis ins 12. Jahrhundert der Hochadel (Herzöge, Grafen, Edelfreie), ab dem 13. Jahrhundert dann auch der niedere Adel, (ursprünglich unfreie) ritterliche Dienstmannen (Ministerialen) des Hochadels oder der Kirchen, außerdem der Ortsadel. Unterschieden werden sie in Gipfel-, Fels-, Sporn-, Hügel- und Flach- bzw. Wasserburgen. Anfangs wurden sie vor allem an Stellen errichtet, an denen keine großen Erdbewegungen erforderlich waren, also auf Gipfeln, Felsen und Kuppen, in Höhlen oder in ehemaligen vorgeschichtlichen Anlagen, wo die alten Wälle noch vorhanden waren. Im Spätmittelalter (1250–1500) dann wurden Burgen in der Nähe von Siedlungen, also in Halbhöhenlage oder sogar im Tal, als so genannte Wasserburgen erbaut.

Den entscheidenden Anstoß zum Bau von Burgen gab in Deutschland wohl der Sachsenkönig Heinrich I. Nachdem er den wilden ungarischen Reiterhorden erbitterten Widerstand geleistet und sie schließlich 933 bei Riade an der Unstrut in offener Feldschlacht besiegt hatte, ließ er die Grenzen durch Bauwerke befestigen. Danach bauten sich in ganz Europa reiche Grundherren ebenfalls befestigte Wohnsitze. Dazu muss man wissen, dass das »ius munitionis«, das Recht zur Anlage von Befestigungen, ursprünglich nur dem König zustand; es wurde aber bereits zur Zeit der Salier von den mächtigen Fürsten beansprucht, und 1230/31 verzichtete Friedrich II. formell zugunsten der Fürsten darauf. Die Genehmigung zum Burgenbau wurde vom Herzog oder von Grafen, die dabei das Reich vertraten und als eine Art Reichsbeamter, als »Landrichter«, fungierten, erteilt.

Im Sachsenspiegel, einem Rechtsbuch aus dem ersten Drittel des 13. Jahrhunderts, ist genau beschrieben, welcher Bau wehrhaft und somit genehmigungspflichtig war: Das waren zum einen Türme u. ä, daneben Palisaden oder Mauern, die höher hinaufragen als ein berittener Mann mit seinem Schwert hinaufreicht, die Zinnen oder Brustwehren haben, und Gräben, die tiefer hinabreichen, als ein Mann die Erde herausschaufeln kann. Auch die Salzburger Erzbischöfe, die in Kärnten viele Burgen besaßen, hatten ähnliche Regelungen.

Die ersten Anfänge des Baus von befestigen, burgähnlichen Anlagen gab es im 6. und 7. Jahrhundert. Zu Beginn ging man vermutlich von der germanischen Königshalle, dem Versammlungsraum der Männer, aus. Im Laufe der Zeit verdrängte der Stein- den Holzbau, und aus den Steinhäusern der Adeligen in den Dörfern entstanden im Laufe der Zeit Wohntürme, die auch verteidigt werden konnten; später wurden sie auf leichter zu verteidigende Höhen verlegt. Die ersten Anlagen waren wohl vom Typ der »unregelmäßigen Burganlage« bzw. der »Ringburg«.

Vor 1050 sind nur wenige Burgen nachweisbar, denn die Adelsfamilien wohnten zwischen der restlichen Bevölkerung, allenfalls waren ihre Wohngebäude befestigte Herrenhöfe. Ab dann setzte aber eine rege Bautätigkeit ein: Die Adeligen zogen sich auf Kegel- oder Vorberge in befestigte Anlagen zurück, oft waren die Burgen anfangs nur von hölzernen Palisaden geschützt. Ab diesem Zeitpunkt fing der Adel auch an, sich nach seiner Burg zu nennen. Die ersten »richtigen« Burgen, meist waren es Höhenburgen, wurden anfangs von Hochadeligen – Grafen oder grafengleichen Hochadeligen – erbaut. War die ganze Burganlage kleiner, gab es oft nur eine so genannte Turmburg, ein Gebäude mit einem kleinen Hof. Auch Vorburgen wurden noch kaum gebaut. Die frühen Burgen hatten zwar eine große Grundfläche, aber nur eine geringe Höhe, und auch die Mauern waren nicht besonders stark. Die Einrichtung war äußerst spartanisch, beispielsweise war die Wohltat eines Ofens selten.

Im 12. und 13. Jahrhundert war wohl der Höhepunkt des Burgenbaus. Die Initiativen gingen nun vor allem vom Reich, aber auch vom Hochadel oder der Kirche aus, die die Anlagen Rittern als Lehen übergaben. Als das Reich im 13. Jahrhundert immer schwächer wurde, kam es zu einem »Boom« im Burgenbau, da nun jeder, der wollte, sich eine Burg bauen konnte. So waren nur etwa die Hälfte der Burgenbauherren dieser Epoche Hochadelige, die anderen kamen als freie Ritter unterhalb des Grafenstandes sowie als Ministerialen aus den unteren Adelsschichten. Vom 1147 gestorbenen Staufer Friedrich II. ging die Rede, dass er stets am »Schwanz seines Pferdes eine Burg hinter sich herzog«. Das staufische Hausgut allein soll mehr als 250 Burgen umfasst haben.

Die Burganlagen waren nun geschlossener und standen kompakt auf kleinen Flächen. Sie boten hohen Schutz durch schwierige Zugänge, Vorburgen, tiefe Gräben und hohe Mauern und einen mächtigen Bergfried. Er diente nicht nur zur Wehr, sondern auch zur Repräsentation und zur Machtdemonstration. Nun erhielt auch der Palas Bequemlichkeiten wie einen Kachelofen. Auch die Funktionen änderten sich. Burgen waren nun nicht mehr »nur« befestigte Wohnsitze, sondern dienten auch territorialpolitischen Absichten als Stützpunkte bei der Ausübung der Herrschaft. Im Allgemeinen nahmen nun die Burgbewohner die Namen ihrer Burgen an.

Die im Spätmittelalter entstehenden Burgen waren in der Regel keine Neubauten, sondern

Ruine Khünburg

festungsartige Aus- und Umbauten bereits bestehender Anlagen (z.B. Taggenbrunn). In ihnen konnten neue Erkenntnisse der Belagerungstechnik, die u.a. in den Kreuzzügen gewonnen wurden, und neue Waffen – die Pulvergeschütze – angewandt werden. Nun waren auch die hohen Bergfriede und Schildmauern störend, denn sie boten zu gute und zu verletzliche Ziele für die feindliche Artillerie.

Um Feinde auch von der Seite angreifen zu können, baute man jetzt vorspringende Flankierungstürme, so genannte Zwingermauern, die dem übrigen Mauerwerk vorgelagert waren und nach innen offene Türme (Schalen- oder Halbtürme) hatten. Sie sollten den Angreifer möglichst von der Hauptmauer fernhalten. Der Raum, der dadurch zwischen den beiden Mauerwerken entstand, war der Zwinger. In friedlichen Zeiten wurde er als Tiergehege (Hundezwinger) oder Burggarten für den Anbau von Nutzpflanzen verwendet; auch als kleine »Parkanlage« zum Spielen und Lustwandeln wurde er genutzt. Ebenso konnten hier Nebengebäude für Vieh, Gesinde, Handwerkszeug und Vorräte stehen, aber auch Handwerkstätten (Schmied, Bäcker). Turniere konnten ebenfalls im Zwinger stattfinden. Durch vielfältig geformte Schießscharten für Armbrüste bzw. Maulscharten für Geschütze und Mauerbüchsen war das Mauerwerk durchbrochen. Allerdings: Nicht alles, was heute wie eine Schießscharte aussieht, muss früher auch eine gewesen sein. Manche waren zum Schießen derart ungeschickt gebaut, dass sie wohl eher einen wehrhaften Eindruck vortäuschen wollten, auch wenn sie innen verbreitert waren – wie um dem Schützen Raum zum Agieren zu lassen. Der Weg zur Burg war gesichert durch verschiedene Baulichkeiten wie Voranlagen, Zugbrücken und mehrere Türme.

Auch der Wohntrakt wurde in dieser Zeit modernisiert. Er erhielt jetzt Fensterverglasungen – vorher gab es nur kleine Licht- und Luftöffnungen, verschlossen durch Tierhäute, ölgetränktes Papier, Pergament, Blasenhaut, Wachstuch oder andere Stoffe, dünn geschliffenes Holz, Strohgeflecht oder Holzläden. An Nebengebäuden konnte es auf einer Burg geben: Unterkunftshäuser für das Gesinde, Back- und Schlachthaus, Bad- und/oder Waschstube, Ställe und Scheunen, Burgschmiede, evtl. sogar eine Mühle. Untergebracht waren sie oft im Zwinger, ebenso vielleicht ein kleiner Garten für Obstbäume, Gewürzkräuter oder auch Blumen.

Aber nicht alle Burgen wurden derart ausgebaut, denn dies kostete viel Geld, was sich nicht mehr alle Ritter leisten konnten. Da die alten Burgen aber auf Dauer keinen sicheren Schutz mehr boten und auch niemand in den veralteten Anlagen mehr wohnen wollte, verfielen sie langsam. Manchen wurde auch durch Zerstörung oder Feuer ein schnelles Ende bereitet. Einige gestaltete man aber auch zu bequemeren Wohnzwecken um oder verkaufte sie an reiche Bürger. Die wichtigste Entwicklung im »Burgenbau« des 15. Jahrhunderts war somit deren Niedergang.

Konnte ein Burgherr die immensen Ausgaben für seine Waffen, Rüstung, Pferde und den Unterhalt für die Burg nicht mehr bestreiten – beispielsweise war eine Rüstung soviel wert wie 45 Kühe –, stellte er sich oft unter den Schutz eines mächtigeren Herren (des Herzogs von Kärnten, des Bischofs von Salzburg etc.). So sanken Edelfreie in den niedereren Dienstadel ab. Andere Burgherren zogen von ihren Bergen wieder herab in die Dörfer und errichteten Schlösser bzw. bauten dort ihre Stadtburgen in solche im Stile der Renaissance um. Im 16. Jahrhundert wurden somit die meisten Höhenburgen aufgegeben und verlassen. Sie verkamen zu Ruinen oder wurden gar abgetragen – d. h. als Steinbruch zum Bau anderer Gebäude benutzt.

Gebaut wurden die Burgen, nachdem man im 12. Jahrhundert die »Holzphase« überwunden hatte, aus Bruch- oder Hausteinen, wie sie in den entsprechenden Gegenden vorgekommen sind (erst wurden nur sakrale Bauten in diesem wertvollerem Material ausführt). In höher gelegenen Stockwerken und für den Feind abgekehrten Innenbauten wurde auch Holz verwendet. In Kärnten sind die Burgen meist aus Bruchsteinen errichtet, die man in der Nähe gewann. Bindemittel war Mörtel, der aus Kalk und Sand und unter Beimengung von Gips, Kohle, heißem Wasser, Wein, Eiern und Buttermilch gewonnen wurde. Oft wurde auch bei dicken Mauern eine massive Außen- und eine Innenmauer sorgfältig aufgemauert, der Zwischenraum dann mit losen Steinen und eben diesem Mörtel verfüllt. Dies gab dann eine feste, betonähnliche Masse. An manchen Ruinen sieht man diese Technik heute noch.

Innen wurden die Bauten bereits ab dem 11. Jahrhundert verputzt. Buckelquader kamen ab dem 10. Jahrhundert vor. Die Mauerstärke differierte je nach Verwendungszweck. So betrug sie beim Bergfried und bei Schildmauern zwei bis drei Meter, beim Palas 1,20 bis drei Meter. Die Dächer waren anfangs mit Stroh- oder Holzschindeln, teilweise mit Schwartenbrettern, gedeckt, was natürlich eine große Feuergefahr bedeutete, denn bei Überfällen wurden gerne Brandpfeile geschossen. Deshalb ging man bald auf Ziegel oder Steinplatten über.

Der Ritter und das gesellschaftliche System

Die Grundlage des Rittertums bestand im germanischen Gefolge; vor allem die karolingischen Hausmeier und Könige, darunter insbesondere Karl Martell, schufen sich ein Heer von Kriegern, die als Gegenleistung für die Überlassung von Grund und Boden als Lehen im Kriegsfall Reiterdienste in Rüstung leisteten – die Ritter. Der Grund war vermutlich das Eindringen islamischer Heerscharen zu Pferd in Spanien, die bis hinauf zu den Pyrenäen kamen. Aber auch die »fränkischen Panzerreiter« waren beritten und durch ein Lederwams mit schuppenartig angeordneten

Ruine Ortenburg

Da ein Reiter nicht gleichzeitig kämpfen und im Sattel sitzen konnte, gab es ursprünglich keine berittenen Krieger, sondern die Kämpfe wurden durch Fußsoldaten bestritten. Aber zwischen Ende des 8. und 12. Jahrhunderts kamen in Europa einige »Erfindungen« auf: Steigbügel (sie waren im 6. Jahrhundert in Byzanz bereits eine Selbstverständlichkeit), genagelte Hufeisen, Sattel mit hohem Rückenteil und schwere Lanzen. Dadurch wurde nun der Reiter zu einem gefährlichen Kämpfer – der Ritter war geboren! Er konnte jetzt mit seiner Kraft und der Kraft und Wucht seines Pferdes seinen Gegner treffen. Da er sich in die Steigbügel stemmen konnte und auch eine gewisse Rückenstütze hatte, verlor er nun nicht mehr so leicht das Gleichgewicht.

Der Ritterstand wurde dann langsam zu einem besonderen Geburtsstand wie der Bürger- oder Bauernstand. Er unterschied sich aber vom Hochadel: Im Allgemeinen ist niederer Adel gleichbedeutend mit Ritteradel. Anfangs war der Ritterstand allerdings kein geschlossener Stand, jeder frei und ehelich geborene Mann konnte den »Beruf« des Ritters ergreifen. Erst als es Gewohnheitsrecht wurde, die Lehen zu vererben, bildete sich die Sonderstellung der Ritter entschiedener aus, insbesondere aber zur Zeit Kaiser Friedrichs I. Barbarossa (1152–1190) und ganz besonders durch die Kreuzzüge. Vor allem durch die Einflüsse der auch damals schon beispielgebenden französischen Ritterschaft entstanden dann höfische Formen mit eigenen Auffassungen der Liebe und des Frauendienstes, den besonderen Auffassungen der Ehre und eine eigene Art von Literatur (Ritterpoesie). Hauptgrundlage des Rittertums war jedoch die kunstvolle Führung der Waffen und der besondere (christliche) Lebenswandel.

Grundsätzlich jedoch gibt es zwei gegensätzliche Meinungen zum Ritterstand. Während die eine Fraktion um den britischen Historiker und Ritter-«Verächter» Robert Bartlett die Ritter für eine rassistische und dünkelhafte Kriegerkaste

Leerplättchen geschützt. Um die Jahrtausendwende verlor das Kurzschwert, die wichtigste Waffe der Antike, an Bedeutung, gleichzeitig verschwanden die Volksheere der freien Bauern. Nun trat ein neuer Typ des Kriegers auf: beritten, gepanzert und mit langem Schwert. Um 1100 kam auch die Lanze dazu. Sie war aus Eschenholz gefertigt, besaß vorne eine Eisenspitze und konnte bis zu vier Meter lang sein. Zur höchsten Blüte gelangte das Rittertum zur Zeit der Kreuzzüge und der Stauferkaiser.

Stehende Heere auch in Friedenszeiten zu unterhalten, konnten sich die damaligen Herrscher nicht leisten. So gab es das Lehenssystem. Die Lehensleute hatten in ihren Ländereien für Recht und Ordnung zu sorgen. Der Lehensvertrag war ein Vertrag auf Gegenseitigkeit, der meist dadurch abgeschlossen wurde, dass der Lehensmann seine gefalteten Hände in die des Lehensherrn legte. Die Lehensleute wiederum konnten unter ähnlichen Bedingungen Land weitervergeben. Neben dem Lehensgut besaßen die Lehensnehmer meist auch Eigenbesitz, die sogenannten Allodialgüter. Dieses ganze System – Land für Dienste – war das Feudalsystem. Jeder hatte dem jeweils Nächsthöheren und Gott zu dienen. Auf der untersten Stufe standen dabei die Leibeigenen. Die feudale Oberschicht erlangte ob ihrer Grundherrschaft die Überlegenheit über die anderen Bevölkerungsschichten.

Ein Ritter ist eine Person, die dem Kaiser oder dem Landesherrn wegen der von diesen verliehenen Lehen zu Ritterdiensten, d. h. Militärdiensten, verpflichtet war. Im Deutschen Reich war zwar jeder Adelige ein Ritter, umgekehrt aber nicht jeder Ritter adelig (zumindest anfangs) – in Frankreich hingegen war jeder Ritter adelig und jeder Adelige zugleich auch Ritter. Während Kaiser Otto II. nur über rund 2000 Ritter gebot, konnte Kaiser Friedrich Barbarossa zu Pfingsten 1184 beim Hoftag in Mainz 40 000, nach anderen Angaben sogar 70 000 Ritter um sich versammeln!

hält, die unentwegt Fehden und Kriege angezettelt und Plünderungen begangen habe, ist die Gegenseite um den ehemaligen Direktor des Max-Planck-Instituts für Geschichte in Göttingen, Josef Fleckenstein, anderer Auffassung. Sie glaubt, dass das Rittertum für die Zügelung von Gewalt in Richtung sozialer Frieden verantwortlich war.

Der Ritter und sein Werdegang

Zwischen dem sechsten und siebenten Lebensjahr wurde ein Knabe Page in einer anderen, befreundeten Burg. Er half im Haushalt und wurde von der Burgherrin erzogen.

Etwa ab dem 14. Jahr wurde er dann Knappe. Dies war der persönliche Diener seines Herrn. Er musste ihn versorgen, ihm beim Anziehen der Rüstung helfen, ihm im Kampf zu Hilfe eilen, wenn der Ritter in Schwierigkeiten geriet, ihn in Sicherheit bringen, wenn er verletzt wurde oder bei dessen Tod für ein würdiges Begräbnis sorgen. Er lernte Laufen und Reiten, ging mit dem Ritter auf die Jagd und auf Turniere und verbrachte seine Zeit mit Übungen und Training. Beispielsweise lernte er das Stechen mit der Lanze, indem er auf einen Schild zielen musste. Dieser war an einem drehbaren Galgen befestigt, auf der anderen Seite hing ein Sandsack herunter. Traf der Knappe den Schild, drehte sich der Balken und er musste sich wegducken, um nicht von dem Sandsack getroffen zu werden.

Mit etwa 18 bis 21 Jahren wurde der Knappe, wenn er Geld für ein Pferd und eine Rüstung hatte, Ritter; er erhielt das Ritterschwert und wurde zum Ritter geschlagen (Schwertleite). Dem ging eine Zeremonie voraus. Sie begann mit einem Bad, um die Sünden wegzuwaschen. Danach wurde er sauber eingekleidet: Als Symbol für das Blut, das er für Gott vergießen würde, bekam er ein rotes Gewand. Schwarze Strümpfe sollten ihn an den Tod erinnern. Die Nacht verbrachte er betend in der Burgkapelle. Am nächsten Tag nahm er Schwert und Sporen in Empfang und kniete nieder. Ein Ritter berührte ihn feierlich mit dem Schwert an Schulter und Nacken. Er musste ein Gelübde der Treue gegen Kirche und Kaiser, der Achtung der Frauen, des Schutzes von Witwen, Waisen und Bedrängten und eines ritterlichen und christlichen Lebenswandels ablegen. Der Schlag sollte der letzte sein, den der Ritter dulden dürfe. Hatte ein Knappe im Kampf großen Mut bewiesen, konnte er sogar noch auf dem Schlachtfeld zum Ritter geschlagen werden.

Das Tragen langen Haupthaars war ein Vorrecht der Ritter, der sonstigen höheren Stände, der Bürger der Städte und der Freibauern; ihre Knechte mussten sich das Haar kurz scheren. Hosen kamen erst später auf, vorher trugen die Männer hemdartige Gewänder, oft mit teuren Pelzen verbrämt.

Anfangs waren die Ritter in ein Kettenhemd gehüllt, dies war ein langes Hemd aus ineinander geschmiedeten Ringen. Auf dem Kopf saß ein Eisenhelm, der das Gesicht freiließ; Körperschutz gewährten runde, ab etwa 1100 drachenförmige Schilde. Diese schützten die Beine besser als die runden.

Ab etwa 1200 dann bestand die Kleidung aus einer Unter- und einer Schutzkleidung. Als Unterkleidung trug der Ritter ein Harnischkleid, damit das Kettenhemd nicht die Haut wund rieb. An den Beinen hatte man Hosen und/oder Strümpfe. Auf dem Kopf saß eine gepolsterte Haube. Die Schutzkleidung bestand aus einer Kettenhaube oder einem Helm, der weitgehend geschlossen war, dem Kettenhemd, Kettenstrümpfen und Kettenhandschuhen. Ab etwa 1400 konnten die Waffenschmiede ganze Anzüge nach Maß aus Eisen, die so genannten Rüstungen, anfertigen. Rund 200 Metallplatten wurden zu zwölf oder mehr Hauptteilen zusammengefügt und mit Schnüren oder Gurten am Körper befestigt. Zum Anziehen war die Hilfe des Knappen notwendig. Die Platten waren so geformt, dass die Waffen des Angreifers daran abrutschten. Angeordnet waren sie so, dass sie sich überlappten und möglichst keine Lücken frei blieben. Das Gewicht betrug zwanzig bis dreißig Kilogramm, da dieses aber über den ganzen Körper verteilt war, war das Tragen nicht allzu belastend. Die »reisigen Knechte« der Ritter waren einfacher gekleidet, ihr Schutz bestand oft nur aus Lederkleidung und flachen Helmen. So waren sie viel verwundbarer als ihr Herr und ihre Verluste im Kampf waren auch größer.

Da man die mit der Rüstung bekleideten Ritter kaum voneinander unterscheiden konnte, bürgerten sich Wappen ein. Dazu wurden persönliche Zeichen oder Embleme auf Schild und Waffenrock angebracht. Später wurden diese Zeichen auch vererbt. Die auf den Burgen oft zu findenden Allianzwappen zeigen das Wappen des Burgherrn (rechts) und das seiner Frau (links). Die Wappen bestanden aus vier Teilen: dem Schild als Hauptbestandteil, darüber der Helm mit Helmdecke und Helmzier. Je älter die Wappen sind, um so einfacher sind sie gestaltet, d. h. aus um so vornehmerem und um so älterem Geschlecht entstammt der Träger. Ausnahmen sind natürlich die kombinierten Wappen, wo (z. B. durch Heirat) erworbene oder vererbte Wappen den eigenen hinzugefügt wurden. Urkunden wurden mit dem Wappensiegel versehen, schließlich waren die Ritter stolz darauf, nicht schreiben zu können. Lange Zeit durfte nur der Adel mit Wachs siegeln, mit rotem Wachs sogar nur der hohe Adel. Zeugen von Geschäften siegelten mit, so dass alte Urkunden oft eine ganze Reihe von Siegeln trugen.

Das Turnier entwickelte sich aus anfangs ungeordneten Kampfspielen, die manchmal allerdings auch in tumultartige Krawalle ausarteten. Sie entstanden seit dem 12. Jahrhundert in Frankreich. Bei König und Kirche waren die zahlreiche Opfer fordernden Turniere nicht gerade gerne gesehen. Es gab mehrfach päpstliche Verbote, erstmals 1130 durch Papst Innozenz II. auf dem Konzil von Clermont, der »die Abhaltung jener abscheulichen Märkte«, die »oft zum Tode von Männern und zu großer Gefahr für die Seelen« führten, verbot. Regeln, damit das Geschehen etwas zivilisierter ablief, gab es erst später. Aber auch ohne Kampf konnten die bis zu drei Zentner schweren Rüstungen gefährlich werden: So starben 1175 bei sächsischen Turnieren 16 Ritter, wohl an Hitzschlag oder durch Ersticken – beispielsweise hatten die Topfhelme nur Löcher und Schlitze zum Atmen. Und 1559 starb Frankreichs König Heinrich II., als ihm ein Lanzensplitter durch das Visier ins Auge gedrungen war. Die Kirche änderte ihre Meinung erst, als man nur noch stumpfe Waffen verwendete.

Den spielerischen Zweikampf nannte man Tjost. Man versuchte, den Gegner mit einer drei Meter langen Lanze vom Pferd zu stoßen. Um Zusammenstöße zu vermeiden, waren ab dem 15. Jahrhundert die Ritter durch Holzbarrieren getrennt. Es gab zwei Arten des Tjosts: Bei der einen trugen die Lanzen scharfe Spitzen (das Rennen), bei der anderen, dem (Krönlein-)Stechen, besaßen die Lanzen stumpfe, dreiteilige Eisenenden, die sogenannten Krönlein. Aber auch andere Waffen wie Schwerter, Keulen oder Streitäxte wurden beim Tjost verwendet. Der Kampf ganzer Gruppen hieß Buhurt. Ein Buhurt konnte aber auch aus einer Art »Schaureiten« bestehen.

Ein bedeutender »Bestandteil« der Turniere waren die Damen. Sie schauten zwar nur zu – aber um ihretwillen wurden die Spiele wohl veranstaltet, ihre Gunst wollten die Ritter erobern. Um die Turniere herum entstand auch eine Art lebhafter Heiratsmarkt. Es gab sogar einmal eine richtige Dame zu gewinnen, und zwar 1280 auf dem Magdeburger Gralsfest, als eine Dirne als Siegespreis ausgesetzt war! Sie wurde von einem reichen Kaufmann gewonnen, der ihr aber soviel Geld gab, dass sie künftig ein ehrenwertes Leben führen konnte. Die Turniere selbst konnten große Volksspektakel sein, wenn auch nicht alle so außergewöhnlich waren wie 1184 das

Mainzer Turnier, als 20 000 Ritter erschienen, dazu noch jede Menge Zuschauer, oder 1224 das Friesacher Turnier in Kärnten. So konnte man die Turniere oft auch nicht in der Burg abhalten, sondern zog in die Nähe der Städte.

Während des 12. Jahrhunderts entwickelten die Ritter eigene Standesregeln: Der Ritter sollte gottgefällig leben, die Wahrheit sprechen, aus Unrecht Recht machen, seinem König gehorsam sein; später gehörte auch dazu, dass er für seine Dame kämpfte. Um 1090 verfasste Bonizo von Sutri das »Liber de vita christiana«, das einen Kodex des christlichen Ritters enthielt. Demnach sollte er tugendhaft und christlich leben. Einer der bekanntesten Ritterspiegel war der des J. Rothe aus dem 14. Jahrhundert. Der Kern des Ritterseins bestand in der Zucht und im Maßhalten in allen Lebenslagen. Ob der überwiegende Teil der Ritterschaft allerdings nach diesen Regeln lebte, soll dahingestellt bleiben. Die ritterliche Kultur ist vor allem den französischen Rittern zu verdanken. Aus diesen Lebensanschauungen erwuchs auch der Frauendienst, die so genannte Minne.

Fehde und Krieg

Ein »Zeitvertreib« des Burgherrn war auch die Teilnahme an den zahlreichen Fehden (vom althochdeutschen (gi)fehida = feindselig). Er betrieb die Fehde entweder auf »eigene Rechnung« oder zur Unterstützung von Freunden und Verwandten. Es ging hierbei um die Wahrung oder Durchsetzung von Rechten – wirklichen oder vermeintlichen – mit kriegerischen Mitteln. Erreicht werden sollten die Ziele durch die Schädigung des Gegners durch Raub, Plünderung, Brandschatzung oder seine Gefangennahme zum Zwecke der Erpressung.

Anfangs war die Fehde außerrechtlich, später wurde sie von der Rechtsordnung in gewisser Weise anerkannt. Sie diente der Wiederherstellung verletzter Familienehre, und so konnte sie

Kanonenkugeln in der Außenmauer (Altes Schloss Gmünd)

sich auch gegen den besten Mann der gegnerischen Sippe anstatt gegen einen Täter richten. Übergeordnete Instanzen, die dem ausufernden Fehdewesen hätten Einhalt gebieten können, gab es kaum – Könige, Grafen oder Bischöfe hatten nicht genügend Macht und Durchsetzungskraft, ja waren oft selbst in Fehden verwickelt. Erst als zu spätmittelalterlichen Zeiten die Landesherren mehr Macht bekamen, konnte das Fehdewesen langsam beendet werden; im Ewigen Landfrieden von 1495 wurde es dann verboten. Von der simplen Blutrache unterschied sich die Fehde durch bestimmte Rituale, auch wenn sie häufig durchbrochen wurden. Einer ordentliche Fehde ging die »Absage« voraus. Diese Kriegserklärung wurde von einem Boten überbracht und entweder an das Burgtor angeheftet oder auf einer Lanzenspitze überreicht.

Die Feindseligkeiten begannen erst drei Tage danach. Hauptleidtragende der Fehden war zweifelsohne die Landbevölkerung in ihren unbefestigten Dörfern. Sie wurde ausgeplündert, ihre Felder wurden verwüstet oder die Häuser niedergebrannt.

Der Anfang eines Kampfes bestand in dem Versuch, den Gegner vom Pferd aus mit der Lanze zu treffen. Danach war diese nutzlos, und nun kam die wichtigste und berühmteste Waffe des Ritters – das Schwert – zum Zuge. Schwerter durften nur die Freien und Edelknechte führen.

Ab der zweiten Hälfte des 14. Jahrhunderts war der Ritter noch mit einer kurzen Axt oder einer stachelbewehrten Keule, dem Streitkolben, bewaffnet.

Gefährliche Waffen waren auch die Morgensterne, eiserne Kugeln mit spitzen Dornen, oder auch längliche Formen, die entweder direkt an einer Stange befestigt oder wie ein Dreschflegel lose damit verbunden waren.

Mit einer Hellebarde zog man die Reiter vom Pferd. Schützen waren anfangs mit Pfeil und Bogen, später mit einer Armbrust bewaffnet.

Die zielgenaue und durchschlagskräftige Armbrust galt als so gefährlich, dass sie 1139 sogar vom Papst geächtet wurde.

Vor der Verwendung von schweren Feuerwaffen war der Verteidigende dem Angreifer meist überlegen, denn eine Burg zu stürmen, war fast unmöglich. Man konnte die Burginsassen nur entweder überrumpeln oder aushungern. Fand eine Belagerung statt, wurde mit allen möglichen Mitteln versucht, die Burg zu öffnen.

Das wohl älteste Instrument dazu ist der Widder. Dies war ein dicker Holzstamm mit einer eisernen Spitze, aufgehängt in einem Holzgestell, das oft mit einem Dach zum Schutz der Angreifer bedeckt war. Man baute auch Belagerungstürme, das waren hohe Holzgerüste, die man vor die Mauern rollte. Solche Türme errichtete man auch vor der Burg, um den eigenen Schützen bessere Schussmöglichkeiten zu geben.

Ferner gab es Schleudermaschinen, mit denen man in die Burg schwere Steine schleudern konnte – oder auch Brandsätze. Es gab auch das einer Armbrust vergleichbare Bogengeschütz, durch das man ebenfalls Brandsätze oder bis zu zwei Meter lange Bolzen abschießen konnte.

Die Verteidiger hatten zwar auch einige Geräte zu ihrem Schutz im Einsatz, verließen sich jedoch vor allem auf ihre dicken Mauern. Auch sie warfen Brandsätze auf die Belagerer oder schütteten heißes Pech oder kochendes Wasser von ihren Mauern herab. Gegen den Widder wurde der Wolf eingesetzt – er konnte ihn hochheben oder umwerfen. Als Verteidigungs- wie auch Angriffswaffen dienten die auch Antwerk genannten Wurf- und Schleudermaschinen.

Ab Ende des 12. Jahrhunderts begann das Feudalsystem langsam zu bröckeln. Die Ritter kämpften nicht mehr persönlich für ihren Lehensherrn, sondern gaben oft Geld, damit dieser sich Soldaten anwerben konnte. Außerdem wurden erfolgreiche Kaufleute und Händler reich und erkauften sich den Adelsstand. Auch die Kampftechnik änderte sich langsam. Erst kamen Langbögen mit einer Reichweite von 500 Metern auf, die noch auf 200 Metern Entfernung dicke Eichenbohlen durchschlagen konnten, später die gefürchteten Armbrüste. Als 1346 die französischen Ritter bei dem Dorf Crécy auf eine unterlegene englische Truppe stießen, wurden sie von deren Bogenschützen in eineinhalb Stunden niedergemacht, auch weil sie tapfer (oder borniert?) darauf bestanden, nach ihrem Ehrenkodex offen gegen den Feind anzureiten. Ab dem 16. Jahrhundert waren die Heere mit Langbogen, Handfeuerwaffen und Kanonen bewaffnet. Der altmodische Ritter sah dagegen »alt aus«. Gegen ihn wurden »Pikeniere« eingesetzt. Diese standen in dichten Reihen und spießten mit ihren bis zu sechs Meter langen Piken die Ritter auf oder zogen sie vom Pferd. Da die Ritter am Boden zu unbeweglich waren, um sich wehren zu können, konnten sie leicht getötet werden. Kaiser Maximilian (1459–1519) wurde vielfach »der letzte Ritter« genannt. Er beherrschte die ritterlichen Künste und Fertigkeiten hervorragend, verbesserte aber gleichzeitig das Geschützwesen und kämpfte bereits mit Landsknechtheeren.

Das Leben auf der Burg

Der ritterliche Haushalt war teilweise autark, das heißt, er erzeugte einen Teil der Lebensmittel selbst, den Rest bekam er von den lehenspflichtigen Bauern, den Hörigen, zu festen Terminen, den sogenannten Zinstagen, geliefert. An vornehmen Höfen wurde derart getafelt, dass König Philipp III. von Frankreich 1279 sogar verbot, mehr als drei Gänge aufzutischen! An den einfacheren Höfen durfte man allerdings, was die Ernährung betraf, nicht besonders anspruchsvoll gewesen sein. So ist es nur ein Märchen, wenn man gemeinhin glaubt, dass an den mittelalterlichen Adelshöfen das pralle Leben mit Luxus und Verschwendungssucht geherrscht habe und

Altes Schloss Gmünd

Höflinge, Ritter und Fürsten hinter jedem Weiberrock hergewesen wären. Nach einer Analyse der mittelalterlichen Hofordnungen stellt sich ein anderes Bild dar: Schmalhans war Küchenmeister, weil gespart werden musste! So bekam das Gesinde nur »an sontag, dinstag vnd dornstag zwey gesotten fleisch, zwey gemüse«. Der niedere Adel musste wohl oft seinen sauren Wein mit Honig süßen und aß zähes Rindfleisch von alten Zugtieren. Der Dichter Wolfram von Eschenbach schrieb: »Bei mir haben selbst die Mäuse keinen Grund zum Feiern.« Nur den Räten, die es an großen Höfen gab, durfte »allen tag ein gebratenes geben« werden. Die Küchenmeister mussten sorgfältig Buch führen und aufschreiben, ob Gäste mitaßen »vnd wie viel vnd warumb«.

An Tieren wurden Schweine, Rinder und Schafe, aber auch Ziegen, Hühner und Gänse geschlachtet, frisches Fleisch gab es im Sommer vor allem in Form von erlegtem Wildbret, im Winter war man auf geräuchertes oder gesalzenes Fleisch angewiesen – wobei das Einsalzen eine kostspielige Angelegenheit war, denn Salz war extrem teuer! Aber im Spätherbst musste – allein schon aus Gründen der Platznot bzw. des winterlichen Futtermangels – viel Vieh geschlachtet werden. Als Ergänzung zum Fleischangebot gab es Fische. An pflanzlichen Produkten aß man Brot, das vor allem aus Roggen und Dinkel gebacken wurde, viel Gemüse (Kohl und Rüben, an Hülsenfrüchten vor allem Felderbsen), außerdem frisches bzw. im Winter gedörrtes Obst (insbesondere Äpfel und Birnen, viel Sorten gab es allerdings nicht, und Beeren). Zu Trinken hatte man natürlich Wasser, außerdem noch Milch, Bier und Wein. Konnte man es sich leisten, würzte man die Speisen scharf, schon allein deswegen, um den Geruch und Geschmack der sicherlich oft halb verdorbenen oder angefaulten Lebensmittel zu überdecken.

Gegessen wurde in der Regel zweimal am Tag: Abends gab es die Hauptmahlzeit, morgens aß man den so genannten »imbiz«. Gespeist wurde in der Halle. Die Diener und niederen Gefolgsleute waren auch dabei, mussten aber tiefer sitzen als der Burgherr und seine Familie; Knechte und Mägde aßen in der Küche oder in einem Außenbau.

Nicht überall konnte man Brunnen bohren – auch wenn man manchmal anderswo in mehr als hundert Meter Tiefe vorstieß, um an Wasser zu gelangen (in der Festung Königstein in Sachsen über 140 Meter, am Kyffhäuser in Thüringen in 176 Meter Tiefe!). Vor allem bei Burgen auf Felsen war es fast unmöglich, Brunnen zu bauen. Auch eine eigene Quelle hatten wohl die wenigsten Burgen. Das Regenwasser von den Dächern wurde deshalb in Zisternen gesammelt.

Dabei schlugen die Zisternenbauer ein großes Loch aus dem Fels heraus, wobei sie bis zu fünf Meter Tiefe erreichten und die Zisterne einen Durchmesser von bis zu sechs Metern haben konnte. Dieses Loch wurde mit einer bis zu sechzig Zentimeter dicken Lehmschicht ausgestrichen. Dann wurde meist in der Mitte der Zisterne aus Steinen ein Schöpfschacht errichtet und auf seinen Boden wurde eine Steinplatte gelegt, damit man beim Wasserschöpfen keine Schmutzteile aufwühlte. Die Mauer des Schachts wurde nicht mit Mörtel ausgekleidet, damit das Wasser vom umgebenden Hohlraum hineinsickern konnte. Da das Wasser der Dächer ja nicht rein und sauber war, wurde es »gefiltert«, hierzu wurde der leere Raum um den Schöpfschacht mit Sand, Kies und Steinen ausgefüllt.

Meist reichte dieses Wasser aber nicht, so dass es zusätzlich von weither gebracht werden musste. Trotz des offensichtlichen Wassermangels, der wohl auf den meisten Burgen herrschte, gab es oft Badstuben oder zumindest die Möglichkeit, in einem separaten Raum zu baden. Eine der größten Aufmerksamkeiten, die man einem geschätzten Gast erweisen konnte, war, ihm die Möglichkeit zu geben, ein Bad zu nehmen.

**ÜBER DIE REINLICHKEIT
IN FRÜHEREN ZEITEN**

*Paolo Santonino, der als Sekretär des Bischofs von Caorle 1485/87 die Kärntner Gebiete südlich der Drau, die zum Patriarchat Aquileia gehörten, bereiste, führte ausgiebig Tagebuch über seine Erlebnisse. So auch über einen Besuch in der Burg Prießenegg:
»An diesem Tage wurde ich, Santonino, vom edelblütigen Herrn Georg Vend, Burghauptmann von Priessenegg, dem gebildetsten Manne meiner Bekanntschaft und einem wahren Edelmann, eingeladen und betrat gegen Abend mit ihm das Bad, um die dichte Kruste des Reiseschmutzes zu reinigen. Auf seinen Befehl, vermutlich, kam bald darauf die adelige Frau Barbara Flaschberger, Tochter des vorher genannten Herrn von der Burg Flaschberg, zur Türe herein, seine Gattin. Sie stand im Alter von zwanzig Jahren, war sehr schön und vor allem leutselig und gütig, stets aber gehörige Zucht und Bescheidenheit wahrend. Auf Befehl ihres Mannes hat sie dem Santonino, der zuerst es ablehnte, dann aber weil es so angeordnet war, sein Einverständnis erklärte, den ganzen Leib bis herunter zum Bauch mit ihren weißen und zarten Händen zartest abgerieben. Hernach wusch sie ihm den Kopf und brachte ihn völlig rein, schließlich säuberte sie vom Bauch bis zu den Füßen dem Santonino die Glieder durch reichlichen Wasserbeguß von aller Verunreinigung. Nach Erfüllung dieser Gastgeberpflicht dankte sie ihm, weil er den geleisteten Dienst so geduldig zu ertragen beliebte. Vielleicht mag einer, der den Landesbrauch nicht kennt, dies der züchtigen Frau als Laster, ihrem Mann aber als Dummheit und Leichtsinn anrechnen, dass er die eigene, noch dazu junge und schöne Gattin einem fremden Manne zur Dienstleistung ins Bad geführt hat. Aber wenn er die Sitten des Landes aufmerksam*

> *überdenkt, wird er ihr und ihm das Ganze nur als höchstes Lob und Tugend auslegen. Alle nämlich sagen, dass dies nach alter Gewohnheit den Gästen gegenüber so gehalten wird, damit sie sich mit besonderer Liebe und Ehre aufgenommen fühlen; natürlich gilt dies, wie billig, nur jeweils für gesellschaftlich gleichgestellte Personen.«*

Es wird wohl recht eng auf den Burgen gewesen sein, man sehe sich hierzu nur einmal die kleine Burg Weidenburg bei Kötschach-Mauthen an. Viele Vorräte mussten untergebracht werden, Brennmaterial, Tiere, Menschen (Gesinde). Der Besatz an Menschen konnte bei größeren Burgen leicht einige Dutzend erreichen. Prof. Arno Borst schrieb in seinem Buch »Das Rittertum im Hochmittelalter« darüber: »Das Leben im Turm spielte sich in lärmendem Gedränge ab. Man saß dicht beieinander auf einfachen Bänken und griff sich das Fleisch mit den Fingern, was übrig blieb, schnappten die Hunde oder fiel ins Stroh, das den kalten Boden deckte. Lesen und Schreiben konnten die Herren selten. Höchstens ließ sich einer erzählen und vorsingen von gewaltigen Recken, die waren, wie er sie sich wünschte, muskelstark, tollkühn, von unerschöpflichem Appetit. Man war eher abergläubisch als fromm; die Frauen wurden wenig geachtet und viel geschlagen.«

Aus der Zeit Ende des 12. Jahrhunderts stammt von Walther von der Vogelweide eine Klage über das wüste und laute Treiben auf der Wartburg. Er meinte, dass wer an den Ohren leide, dort nicht hingehe, er müsste sonst seinen Verstand verlieren. Es ginge zu wie in einem Taubenschlag. Bei Tag und bei Nacht zögen Gäste ein und Gäste aus. Er wunderte sich darüber, dass überhaupt noch jemand der Burgbewohner sein Gehör habe. Auch ist aus dem 13. und 14. Jahrhundert die Klage eines Burgherrn über die allzu vielen zu bewirtenden Gäste bekannt.

Einrichtungsgegenstände, vergleichbar mit unseren heutigen Möbeln, gab es kaum. Was da war, waren Wandbänke, Tische und Stühle. Kleidung u. ä. wurde in großen Truhen untergebracht.

Betten gab es oft nur für die Burgherrschaft. Anfangs wurden die Innenräume mit Kienspänen oder Pechfackeln beleuchtet, später mit Öllampen mit oder ohne Docht und Talglichtern. Man ging ohnehin früh zu Bett und in der kalten Jahreszeit saß man am Kamin, der ja auch Licht spendete.

Als Berufskrieger musste der Burgherr sich und seine Pferde und Knechte einsatzbereit halten. Dies bedeutete Übungen und Ausritte, gleich wie das Wetter war. Eher ein Vergnügen war wohl noch die Jagd, die ja auch einen Teil des Fleischbedarfes decken musste. Aber auch kleinere Wartungsarbeiten an Haus und Gerät gehörten zum täglichen Geschäft. Außerdem musste die Burg bewacht werden. Als Grundherr hatte er verschiedene hoheitliche Aufgaben gegenüber seinen Bauern (Zinstage, Gerichtssitzungen, Aufsicht bei Fronarbeiten). Als Lehensmann eines Mächtigen waren seine Aufgaben oft aufwändiger. Schutz und Begleitung von Reisenden und Dienst bei seinem Herrn, auch in kriegerischen Auseinandersetzungen, waren seine hauptsächlichen Pflichten. An »Personal« waren – je nach Reichtum – auf den Burgen vorhanden: der Truchsess, er überwachte die Zubereitung der Speisen und die Tafelzeremonie, der Mundschenk, er stand dem Weinkeller vor, der Marschall, er hatte die Aufsicht über den Pferdestall und der Kämmerer, er verwahrte Schätze und kostbare Stoffe.

Der Tag der Burgherrin und ihrer Mägde bestand aus Kochen, Backen, Vorräte anlegen, Schlachten, Kerzen ziehen, Spinnen und Weben, Tiere versorgen, Melken, Buttern und Käsen, Kräuter sammeln, Gartenarbeiten, für Wasser und Holz sorgen und nicht zuletzt aus der Kin-

Ruine Alt-Finkenstein (Foto: Michael Leischner)

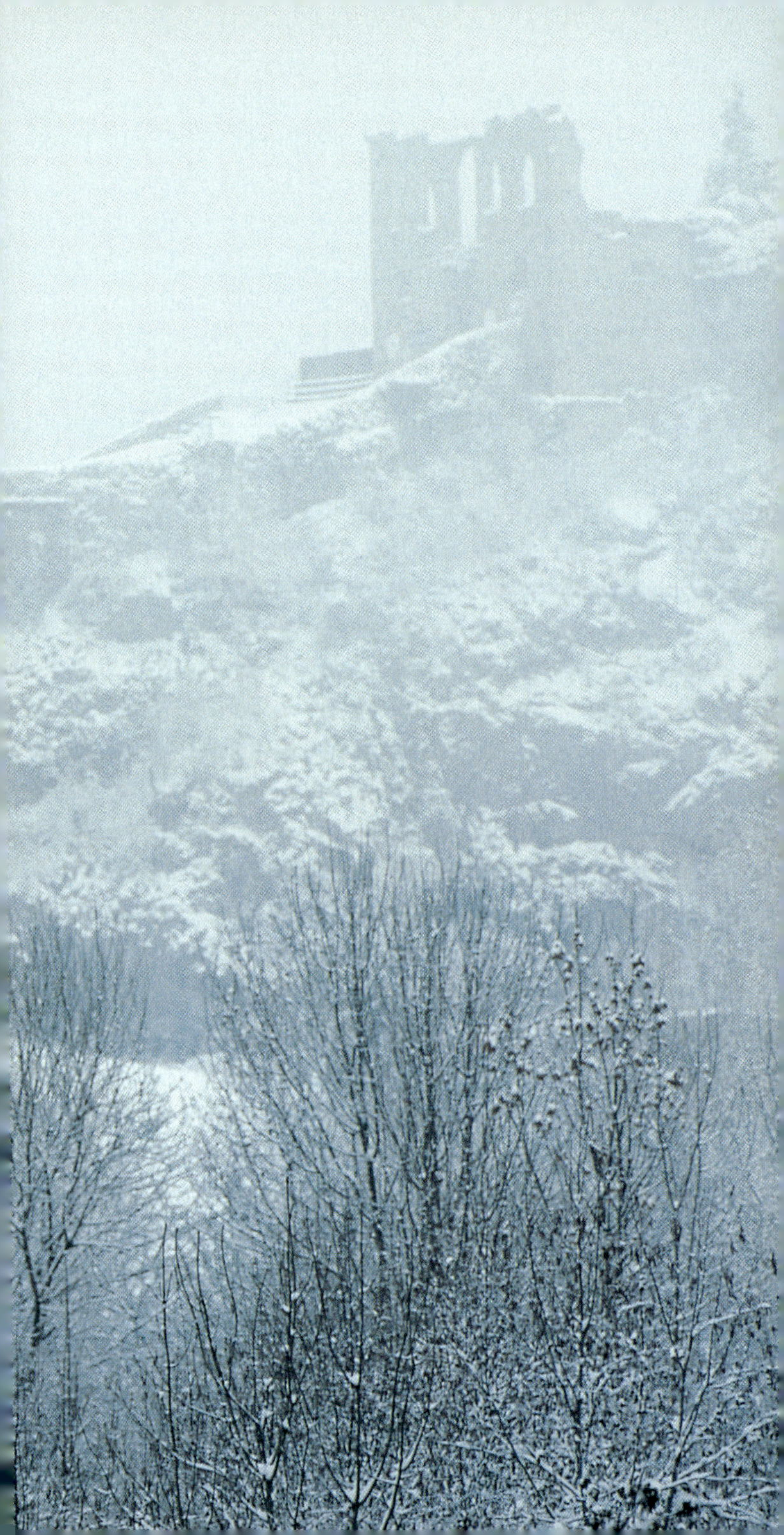

dererziehung und Krankenpflege. Der Tag dürfte also ausgefüllt gewesen sein.

Gerne wurden Gäste aller Art empfangen. Die Fremden berichteten von der Welt draußen, und manche, die Minnesänger, konnten sogar Musik machen! Beliebte Instrumente waren Harfe, Psalterion (ein dreieckiges Saiteninstrument), Laute, Fiedel, Geige, Leier, Flöte, Schalmei, Dudelsack u.a. Die Spielleute zeigten mitunter auch akrobatische Turn- und Jonglierkünste. An großen Höfen wurde entsprechend mehr Aufwand getrieben, das konnte sogar soweit gehen, dass man Zwerge in Pasteten versteckte oder richtige Schlachten nachstellte.

Auf kleineren Burgen spielte man, und zwar Geistes- oder Glücksspiele. Bekannt waren die (verbotenen) Würfelspiele, das als Strategiespiel in hohem Ansehen stehende Schach oder die weniger angesehenen Brettspiele Tric-trac (Back-Gammon), Mühle oder Dame. Die Spielsteine konnten aus Knochen, Geweih, Elfenbein, Walrosszähnen, Ton oder Stein bestehen. Andere Vergnügungen waren Turniere (s. o.).

Burgen und Ruinen in Kärnten

»Von den alten Schlössern Kärntens strahlt der Glanz einer reichen, anziehenden und inhaltvollen Geschichte. Mit sehr geringen Ausnahmen hat das Nachbarland Tirol keine Geschlechter gehabt, die so wirksam mit den Schicksalen Österreichs verflochten sind, als die Auffensteins und Kraiger, die Ortenburger und Colnitzer, Khevenhüller, die Herren von Treffen und Dietrichstein. Was alle diese Namen in den Staatsaktionen und in der langen Schlachtengeschichte Österreichs bedeuten, das zeigt jedes Schulbuch. Was es aber nicht zeigt, das ist die Sagenwelt, die sich um das Tun und Treiben dieser Geschlechter rankt, gleich den wilden Rosensträuchern um altes Mauerwerk.«

Heinrich Noé (1835–1896)

Kärnten ist ein Grenzland, das einst viel unter den Überfällen der Türken zu leiden hatte, u.a. deshalb besitzt es zahlreiche Burgen und Adelssitze – insgesamt rund 130 Burgen und 150 Schlösser sollen es sein.

Zu den bekanntesten, schönsten und typischsten Ritterburgen überhaupt gehört die Burg Hochosterwitz, die im 16. Jahrhundert zur Abwehr der Türkengefahr erbaut wurde und durch 14 Tore geschützt ist.

Im Osten des Landes, den Bezirken Klagenfurt, Feldkirchen, St. Veit, Völkermarkt und Wolfsberg, ist die Zahl der Adelssitze höher als in den westlichen Spittal, Villach und Hermagor. Diese Verteilung ist aber auch schon mit einem Blick auf die Karte an der Zahl der Ortschaften zu ersehen – Oberkärnten ist eben gebirgiger und darum siedlungsfeindlicher als Unterkärnten. Dies mag mit ein Grund sein, dass es hier auch weniger Adelssitze gab.

Vergleicht man Kärnten mit anderen Ländern des Deutschen Reiches, muss man berücksichtigen, dass das ehemaligen Caranthanien, das Kärnten und Steiermark umfasste, ein Neusiedelgebiet war und hier Entwicklungen, die im Norden des Reiches schon stattgefunden hatten, erst später nach der Eingliederung des Landes in den fränkisch-bairischen Machtbereich zur Geltung kamen. So hatten die Kärntner Landesfürsten gegenüber ihren Ministerialen anfangs auch einen relativ schwachen Stand. Die Umstellung auf die Lebens- und Verwaltungsformen der Franken wurde Edelfreien, die teilweise auch die Grafengewalt ausübten, sowie Freien anvertraut. Als das Land im 8. und 9. Jahrhundert militärisch gesichert werden musste, spielten die so genannten Edlinger eine große Rolle. Neben der Herrschaft der Herzöge und Grafen entstand in Kärnten durch Schenkungen auch schon recht früh eine große Macht der Kirche, insbesondere der Bistümer Salzburg, Bamberg, Freising, Brixen und Aquileia. Vor allem ab dem 11. Jahrhundert tauchte an Stelle der Edelfreien eine Schicht von Ministerialen auf und besetzte in den folgenden rund hundert Jahren die meisten maßgeblichen Stellungen im Wehrwesen, in der Verwaltung und drang selbst in höchste Reichsämter vor. Unter ihnen waren auch Unfreie. Diese neue Kriegerkaste war, da sie vom Lehnsherrn abhängiger war als Freie, »moderner« und beweglicher als die alteingesessenen Freien, die auf ihren althergebrachten Rechten und auf ihren Rechtsweg ausschließlich vor dem König beharrten und somit für die Obrigkeit schwieriger zu handhaben war. Im 14. Jahrhundet erstarkten die Landesherren, und die Macht der Ministerialenfamilien ging zurück. Ab 1368 fielen viele Burgen und die dazugehörigen Lehnsträger an die Habsburger (Mittertrixen, Finkenstein, Liebenfels, Karlsberg, Neidenstein, Treffen). Solange es aber noch die Cilli, Ortenburg, Pettau und Görz sowie die Kirchenfürsten gab, waren sie immer noch nicht die Stärksten im Land.

Die führenden Schichten des Landes lebten zuerst in großen Höfen, wobei das Wort Dorf noch bis ins 15. Jahrhundert die Bedeutung eines solchen Hofes hatte. Daher kommen auch die Adelsnamen, die auf die Silbe -dorf endeten. Ab dem 12./13. Jahrhundert trat an die Stelle dieser Siedlungen oft ein Turm, so dass in alten Lehnsurkunden zu lesen war »Turm und Hof«. Die Burgen waren dann oft nur eine Verbindung mehrere Türme durch Graben und Wall. Da die steinernen Wehrbauten oft zu unbequem und auch schlecht zu heizen waren, diente zu Wohnzwecken oft ein Holzhaus, das im Bereich der ummauerten Anlage stand. In diesen gesicherten Anlagen fanden aber nur die hochgestellten Familien – Ministerialen zumeist – Schutz, was später bei den Türkeneinfällen zu großen Opfern unter der bäuerlichen Bevölkerung führte. Die Burgen waren meist entweder ministeriale Eigenburgen oder Lehensburgen, einige wurden aber auch an Burggrafen und Pfleger vergeben. Bei Federaun war beispielsweise die Bauerlaubnis nur unter der Bedingung erteilt worden, dass sie nie verlehnt werden durfte.

Wichtig für das Ansehen und die Einkünfte der Adeligen war auch, dass sie durch die Belehung mit einer Burg auch Landgerichtsherren wurden. Der Hauptinhalt eines Lehens war ja nicht die Burg als Bauwerk, sondern die Ämter wie Truchsessen-, Schenken-, Kämmerer- und Marschallamt, vor allem aber die Gerichtspflegen, außerdem die Einkünfte aus Äckern, Wiesen, Zehenten, Weingütern, Bergwerken und Hämmern (dies vor allem in Kärnten besonders häufig), Hausbesitz in Städten (Judenhäuser), Regalien wie Begleitrechte oder die Drauüberfuhr, Vogtrechte etc.

Ein wichtiges Datum in der Geschichte Kärntens in Bezug auf die Burgen ist der 25. Januar 1460, an dem der Friede von Pusarnitz geschlossen wurde. Vorausgegangen ist ein dreijähriger Erbschaftskrieg um die freigewordene Grafschaft Ortenburg-Spittal, der nach der Ermordung des letzten Grafen von Cilli, Ortenburg und Sternberg, Ulrich II., im Jahr 1456 ausgebrochen war. Hierbei stritten sich Kaiser Friedrich III. von Habsburg und die Grafen Johann und Leonhard von Görz um das Erbe der Cilli. Im Frieden wurde dann zu Gunsten Friedrichs entschieden und die Görzer Grafen verloren fast ihren gesamten Besitz in Oberkärnten.

Weiter wichtig und immer wieder erwähnt ist der Ungarnkrieg, in dem es zwischen Kaiser Friedrich III. und dem Ungarnkönig Matthias Corvinus um die Besetzung des erzbischöflichen Stuhles in Salzburg ging. Die Ungarn fielen dabei in Kärnten ein und blieben von 1480–1490 hier. Sie eroberten bzw. zerstörten viele Burgen und drangsalierten die Bevölkerung – schließlich musste sich damals der Krieg aus dem Krieg ernähren. Die Soldaten aller Seiten waren wenig zartfühlend und holten sich eben alles, was sie zum Leben brauchten (und wohl noch mehr).

Die Bedeutung der Burgen schwand, als sie ihre Funktion als Wehr und Wohnbauten des Adels, als Mittelpunkte der grundherrlichen und landesfürstlichen Verwaltung, als Überwachungspunkte des Handels und des Straßenverkehrs (und Eintreibungsstelle für Maut) verloren. Oft wurden sie aufgelassen und verfielen allmählich. Oft (wenn nicht gar meist) wurden sie auch abgebrochen und/oder von den umliegenden Bewohnern als Steinbruch zum Hausbau missbraucht. Bei der Burg Landskron setzte erst ein französischer Offizier während der Besatzungszeit (1809–1813) der Entnahme von Steinen ein Ende! Wenige Burgen wurden zur Festung umgebaut und den neuesten wehrtechnischen Erfordernissen angepasst. Wo die Burgen verschwanden, künden heute noch Flurnamen wie »Burgstall« oder Sagen von ihnen.

Man wird merken, dass es in Kärnten viele hervorragend renovierte oder erhaltene Anlagen gibt, ebenso aber auch viele, die leider am Verfallen sind. Bei ihnen ist oft das Betreten verboten, manche sind auch im dichten Wald versteckt, viele sowieso nicht ausgeschildert und oft kaum zu finden. Hier ist ein wenig pfadfinderischer Spürsinn angebracht.

Schaut man sich die Zeichnungen von Markus Pernhart aus dem 19. Jahrhundert oder die rund ein halbes Jahrhundert alten Fotos aus dem Burgenbuch von Franz Kohla an, sieht man, dass die Anlagen damals oft noch frei lagen.

Schade ist es allemal, wenn solche Kulturschätze zugrunde gehen – aber der Wald erobert sich solche Anlagen schneller zurück, als man glaubt. Der Autor weiß, dass die Renovierung oder zumindest Sicherung der Anlagen für einen Privatmann kaum zu finanzieren ist, aber es wäre doch für die öffentliche Hand eine dankbare Aufgabe, hier für nachfolgende Generationen etwas von ihrer Geschichte zu erhalten.

Lobenswerte Beispiele, wo aufgrund von Privatinitiative oder durch einen Verein Ruinen erhalten werden, gibt es allerdings glücklicherweise auch.

In Kärnten war Friesach als Sitz des Vizedoms die bedeutendste Burg der Salzburger Erzbischöfe. Von hier aus wurde der gesamte Kärntner Besitz der Erzbischöfe verwaltet, dazu gehörten auch der Lungau und einige Güter in der Mittelsteiermark. Die Salzburger Erzbischöfe verfolgten seit dem hohen Mittelalter den Grundsatz, ihre Burgen nicht als Lehen zu vergeben, sondern sie nur von Burggrafen, ab dem 14. Jahrhundert von Pflegern verwalten zu lassen. Damit konnte auch keine neue Kaste von Lehensnehmern entstehen, die im Laufe der Generationen übermächtig werden konnte.

Die Verträge mit den Burggrafen oder Pflegern wurden für eine bestimmte Zeit, meist aber auf Lebenszeit abgeschlossen. Als Entlohnung erhielten die Burggrafen und Pfleger eine bestimmte Geldsumme oder Naturalien. Aber auch wenn die Erzbischöfe bei weit entfernten Burgen diese als Lehen vergaben, schlossen sie ein Erbrecht der direkten Nachkommen oder der Verwandtschaft aus.

Der Beruf als Pfleger einer Burg war eine lukrative Tätigkeit für die im Laufe der Zeit verarmten Adeligen. Im Jahr 1495 beklagten sich aber in Salzburg Ritter und Edelknechte, dass der Erzbischof die Pflegerstellen mehr und mehr an Günstlinge und Nepoten vergeben würde und sie damit in ihrer wirtschaftlichen Existenz gefährdet seien.

Der aus Kärnten stammende Erzbischof Leonhard von Keutschach ließ zwar eine Reihe von Salzburger Burgen instand setzen und ausbauen, während des Bauernkrieges 1525/26 zeigte sich aber, dass die Anlagen oft ihrer Verteidigungsaufgabe nicht gewachsen waren.

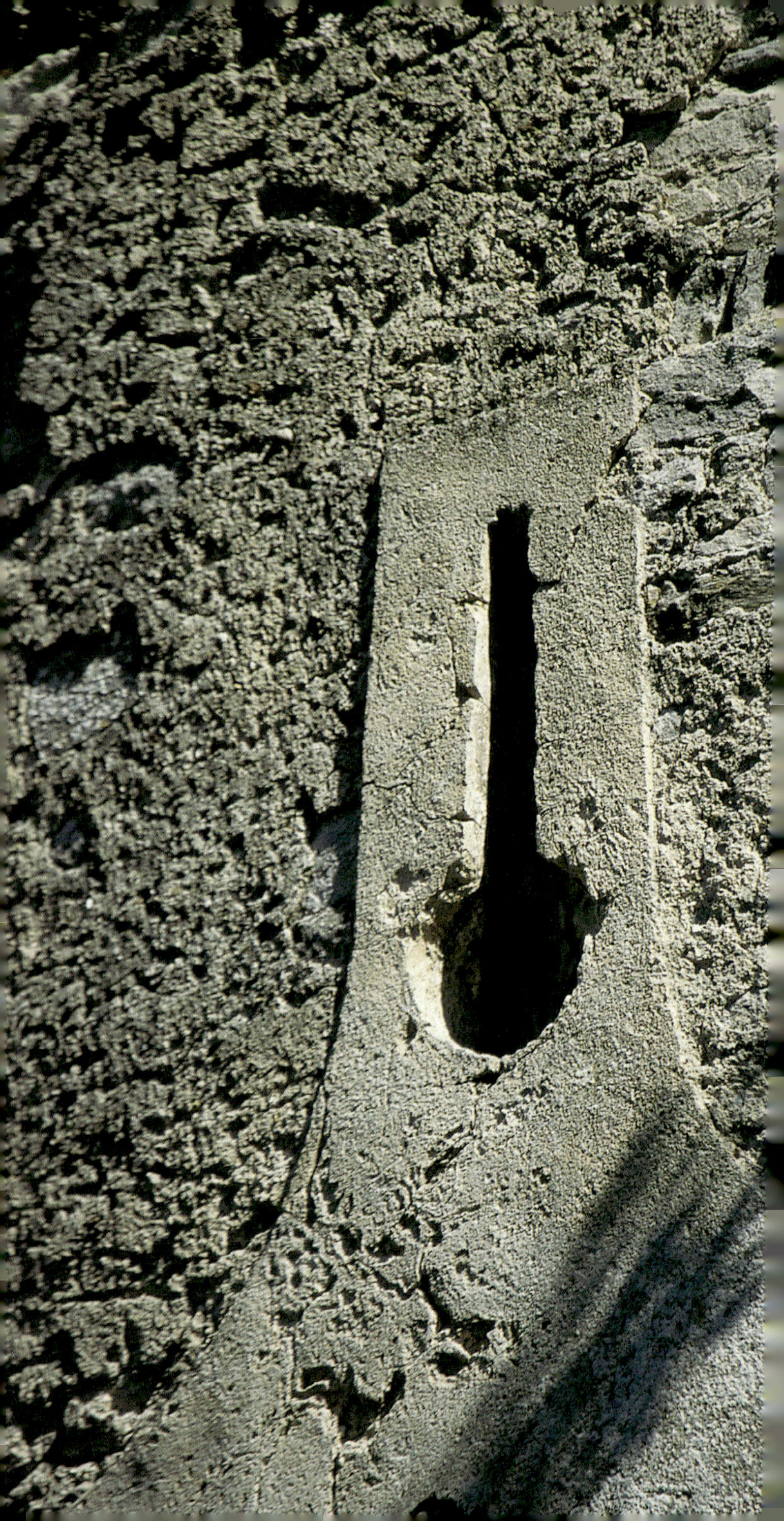

# Kärntens schönste Burgen

50 Mautturm   **52** Ruine Hohenburg   **54** Ruine Flaschberg
56 Ruine Pittersberg   **58** Ruine Goldenstein   **62** Ruine
Weidenburg   **64** Ruine Mölltheurer   **66** Ruine Ödenfest
68 Ruine Sonnenburg   **70** Altes Schloss Gmünd   **74** Ruine
Hohenburg   **76** Ruine Feldsberg   **78** Ruine Ortenburg
82 Ruine Sommeregg   **84** Ruine Malenthein   **86** Ruine
Khünburg   **90** Ruine Aichelburg   **92** Ruine Arnoldstein
96 Ruine Federaun   **100** Ruine Alt-Treffen   **102** Ruine
Landskron   **106** Ruine Alt-Finkenstein   **108** Ruine Aichelberg   **110** Ruine Hohenwart   **112** Ruine Altrosegg   **114** Ruine
Alt-Albeck   **118** Ruine Arnulfsfeste   **122** Ruine Alt-Leonstein
126 Ruine Reifnitz   **128** Ruine Glanegg   **132** Ruine Alt-Liemberg   **134** Ruine Gradenegg   **136** Ruine Hohenliebenfels
138 Ruine Karlsberg   **140** Ruine Hardegg   **142** Ruine Zeiselberg   **146** Burgenstadt Friesach   **154** Schloss Straßburg
156 Kraiger Schlösser   **162** Ruine Taggenbrunn   **164** Burg
Hochosterwitz   **170** Ruine Grünburg   **172** Ruine Hornburg
174 Ruine Waisenberg   **176** Ruine Höhenbergen   **178** Ruine
Reichenfels   **180** Ruine Gomarn   **182** Ruine Twimberg
186 Ruine Reisberg   **188** Ruine Hartneidenstein   **190** Ruine
Sonnegg   **192** Ruine Rechberg   **194** Ruine Haimburg
196 Ruine Griffen   **200** Ruine Rabenstein

Mautturm (ca. 960 m)

Gemeinde Winklern.

AUSGANGSPUNKT
Winklern.

WEGVERLAUF
Der Turm steht mitten im Ort.

FÜR KINDER
Tauernwurm, Geschichte eines Glück bringenden Drachens und seines Schatzes im Inneren des Turms.

ZUR GESCHICHTE. Mitten in Winklern steht ein rechteckiger, sauber aus Bruchsteinen gemauerter Turm. Er wurde an einer wichtigen Straßenkreuzung als Wohn-, Wehr- und Mautturm für die Görzer Grafen erbaut und war damals Teil einer kleinen Burganlage. Erstmals erwähnt wurde das aus der Spätromanik bzw. Frühgotik stammende Bauwerk im 14. Jahrhundert; es diente meist als Wohnturm und Getreidespeicher.

Die Geschichte des Turms könnte aber sogar noch älter sein, denn da Winklern an einem wichtigen Übergang über den Iselsberg lag, könnte es gut sein, dass auch die Römer hier schon ein verteidigungsfähiges Bauwerk errichtet haben. Dieses dürfte die Straße, die von Aguntum über den Iselsberg in das Goldbaugebiet der Goldberggruppe und als Saumpfad dann weiter durch das Obere Mölltal und das Hochtor nach Salzburg führte, gesichert haben. Durch seine verkehrsgünstige Lage wurde der Ort im Mittelalter auch wichtig als Erhebungsstelle für Zölle und Maut. Transportiert wurden hier vor allem Wein und Südfrüchte nach Norden und Salz nach Süden.

Die Lehensnehmer wechselten häufig. 1317 hieß es von Otto von Reuntal, dass er »sein hous und gesaez da ze Wynchlern, daz er von neum gepowen hat« aufgibt. Am 3. Juni 1377 belehnte Kaiser Friedrich III. Peter Langauer und dessen »Hausfrau« Barbara mit dem Turm. Der Turm mit »dem Gesäss dabei« (Gesäss = Wohn- und Wirtschaftsgebäude) kam später an die von Lavant und an die Görzer Grafen, 1460 im Frieden von Pusarnitz an die Habsburger.

Im 18. Jahrhundert hat man den Turm als Getreidespeicher genutzt. Von 1917 ist bekannt, dass er als Aussichtsturm diente.

DIE ANLAGE. Der schon früh als Aussichtsturm dienende Turm besitzt einen rechteckigen Grundriss mit den Maßen etwa 9,60 mal sieben Meter. Seine Wandstärke ist im Verhältnis zu anderen Wehrbauten eher dünn: unten etwa neunzig, ab dem ersten Stock etwa achtzig Zentimeter. Erbaut wurde der Turm aus Bach- und Bruchsteinen, vor allem aus Granit, wobei fast nur die Ecken und Türgewände sorgfältig gemauert wurden. Das oberste Geschoss mit dem Pyramidendach wurde um 1900 erneuert. Er besitzt im dritten Stock drei gotische Spitzbogenfenster; manchmal wurde schon vermutet, dass die kleinen Öffnungen vielleicht zu Signalzwecken wie bei den Kraiger Schlössern oder den Burgen Liebenfels, Glanegg und Mannsberg dienten. Da die nächsten Burgen aber in weiter Entfernung lagen, ist dies nicht sehr wahrscheinlich.

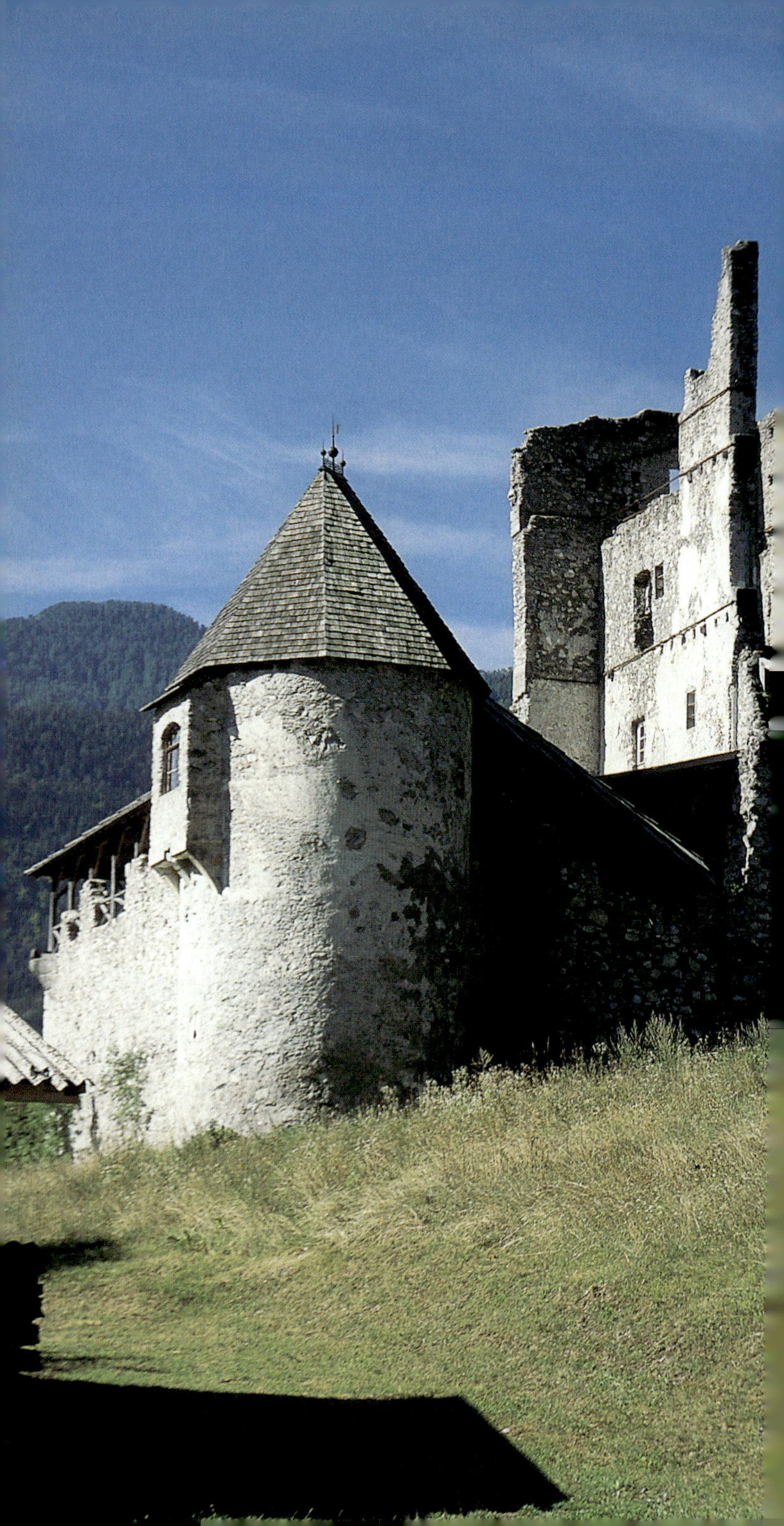

Ruine Hohenburg (ca. 735 m)
Gemeinde Oberdrauburg.

ZUR GESCHICHTE. Die Ruine Hohenburg (oder Rosenberg) war zwar nicht besonders groß, aber äußerst wehrhaft. Als Signalposten für die Burgen Flaschberg und Stein lag sie an einer strategisch günstigen Stelle zu der Straße, die nach Aguntum (Lienz) führte. Sie wurde 1142 erstmals erwähnt. Nach dem Tod von Hartneid von Hohenburg kam die Burg 1311 als Lehen des Salzburger Erzbistums an die Grafen von Ortenburg, später an die Grafen von Cilli. 1495 übergab Kaiser Maximilian I. sie an seinen Pfleger Andrä von Hohenburg. Seit damals wurde sie auch Rosenpichl oder Rosenburg genannt. 1842 ist die Anlage, damals schon Ruine, vom Postmeister Anton Pichler, Schröttelhof, gekauft worden. 1975 wurde sie der Marktgemeinde Oberdrauburg geschenkt.

DIE ANLAGE. Erhalten sind beachtliche Reste des 1911 eingestürzten, einst dreigeschossigen runden und mit Fenstern versehenen Bergfrieds/ Donjons (Wohnturm), des Palas und der Mauer mit einem runden Eckturm mit Erker. Die Anlage ist sauber aus Bruchsteinen gemauert. Rechts vom Eingang befindet sich ein Rundbogentor, das in den Burghof führt. Hier sollte man den Wehrgang besteigen, um die Aussicht zu genießen. In dem runden Eckturm befindet sich im ersten Stock eine Stube. Der Bergfried steht in der Mitte der Anlage. Steigt man in ihm hoch, kommt man zu einer Fensternische mit Sitzgelegenheiten. Die Anlage wurde um 1970 ausgebaut, der hölzerne Wehrgang stammt von 1994.

Am Fuß der Ruine steht der Schröttlhof mit Walmdach und Rundbogenportal. Die Kapelle Maria Hilf am Rosenberg wurde 1867 von Georg Egger, dem Vater des berühmten Expressionisten Albin Egger-Lienz, mit Fresken ausgestattet. Auf dem Weg zur Ruine sieht man moderne Kreuzwegstationen von Christa Brandstätter (1988).

AUSGANGSPUNKT
Oberdrauburg.

WEGVERLAUF
Vom Parkplatz im Süden Oberdrauburgs auf der B 100 kurz in Richtung Lienz gehen, dann nach rechts in den Maria-Hilf-Weg einbiegen, der vorbei an Kreuzwegstationen, zur Ruine führt.

Wer wilde Natur erleben will, kann einen Abstecher in den Wurnitzgraben machen. Beim letzten Haus weist ein Schild nach rechts in Richtung »Burgforst«. Man überquert den Bach und hält sich danach links (Weg 08). Das tief eingeschnittene Tal ist begrenzt durch hohe Felswände.

LÄNGE
Etwa 2 Kilometer.

ZEIT
Etwa 1 Stunde.

HÖHEN-UNTERSCHIED
Etwa 100 Meter.

KARTE
Kompass Wanderkarte Blatt 60 Gailtaler Alpen Karnische Alpen.

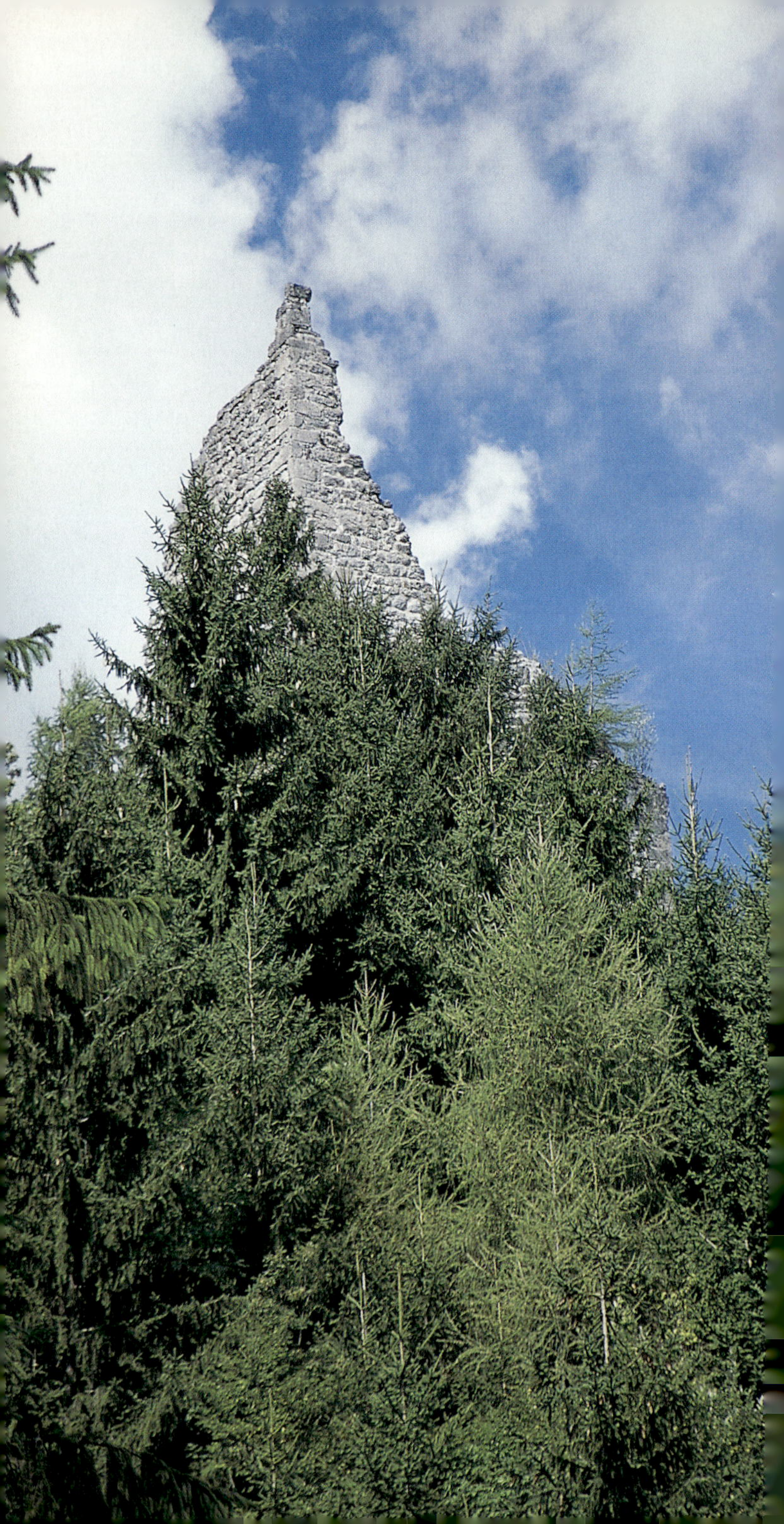

Ruine Flaschberg (ca. 620 m)
Gemeinde Oberdrauburg.

ZUR GESCHICHTE. Flaschberg war Mittelpunkt einer Grundherrschaft, die von der Nikolsdorfer bis zur Oberdrauburger Brücke reichte und im Norden von der Drau und im Süden von den Gailtaler Alpen begrenzt war. Sie besaß auch die niedere Gerichtsbarkeit.

Die 1154 als Flassingperc erwähnte, romanische Burg war einst eine mächtige Anlage und Sitz von Ministerialen der Görzer Grafen. 1157 wurde sie mit einem Cholo von Flaschberg erstmals genannt, 1521 erwähnte man eine Johannes dem Täufer geweihte Kapelle in der Burg. Nachdem die Flaschberger im 16. Jahrhundert Kärnten verließen, gelangte die Anlage an die Herren von Mandorff, seit 1643 war sie im Besitz der Grafen von Ortenburg. Seit dem 17. Jahrhundert verfällt sie.

Bei Ausgrabungen fand man eine Vielzahl mittelalterlicher Gegenstände, die im Museum zu bewundern sind.

DIE ANLAGE. An die Anlage, die sich im dichten Wald hoch über dem Ort befindet, kommt man nicht heran. Früher soll die Burg drei Türme besessen haben, heute sieht man von unten noch den Rest eines hohen, mehrgeschossigen Turmes. Die Anlage war bereits im 17. Jahrhundert Ruine.

Am Fuß des Burgberges steht das mit Erkern versehene Verwalterhaus/Pfleggerichtsgebäude (Nr. 12) aus der Renaissance, das einen Eckerker besitzt. Es kam im 17. Jahrhundert an die Grafen von Widmann-Ortenburg.

AUSGANGSPUNKT
Oberdrauburg bzw. Flaschberg.

WEGVERLAUF
Da nicht zugänglich ist die Ruine selbst für einen Besuch weniger interessant. Eine Fahrradtour ab Oberdrauburg sei aber empfohlen: Bis Unter- oder Oberpirkach (Wasserfall!) fahren, dann entlang der Drau zurück. Sehenswert ist auch der Silberfall am Ortsende von Oberdrauburg.

KARTE
Kompass Wanderkarte Blatt 60 Gailtaler Alpen Karnische Alpen.

Ruine Pittersberg (ca. 970 m)
Gemeinde Kötschach-Mauthen.

ZUR GESCHICHTE. Die Ruine steht auf einem steilen Felskegel etwa 1,5 km nordwestlich von Laas und beherrschte die Straße über den Gailberg. Im 10. Jh. gehörte Pittersberg den Grafen von Lurn, die im Gebiet um Lienz in Osttirol und in Oberkärnten Besitz hatten.

1252 wurde der herzogliche Ministeriale Chonradus de Bittersperch genannt, als Graf Meinrad III. von Görz dem Bischof Konrad von Freising wegen der Gefangennahme seines Ministerialen Konrad von Flaschberg einen Schadlosbrief ausstellte. Auch 1286 wurde ein Ernestus von Bittersperch in einer Urkunde des Bistums Freising erwähnt. Die Burg tauchte 1374 als »vest Puetersberg« auf. 1380 wurde das Landgericht von Liesing im Lesachtal nach Pittersberg verlegt. 1422 gehörte die Anlage dem Grafen von Görz. Als 1445 Graf Heinrich IV. von Görz mit seiner zweiten Frau Katharina stritt, versuchte Katharina die Feste Pittersberg einzunehmen, wie sie es auch schon bei den Festen Prießnegg bei Hermagor (Malenthein) und Weidenburg getan hatte. Die wachsame Besatzung konnte dies jedoch verhindern. Der Pfleger berichtete daraufhin seinem Grafen, dass 20 Gesellen mit Steigzeug, Stangen, Handbüchsen und Zündzeug die Burg stürmen wollten, sich nach dem Misslingen des Angriffs jedoch zu den anderen etwa 200 Mann im Tal zurückzogen.

1460 fiel die Burg auf Grund des Pusarnitzer Friedens an die Habsburger und wurde Sitz eines Landgerichts, zu dem 1510 noch das Gericht Goldenstein kam. Als die Türken 1478 die Umgebung verwüsteten, gab es auch um Pittersberg ein Gemetzel. 1482 war der Bleigewerke Jörg Leininger zu Hardegg Pfandnehmer der Burg, nach ihm der Gewerke Simon Krell, der Kaiser Friedrich III. für die Bezahlung eines diamantgeschmückten Halsbandes 15 000 Dukaten geliehen hatte. 1486 tauschte Graf Leonhard von Görz die Burg wieder ein.

Laut einem Epitaph in der Laaser Kirche war Sigmund Khevenhüller, der Vater des berühmt gewordenen Sohnes Georg, 1533 hier Pfleger.

DIE ANLAGE. Die Burg lag auf einem Bergkegel, nach Süden durch eine mächtige Schildmauer geschützt. 1640 war die Burg bereits Ruine. Man sieht noch wenige Reste eines romanischen Wohnturms/Bergfrieds und der bis zu fünf Meter hohen und zwei Meter starken Zwinger- oder Schildmauer, die sauber aus Bruchsteinen gearbeitet ist. Außerdem ist noch das gut gearbeitete Loch des Burgbrunnens vorhanden.

Das Blahhaus (mhd. blaehus = Hochofen) nordwestlich der Ruine ist der Rest einer Hochofenanlage, die ab 1623 hier bestand.

AUSGANGSPUNKT
Laas.

WEGVERLAUF
Auf der Straße zum Gailbergsattel weist nach der Wolker Mühle ein Schild nach »Pittersberg«. Der Weg knickt im Wald nach rechts ab und führt stets ansteigend um den Burgberg, bis wir vor der mächtigen Schildmauer stehen. Wir können nun dem Weg über den Berg folgen, oder wir gehen zurück und dann nach rechts in Richtung »Gailbergsattel Blahhaus«; dann entlang eines Bächleins zum Elektrizitätswerk. Hier werden wir zu einem versteinerten Baum (200 Mio Jahre alt!) nach links verwiesen.

ZEIT
Etwa 1 1/2 Stunden.

**HÖHEN-
UNTERSCHIED**
Etwa 150 Meter.

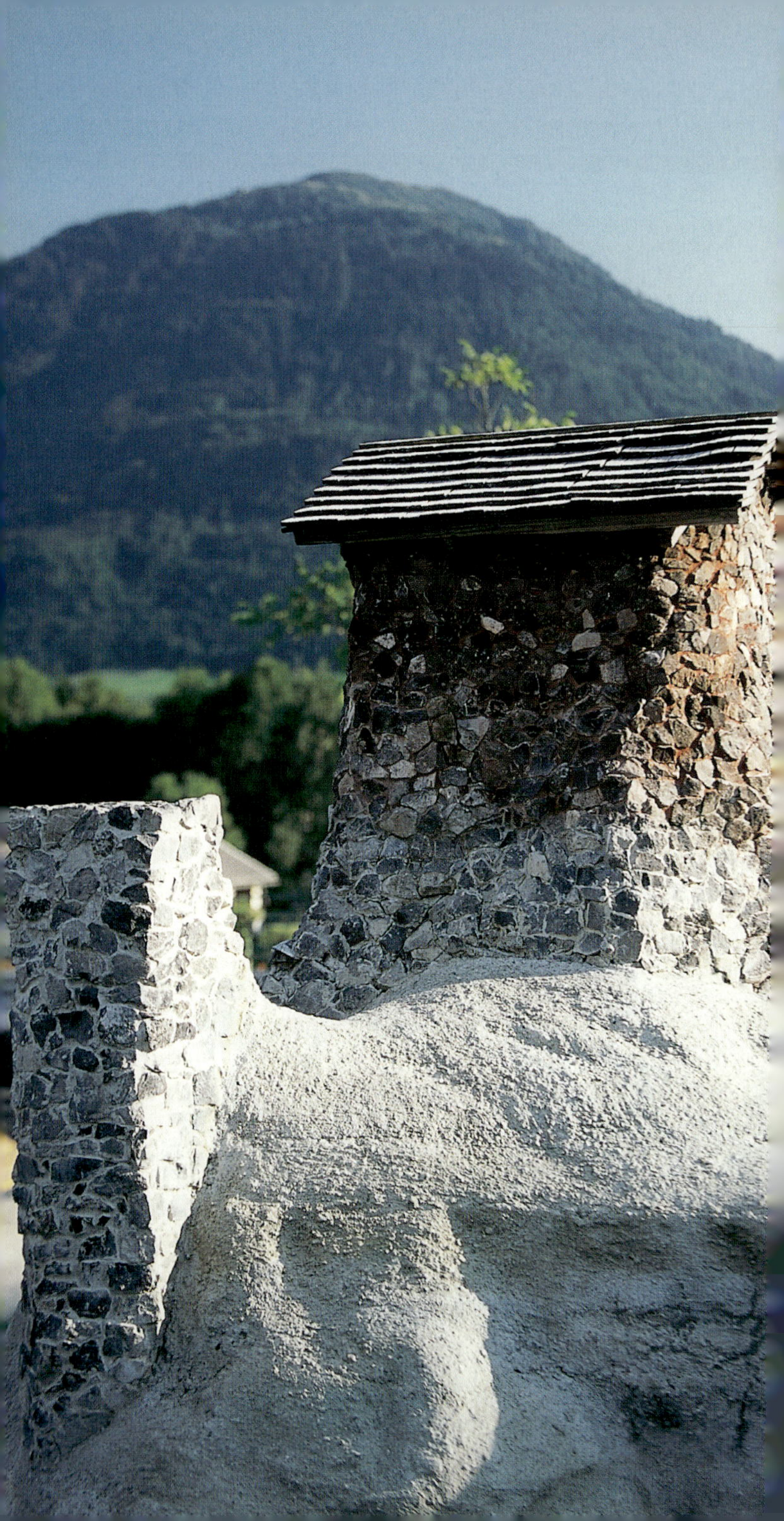

Ruine Goldenstein (970 m)
Gemeinde Dellach im Gailtal.

ZUR GESCHICHTE. Hoch über St. Daniel bzw. über dem Maiengraben am Berghang liegen auf einem steilen, isolierten Felsvorsprung gleich einem richtigen Felsennest die Reste der einst als uneinnehmbar geltenden Burg Goldenstein. Sie ist die Nachfolgerin der ehemaligen Goldburg, die in der Nähe stand und gilt als eine der am extremsten gelegenen Burgen Kärntens.

Urkundlich tauchte die Goldburg erstmals 1227 als »hus Golperc« auf, als sie von Herzog Bernhard von Kärnten zerstört wurde. Dies geschah wohl im Zuge eines Machtkampfes mit den Grafen von Görz, zu deren Bereich die Burg gehörte. Um 1250 tauchten urkundlich ein Heinricus, um 1271 ein Amelricus de Goltpurch auf. Nach dem Geschlecht der Goldburger scheint die Burg verfallen zu sein, denn 1325 wurde sie bereits als »Purgstall Goldburg« genannt.

1325 erlaubten die Grafen von Görz dem Niklas von Flaschberg, dessen Burg bei Ötting/Oberdrauburg stand, und der vielleicht mit den Goldburgern verwandt war, südlich der alten Goldburg eine neue Anlage zu errichten, die Burg Goldenstein. Da Niklas jedoch in Geldschwierigkeiten kam, verkaufte er 1359 seinen Anteil an der Burg um 219 Aglier Mark an Graf Meinrad von Görz.

1385 starb Meinrad VII. von Görz und hinterließ nur minderjährige Erben. Als ihr Vormund

AUSGANGSPUNKT
St. Daniel.

WEGVERLAUF
In St. Daniel nach Norden in Richtung »Monsell Ruine Goldenstein«. Nun wandern wir parallel zum Bach im St. Daniel-Graben geradeaus in den Wald hinein, kommen an zwei Häusern in einer Lichtung vorbei, überqueren danach zweimal den Bach. Nun wandern wir im Wald steil aufwärts, überqueren einen weiteren, trockenen Graben und steigen durch schönen Mischwald nach rechts noch einmal steil an zur Ruine.

ZEIT
Etwa 2 Stunden.

HÖHENUNTERSCHIED
Etwa 230 Meter.

KARTE
Kompass Wanderkarte Blatt 60 Gailtaler Alpen Karnische Alpen.

SONSTIGES
Bei den Steilabstürzen ist äußerste Vorsicht geboten, insbesondere mit Kindern. Bei feuchtem Wetter besteht Rutschgefahr auf den steilen Waldwegen.

wurde Friedrich II. von Ortenburg eingesetzt. Friedrich kaufte in diesem Jahr Goldenstein und Mauthen. Das Geschlecht starb allerdings 1418 mit Friedrich aus. Danach kam die Burg an Hermann II. Graf von Cilli; dieses Geschlecht war vor allem in Unterkärnten und im heutigen Slowenien begütert. Ab nun gab es im Tal zwei Herren: Das Gebiet südlich der Gail und das Lesachtal wurden von den Görzern von Pittersberg aus verwaltet, nördlich der Gail hatten die von den Cilliern eingesetzten Burggrafen von Goldenstein das Sagen. Nach vielen Streitigkeiten zwischen den von Cilli und den Görzern kam die Anlage nach dem Frieden von Pusarnitz 1460 an die Habsburger, die nach Zerstörungen die Burg wieder aufbauen ließen. Paolo Santonino, Sekretär des Patriarchen von Aquileia, hat auf einer Reise mit dem Bischof von Caorle durch Kärnten von den Räumlichkeiten berichtet, u.a.: »Als der Bischof sich für das üppige Mahl bedanken wollte, gebot der Gastgeber mit der Hand Schweigen. Und, siehe da, sofort brachte einer von den Dienern eine breite Schüssel, sie auf erhobenen Händen tragend, mit Kraut über einem Stück Speck« – Den berühmten Gailtaler Speck gab es also damals schon!

Kaiser Maximilian verpfändete die Burg 1510 an Jakob Villinger, den Pittersberger Pfleger. Er erlaubte diesem »Amt und Gericht Goldenstein dem Schloß Pittersberg einzuverleiben, zumal die Burg Goldenstein an einem ungelegenen Ende liegt.«

Villingers Nachfolger Hans von Mandorf war zwar am Maierhof (Maar) und dem Jaukenbergbau interessiert, zum Wohnen ließ er sich jedoch das Schloss Mandorf erbauen. Ab nun verfiel auch die »Feste« Goldenstein; 1640 soll sie Ruine gewesen sein.

Die heutige Anlage wurde vor allem im 14. und Ende des 15. Jahrhunderts erbaut, beispielsweise ist die ehemalige Kapelle 1485 geweiht worden.

DIE ANLAGE. Die einstige Burg auf dem kleinen Felsplateau bestand aus dem Bergfried, dem Palas, einer kleinen Kapelle und einem vorgebauten Wehrturm. In den Mauern sind teilweise noch sich nach innen verbreiternde Schießscharten zu sehen. Der Bergfried steht im Ostteil, daran schließt sich südlich die Kapelle mit einem weiteren profilierten Fenster an. Am Steilabhang auf der Südseite befand sich eine Mauer, hier lagen der Palas und noch weitere drei Räume, weitere zwei befanden sich auf der Westseite. Es stehen noch Teile des quadratischen Bergfrieds, die Reste der Außenmauern des Palas und der Ummauerung. Interessant ist, wie der Übergang vom steilen, teilweise senkrechten Fels zum Mauerwerk bautechnisch gemeistert wurde. Über der Seilsicherung sieht man an dem hoch aufragenden Mauerstück auch schön, wie die Mauern außen glatt gehalten und innen mit unbearbeiteten Steinen und Mörtel aufgefüllt wurden. Vor dem Bergfried befindet sich ein großes rundes Loch, vielleicht der Brunnen. Zugang zur Burg hatte man über zwei hohe Holzbrücken.

Ein Modell der Burg ist im Ortsteil St. Daniel an der Durchgangsstraße aufgestellt.

Ruine Weidenburg (670 m)
Gemeinde Kötschach-Mauthen.

ZUR GESCHICHTE. Die Burg wurde vermutlich um 1200 als Sitz von Ministerialen errichtet und 1255 als »castro weideberch« zusammen mit einem Johannes de Waidberch erwähnt. Sie liegt am unteren Berghang südlich von Würmlach auf einem nach Süden und Osten steil abfallenden Felssporn. Nach mehrmaligem Besitzerwechsel gelangte sie durch Erbvergleich an die Grafen von Görz.

Eine Begebenheit aus dem 14. Jh.: Ab 1385 war Graf Heinrich IV. von Görz der Besitzer. Er war mit Katharina, Tochter des Palatin Niklas Gara von Ungarn, verheiratet. Wegen eines Streites verwies er sie des Landes, ließ sie dann aber wieder zurück und verstieß sie kurz darauf erneut. Katharina stürmte die Weidenburg und blieb hier bis zum Tode Heinrichs. Nach dem Frieden von Pusarnitz 1460 gelangte die Burg an Kaiser Friedrich III., der sie im nächsten Jahr als Lehen an die Brüder Hornberger vergab. Katharina wurde vom Kaiser die Grünburg und die Moosburg als Sitz zugewiesen, sie starb dann in ihrem Haus in Villach.

1545 gelangte die Burg als Lehen an Sigmund Khevenhüller von Aichelberg, 1571 wurde sie an Georg Khevenhüller verkauft. Im 16. Jahrhundert kam sie an die Familie von Fromiller, danach an verschiedene andere Besitzer. Seit dem 18. Jahrhundert verfällt sie. 1931 ließ sie ein deutscher Besitzer zwar restaurieren, doch 1933 brannte sie bereits wieder ab. Nach dem Zweiten Weltkrieg ging sie in den Besitz der Österreichischen Bundesforste über.

DIE ANLAGE. Erhalten von der stark verfallenen Anlage aus der Zeit um 1200 sind nur einige sauber aus Bruchsteinen gearbeitete, bis zu zehn Meter hohe Mauerreste. Die Burg war einst eine enge und gedrängte Anlage. Nach Norden, Osten und Süden fiel der Fels steil ab, lediglich von Westen her konnte man auf einem mäßig ansteigenden Weg zum Eingang gelangen, hier war die Schildmauer auch besonders stark gearbeitet. Man betrat das Gebäude durch ein Rundbogentor, neben dem sich links eine große, ausgebrochene Öffnung, vielleicht ein Fenster, befindet. Nach dem Eingang liegt rechts ein niedriger Raum, außerdem sieht man im Inneren der Anlage weitere Rundbogenöffnungen. Der Burghof steigt heute nach Osten hin infolge des Schutts an; links von ihm befand sich ein Gebäude, danach kam der rechteckige, einst drei- oder vierstöckige Palas. Recht vom Burghof liegt direkt an der Außenmauer der quadratische Bergfried.

Im Ort unterhalb der Ruine steht das schlicht gearbeitete, im 16. Jh. erbaute Schloss mit einer angebauten Kapelle.

AUSGANGSPUNKT
Weidenburg.

WEGVERLAUF
Am Waldrand beim Eingang zum Weidenburger Wasserfall ist ein Parkplatz. Hier nimmt man den Weg, der vor dem Feuerwehrhaus nach rechts in Richtung »Kronhof« in den Wald führt. Nach wenigen Minuten zweigt nach links ein etwas zugewachsener Pfad ab, er bringt uns in ein paar Minuten zur Ruine.

Anschließend könnte man den Weidenburger Wasserfall besuchen.

KARTE
Kompass Wanderkarte Blatt 60 Gailtaler Alpen Karnische Alpen.

FÜR KINDER
Durch kurzen Zugang interessantes Ziel, auch wenn die Anlage nur klein ist.

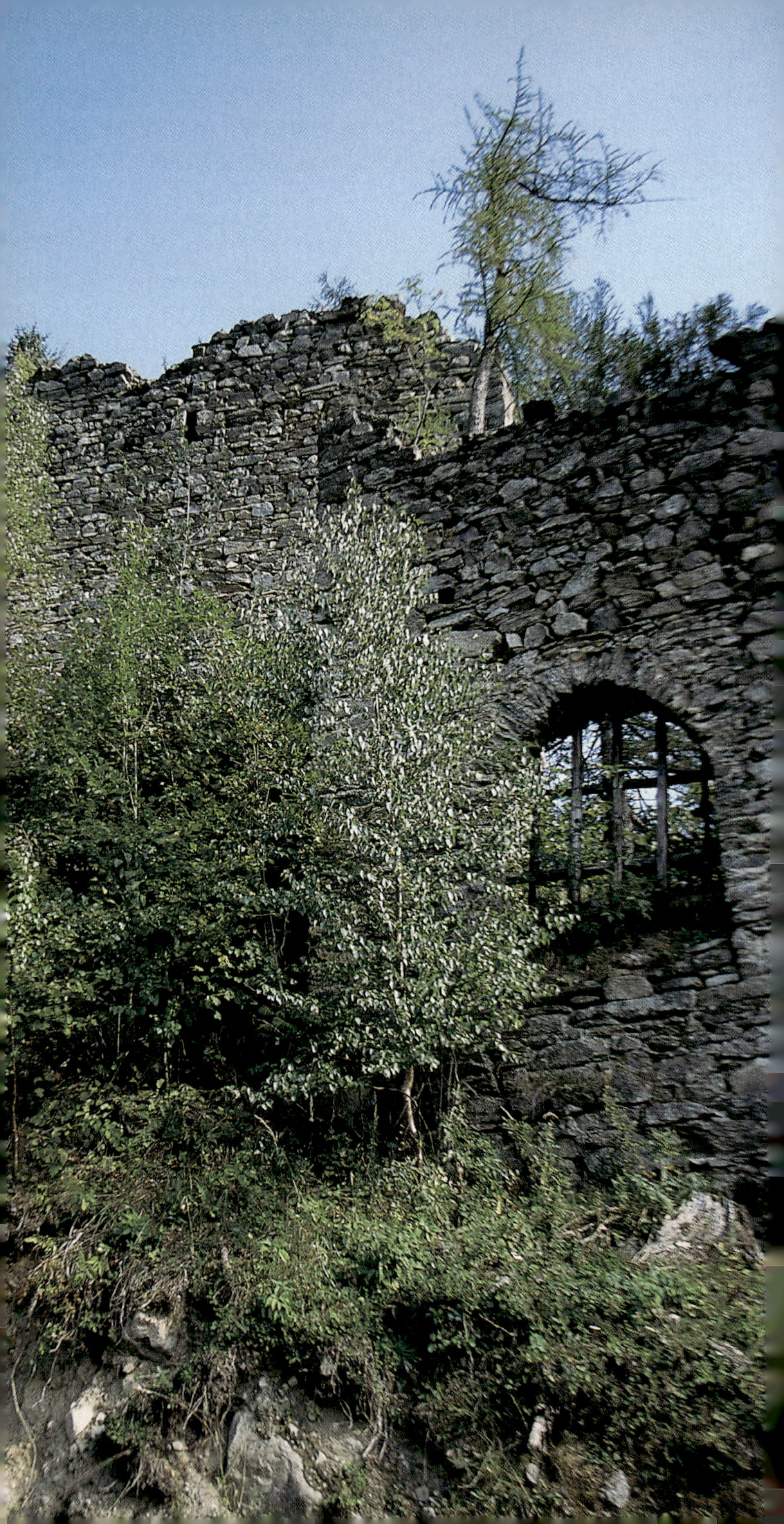

Ruine Mölltheurer (ca. 820 m)
Gemeinde Kolbnitz.

ZUR GESCHICHTE. Die nördlich oberhalb des Ortes Penk bzw. unterhalb der Bahnlinie auf einem Hügel gelegene Ruine, auch Roithnerschloss genannt, wurde 1307 erstmals erwähnt, das Geschlecht tauchte aber bereits 1134 auf. Die Burginsassen waren Ministerialen der Grafen von Görz.

1234 tauchte auch ein Ministeriale Heinrich von Pench (Penk) auf, von dem allerdings nicht sicher ist, ob er auf dieser Burg saß. Die Burg wurde vermutlich im Krieg der Habsburger mit den Görzer Grafen zerstört, 1460 kam die Burg mit dem Frieden von Pusarnitz an die Habsburger. Die heutige Anlage wurde in der Zeit vom 13. bis zum 15. Jahrhundert wohl zur Überwachung der Tauernstraße erbaut und erweitert. 1467 wurde die Anlage bereits Burgstall genannt, was darauf schließen lässt, dass sie zu jener Zeit schon zerstört war. Nach einem Neubau besaß 1600 Josef Roithner die Burg als Lehen. Seit dem 17. Jahrhundert verfällt sie.

DIE ANLAGE. Die Anlage liegt auf einem Erdhügel hoch über dem Mölltal. Zugang zu der Ruine, deren Betreten durch ein Schild verboten ist, hat man durch einen zerstörten Teil der Westwand. Dass sie in der Vergangenheit auch einmal bessere Zeiten gesehen hat, erkennt man an den Resten einer ehemaligen Bewirtschaftung.

Erhalten sind die Reste eines quadratischen Wohnturms/Bergfrieds, die Mauerreste von Wohngebäuden, außerdem fast rundum die Ummauerung. In den Mauern befinden sich Schießscharten, außerdem sieht man auf der Westseite ein Rundbogenfenster. Die Mauern sind sorgfältig aus Bruchsteinen gemauert, wobei man sieht, dass sie innen gefüllt sind. Vor der Ruine sieht man rechts die Fundamente eines rechteckigen Gebäudes.

AUSGANGSPUNKT
Gappen.

WEGVERLAUF
Westlich von Kolbnitz geht's durch Gappen hindurch in Richtung »Bahnhof«. Schließlich eine scharfe Linkskurve, hier zweigt nach rechts der so genannte »Waldweg« ab. Auf diesem breiten Naturweg spazieren wir in etwa 15 min, ohne wesentlichen Höhenunterschied zur Ruine.

ZEIT
Etwa 30 Minuten.

HÖHEN-UNTERSCHIED
Von der Abzweigung aus keiner, vom Tal aus etwa 160 Meter.

KARTE
Kompass Wanderkarte Blatt 49 Mallnitz Obervellach.

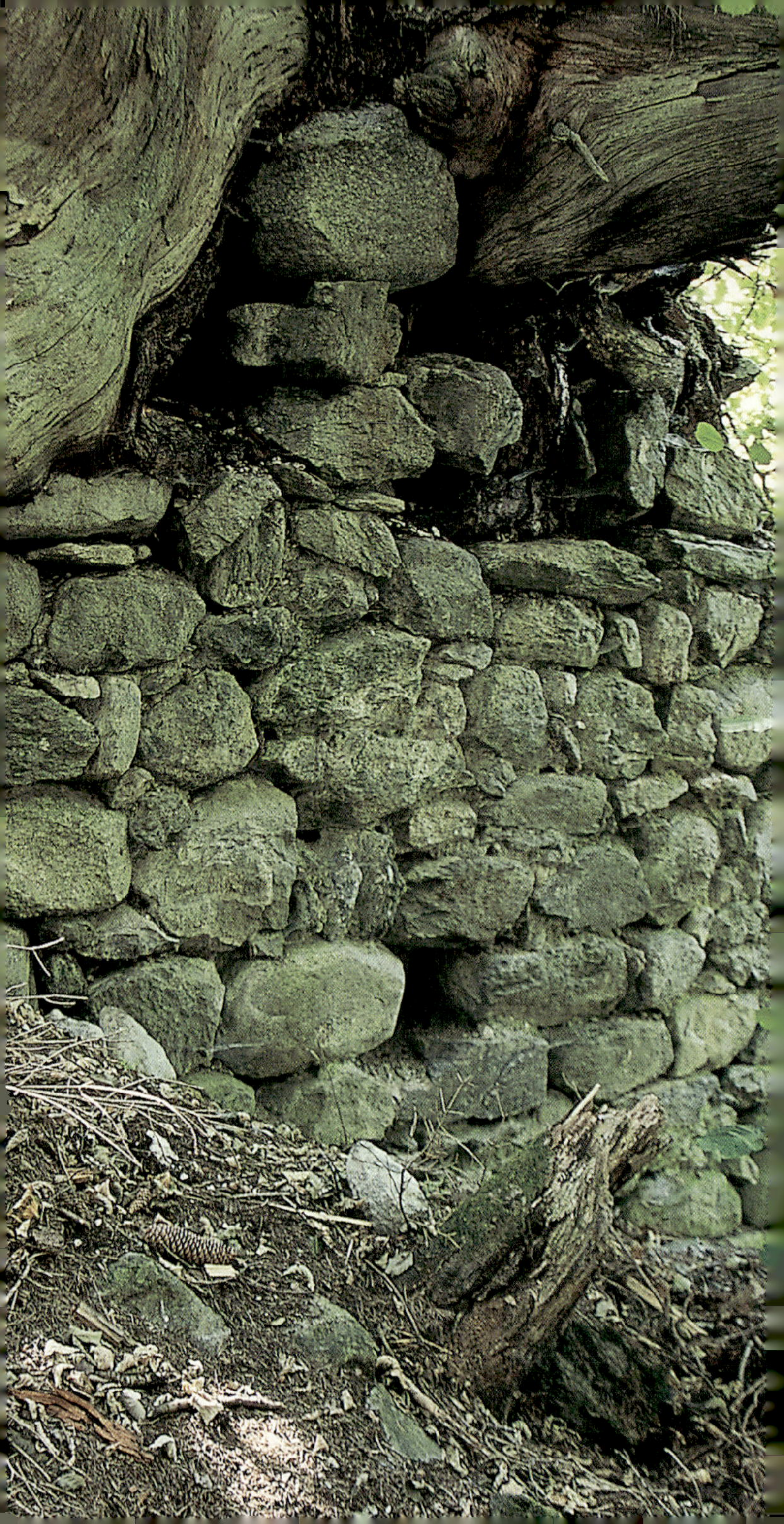

Ruine Ödenfest (1000 m)
Gemeinde Malta.

ZUR GESCHICHTE. Die Ruine Ödenfest, auch Rauhenfest, Edenfest oder Mallentein genannt, wurde zwischen 1075 und 1090 erwähnt, zusammen mit einem Edlen Heimo, Ministeriale des Bistums Brixen. Nach anderen Quellen ist sie durch einen Walter von Malontin (= Mallentein) bezeugt, der ein Sohn jenes Heimo gewesen sein soll.

Heimo hat zwischen 1075 und 1090 dem Bistum in Brixen ein Gut in Malta geschenkt, nachdem er bei seinem Herrn, dem Brixner Bischof Altwin, in Ungnade gefallen war.

Im 18. Jh. nannte man die Burg Eden (= Ödenfest), danach Malta, in amtlichen Dokumenten aber Rauhenfest. Ihr entstammte das einflussreiche Geschlecht der Mallenteiner, die um 1000 aus Bayern eingewandert waren und deren Linie in Kärnten 1786 ausstarb.

Ab dem 12. Jh. gehörte die Burg den Grafen von Heunburg. Sie war im 14. Jh. bereits Ruine. Seit 2002 steht die Anlage unter Denkmalschutz.

DIE ANLAGE. Die bereits im 14. Jh. verfallene Ruine liegt auf einem Felsvorsprung über Malta. Von ihr sind noch eine rund acht Meter lange und teilweise mehrere Meter hohe Mauer und andere Mauerreste erhalten; Anfang des 20. Jh. sollen die Kinder des Ortes noch in den Kellern der Anlage gespielt haben.

Die Mauern sind bis zu zwei Meter stark. Die Burg wurde aus großen Bruchsteinen errichtet, man sieht noch Öffnungen, die vielleicht Schießscharten waren. Eine große Öffnung könnte einmal als Tor gedient haben.

Einst soll die Burganlage ein lang gestrecktes Areal mit sieben Seiten gewesen sein.

AUSGANGSPUNKT
Malta.

WEGVERLAUF
Von der Kirche in Malta auf der Straße nach Maltaberg: Nach dem Kärntner Hof nach rechts in den »Wanderweg« einbiegen. Kurz bevor wir uns auf 1000 Meter Höhe befinden und rechts des Weges eine Freifläche liegt, sehen wir links oben Mauerreste. Wir gehen noch kurz weiter aufwärts bis vor einen Zaun mit Durchlass. Davor steigen wir am Zaun entlang nach links etwas hoch und stehen nach wenigen Minuten vor weiteren Mauerresten.

Wer möchte, wandert anschließend noch weiter hinauf nach Maltaberg, wo man einkehren kann.

ZEIT
Etwa 1 Stunde

HÖHENUNTERSCHIED
Etwa 160 Meter.

KARTE
Kompass Wander- Rad- und Skitourenkarte Blatt 66 Maltatal Liesertal.

Ruine Sonnenburg (ca. 900 m)
Gemeinde Malta.

ZUR GESCHICHTE. Die auch Ruine Weidegg oder Feistritz-Schlössl genannte Burg wurde 1345 als »castrum Sunnenbergk iuxta Malatin Fluvium« (Burg Sonnenburg nahe dem Fluss Malta) erwähnt. Ansonsten gibt es keine weiteren Quellen über sie, so dass man auf Vermutungen angewiesen ist. So weiß man, dass vor 1000 das Bistum Freising und im 11. Jh. das Bistum Brixen hier begütert waren. Erbauer der Burg waren vielleicht die Herren von Malta, die auf der Burg Mallenthein saßen. Vielleicht gibt es auch einen Zusammenhang mit den Grafen von Heunburg, die sich 1188 bis 1229 Grafen von Malta nannten, oder mit den Grafen von Ortenburg, deren Macht auch bis ins Maltatal reichte. Sicher ist jedenfalls, dass die Burg um 1400 bereits Ruine war. 1578 soll die Burg von Valvasor noch einmal erwähnt worden sein, ein weiteres Mal 1650. Im 19. Jh. war sie ganz vergessen und tauchte nur als »Mühlbacher Schloss«, das von sagenhaften Riesen erbaut worden wäre, in der Sage auf. Die Burg wurde auch mit dem Silberbergbau im Feistritzgraben in Verbindung gebracht. Seit 2002 steht sie unter Denkmalschutz.

DIE SAGE VOM TOTENBRÜNNLEIN

Auch wenn das Wissen um die Burg lange Zeit vergessen war, eine Sage gab es doch. Und zwar sollen hier drei Ritter gehaust haben. Sie wären große Bösewichter gewesen, die ihre Untertanen arg geschunden und ausgebeutet hätten. Von ihren Bauern verlangten sie harte Fronarbeit. Die Bauern wagten zwar nicht, offen dagegen vorzugehen, im Geheimen waren sie aber voller Wut auf die Ritter und sannen auf Rache. So legten die Bauern einmal einen Hinterhalt, als die Ritter trunken von einem Ausflug nach Malta zurück geritten kamen. Sie überfielen und töteten sie. Die Bauern warfen die toten Ritter in ein tiefes Loch und schütteten es zu. Trotzdem entsprang an dieser Stelle bald eine Quelle, aus der rotes Blut sprudelte. Erst im Laufe der Zeit wurde es zu Wasser, ihre ungewöhnliche Wärme blieb jedoch erhalten und sie fror auch in kalten Wintern nie zu.

DIE ANLAGE. Die bis zu fünf Meter hohe, aus der Romanik stammende Ruine ist aus quer liegenden rechteckigen und kleinen Bruchsteinquadern gemauert. Beachten sollte man vor allem die sauber gearbeitete Eckverbindung. Man sieht den Rest eines quadratischen Turms aus dem 11./12. Jh. und teilweise die rechteckige Hofmauer. Der Turm und die Mauer sind der älteste Teil der Anlage und wurden im 11./12. Jh. erbaut. Die anderen Bauteile der Ruine stammen vermutlich aus späteren Zeiten.

AUSGANGSPUNKT
Buschenschänke Mühlbacher, Feistritz.

WEGVERLAUF
Oberhalb der alten Nigglbauermühle, einer ehemaligen Flodermühle nahe der Buschenschänke Mühlbacher, befindet sich ein quer stehendes Stallgebäude, bei dem wir links abbiegen. Nach Überquerung des Feistritzbaches und kurzem Aufstieg sehen wir rechts unten den Bach und eine Brücke; wenn wir dort hinab gehen, können wir uns den kleinen Feistritzfall ansehen. Anschließend wandern wir weiter aufwärts, bis wir über Stufen auf den Burghügel gelangen.

ZEIT
Etwa 1 Stunde.

**HÖHEN-
UNTERSCHIED**
Etwa 70 Meter.

KARTE
Kompass Wander-, Rad- und Skitourenkarte Blatt 66 Maltatal Liesertal.

· E · M · G · V · L ·

1757

Altes Schloss Gmünd (ca. 760 m)

Stadt Gmünd.

ZUR GESCHICHTE. Das mächtige, bis zu fünfgeschossige Alte Schloss der Salzburger Erzbischöfe liegt hoch über der Stadt und wurde mitsamt dieser 1292 erstmals erwähnt. Die Stadt bestand aber wohl schon früher (1252). Die Anlage wurde im Wesentlichen in drei Bauperioden zwischen dem 13. und dem 17. Jahrhundert erbaut. Die erste lag zwischen Ende des 13. Jahrhunderts und 1487, als die romanische Anlage erweitert wurde, die zweite 1502 bis 1506, als der Salzburger Erzbischof die Burg als seinen Privatbesitz wieder aufbaute und die dritte 1607 bis 1615, als Rudolf Graf von Raitenau, der Besitzer der Herrschaft Gmünd, den Westtrakt errichten ließ. Als sich Erzbischof Bernhard von Rohr (1468–1482) bei der Auseinandersetzung zwischen Kaiser Friedrich III. und dem Ungarnkönig Matthias Corvinus auf die Seite des Ungarn stellte, wurden 1480 Burg und Stadt durch die Ungarn besetzt und daraufhin durch kaiserliche Truppen erobert und zerstört. 1502 bis 1506 wurde die Burg durch Erzbischof Leonhard von Keutschach als sein Privatbesitz wieder hergestellt, wobei sie 1504 abbrannte. 1514 kauften die Habsburger auf Grund eines Rückkaufsrechtes die Burg zurück und veräußerten Burg und Stadt an Siegmund von Dietrichstein um 26 000 rheinische Gulden. Als aufständische Bauern und Bergknappen 1525 Burg und Stadt belagerten, ergab sich die Burg im Gegensatz zur Stadt nicht.

1601 übergab Erzherzog Ferdinand die Herrschaft Gmünd an Rudolf Graf von Raitenau, den Bruder des Salzburger Erzbischofs Wolf-Dietrich. 1607 bis 1615 ließ Rudolf von Raitenau den Westteil der Burg erbauen, Baumeister war Daniel Deutta. 1639 kaufte Christoph Graf von Lodron, der Erbmarschall des Erzstiftes Salzburg, die Herrschaft

AUSGANGSPUNKT
Gmünd.

WEGVERLAUF
Wir parken am Besten auf dem Parkplatz, der sich auf dem Weg ins Maltatal direkt unter der Ruine befindet. Dann steigen wir auf dem Zick-Zack-Weg zu ihr auf. Vor ihrem Westeingang können wir erst nach links einen kurzen Abstecher zur Kalvarienbergkapelle der Lodron machen.

FÜR KINDER
Es wird ihnen die Ruine als auch die Stadt gefallen.

SONSTIGES
In der Stadt sollten wir uns das Eva Faschaunerin-Museum und den historischen Stadtkern ansehen. Technisch Interessierte besuchen das Porsche-Museum.

Gmünd. Bei einem Erdbeben 1690 stürzte eine Ecke der Burg ein, 1896 wurde die gesamte Anlage durch einen Brand zerstört, ab nun verfiel sie.

DIE ANLAGE. Die Burg ist eine wuchtige, unregelmäßig erbaute Anlage mit vier bis fünf Geschossen, wobei der Teil mit dem Bergfried aus dem Mittelalter stammt. Wir betreten sie durch den Westeingang, der ein schönes Kielbogenportal mit einem gemalten Wappen der Lodron – erkenntlich durch den wie eine Brezel geformten Löwenschwanz – aufweist. Hier sind auch in Form eines Würfelfeldes Kanonenkugeln eingemauert, die vermutlich aus der Belagerung 1487 stammen. Zugang verschafft ein eisenbeschlagenes Tor mit einem Mannloch.

Wir befinden uns im großen Hof des alten Schloss-Teiles. Er stammt aus der ersten Bauphase. Links vom Eingang befinden sich Erinnerungsstücke an den Bergbau, hier lagen ehemals die Pferdeställe, rechts daneben erhebt sich der romanische Bergfried, ein Wehr- und Speicherturm aus dem 12. Jahrhundert. Rechts kann man sowohl in die mit mächtigen Gewölben ausgestatteten Kellerräume gelangen als auch in die Gebäude hinaufsteigen. Die Zubauten im Süden stammen aus der Spätgotik, der Torbau aus der Hochgotik, der westliche Zubau aus der Renaissance.

Danach kommen wir in den zweiten, den inneren Burghof. Er ist kleiner, lang gestreckt und von hohen Gebäuden umgeben. Gleich links kann man gegen ein geringes Entgelt auf den Bergfried hochsteigen, der eine prächtige Aussicht über die Stadt bietet. In dem Turm befindet sich auch die »Bühler-Kammer«, die an den gotischen Baumeister Andreas Bühler erinnert, der hier in der Gegend geboren wurde und in Graubünden viele Bauwerke erschaffen hat. In der Burg war er 1478 als Lehrling und Geselle tätig. Beim Hochsteigen auf den Bergfried sieht man auch, wie er innen an Absätzen in der Mauerstärke schwächer wird. Im Hof geht es rechts noch einmal in Kellerräume, ebenfalls mit mächtigen Gewölben, hinab. Links liegt die Küche, dann verlässt man durch eine ebenfalls eisenbeschlagene Türe die Anlage und befindet sich auf einer aussichtsreichen Terrasse.

Die neueren Bauteile besitzen profilierte Tür- und Fensterumrahmungen aus Serpentin, die im 16. Jahrhundert erbaut wurden. Der Kamin im Rittersaal trägt die Jahreszahl 1555. An der Südwestecke befindet sich ein Zimmer, in dem das Wappen von Salzburg und der Keutschacher angebracht sind. Die Anlage ist mit Mauern mit der Stadt verbunden. Heute befindet sich ein erstklassiges Restaurant in der Burg.

KALVARIENBERGKAPELLE/GRUFT

Der Kalvarienbergkapelle wurde 1629 unter dem Patronat des Grafen Rudolf von Raitenau erbaut und war von 1639 bis 1932 im Besitz der Grafen von Lodron. Hinter ihr steht die 1840 erbaute Gruft des Grafengeschlechtes. Die Kreuzwegstationen wurden 1966 von Peter Brandstätter geschaffen.

Anschließend besichtigen wir die Burgruine und steigen dann auf der überdachten Stiege hinab in die Stadt. Am Ende der Stiege liegt links die Altweiberkapelle, wo die alten Frauen, die den Weg zur Kalvarienbergkapelle nicht mehr schafften, warteten und beteten. Dahinter kommen wir zum hellblau gestrichenen Neuen Schloss.

NEUES SCHLOSS

Die schlichte, an den Salzburger Baustil erinnernde dreiflügelige Anlage wurde 1651–54 von den Grafen Lodron-Laterano nach Plänen des Salzburger Dombaumeisters Solari durch Baumeister Anton Riebler errichtet. Man sollte die barocken, steinernen Löwen (1670/80) beachten, die aus dem Mirabellgarten in Salzburg hierher verbracht wurden und am Eingang zum Park stehen.

Ruine Hohenburg (ca. 1000 m)
Gemeinde Lurnfeld.

AUSGANGSPUNKT
Pusarnitz oder Lendorf.

WEGVERLAUF
Der gut beschilderte Wanderweg beginnt in Pusarnitz. Man geht entweder über Stöcklern oder über die Zoggermühle. Man kann aber auch mit dem Rad hinauffahren.

Die Ruine liegt hinter der Wallfahrtskirche und ist in wenigen Minuten zu erreichen.

ZUR GESCHICHTE. Auf einem Steilhang nördlich von Pusarnitz liegt die einst gut befestigte romanische »Hohenburch«. Etwa 400 Meter über dem Ort, aber nur 1,5 km Luftlinie von ihm entfernt, ist sie mit der Wallfahrtskirche eine Landmarke, die schon von weitem zu erkennen ist. Sie ist eine der historisch bedeutendsten Burgen des Drautales und wurde wahrscheinlich Anfang des 12. Jh. von den Grafen von Lurn errichtet. Die Burg wurde erstmals urkundlich erwähnt, als sie von Bischof Altmann von Trient, dem letzten der Lurner Grafen, dem Bistum Salzburg geschenkt wurde (1149). Ab 1263 gehörte ein Teil der Burg Graf Friedrich von Ortenburg. 1311 bestätigte der Salzburger Erzbischof Konrad dem Grafen Otto von

Ortenburg und dessen Söhnen die Belehnung mit der Burg, wobei damals bereits die Burg Feldsberg immer mehr und mehr an Bedeutung gewann. Man weiß aus einer 1400 verfassten Streitschlichtungsurkunde, dass es sich bei der Hohenburg seit etwa Mitte des 13. Jh. um eine Doppelburg handelte, auf der von beiden Besitzern – der Salzburger Erzbischöfe und der Ortenburger – Burgverwalter saßen. 1433 war die Burg noch bewohnbar, 1615 gab es hier nur noch einen Friedhof.

HÖHENUNTERSCHIED
Etwa 400 m.

KARTE
Kompass Wanderkarte Blatt 66 Maltatal Liesertal.

DIE ANLAGE. Die schmale Felsrippe, auf der die ab 1100 errichtete Burg steht, ist durch eine etwa 30 m tiefe Senke vom dahinter steil ansteigenden Berghang getrennt. Die Anlage war durch ihre exponierte Lage gut gesichert. Der Burgfels erstreckt sich etwa 100 m in West-Ost-Richtung und ist sieben bis zehn Meter breit – nicht viel also für eine Burganlage.

Wenn man von der Kirche kommt, geht man erst nach links durch den ehemaligen, zehn bis 15 Meter tiefen Halsgraben in den östlichen Teil, der direkt über der Kirche liegt. Man kommt zuerst an einem etwa dreieckigen Mauerteil vorbei. Dann kommt man in den Burghof und geht an dem runden Loch von knapp einem Meter Durchmesser vorbei. Dies könnte die 1311 erwähnte ehemalige Zisterne sein. Dahinter steht auf der Nordseite des schmalen Plateaus noch eine rund zehn Meter lange und rund 1,5 Geschosse hohe Seite eines wehrhaften Wohnturms mit zwei angeschnittenen Seitenteilen. In der Mauer befindet sich ein Rundbogenfenster, wobei die eigentliche Lichtöffnung nur etwa zehn Zentimeter breit ist. Darüber sieht man sechs Balkenlöcher. Die rund 1,6 Meter starke Nordmauer ist gefüllt, während die etwa 1,4 Meter starke Westmauer massiv gearbeitet ist. Westlich des Zugangs liegt die Vorburg. Alle Mauern sind aus waagrecht liegenden Bruchsteinen gebaut, die 20 bis 40 cm lang und zehn bis 15 cm hoch sind. Dazwischen liegen Quaderstücke von fast einem Meter.

Ruine Feldsberg (ca. 620 m)
Gemeinde Lurnfeld.

ZUR GESCHICHTE. Der Name Feldsberg ist 1189 erstmals erwähnt worden, die Burg selbst wurde 1252 im »Frieden von Lieserhofen« erstmals genannt. Damals musste Graf Heinrich III. von Görz dem Salzburger Erzbischof Philipp das widerrechtlich okkupierte »castrum Veltsperch« zurück geben. Das auf der Burg residierende Ministerialengeschlecht, dessen Name 1222 und 1239 genannt wurde, hieß von Feldsberg (Veldeperche, Velsperch). Ein weiterer Angriff auf das Besitzrecht Salzburgs kam 1355 von den Grafen von Ortenburg. 1460 wurde in dieser Burg, auf »neutralem Boden«, zwischen Kaiser Friedrich III. und den Görzer Grafen Johann und Leonhard vermutlich der Pusarnitzer Friede geschlossen.

1542 war die Burg noch bewohnt. Der letzte Pfleger, Hans Griming zu Stall, war ab 1566 auf »Schloß und Vesten Veldtsperg im Lurnfeldt« tätig. 1592 stürzte er auf dem Heimritt von seinem Bruder Karl Griming, der in Gurk Weihbischof war, vom Pferd und ertrank im Millstätter See. Er wurde am nächsten Tag geborgen und beim Portal des Stiftes Millstatt beigesetzt.

Damit war die Eigenständigkeit der Pflege Feldsberg vorbei, Erzbischof Wolf Dietrich von Raitenau legte sie mit der Herrschaft Sachsenburg zusammen, von dort aus wurde sie bis 1806 verwaltet. Bereits 1658 aber wurde die Burg mit den Worten »alten verfahlenes Geschloß Velts perg« bereits als ruinös beschrieben. 1990 bis 2002 hat man die Anlage vorbildlich renoviert, heute befindet sich in ihr auch eine große Tafel mit ihrer Geschichte.

DIE ANLAGE. Der Burghügel ist etwa dreißig Meter hoch und im Süden und Westen durch einen Graben gesichert. Wenn man den rechtsdrehenden Burgweg hochgeht, kommt man an diesem ehemaligen Halsgraben vorbei. Dann betritt man den Burghof von Südosten, rechts sieht man den Rest eines Torbaus. Der Burghof war durch eine starke Ummauerung geschützt, von der noch Reste erhalten sind.

Nach Westen hin steht noch eine etwa 40 m lange und bis zu sechs Meter hohe Mauer aus Bruchsteinen, in der sich rechts und links ein Fischgrätmuster befindet. Vom Wehrgang auf ihrer Innenseite bzw. von den Tragebalken der Stockwerke sind noch in vier Reihen die Löcher der Träger zu sehen, darüber befinden sich Zinnen. Die hellen Steine und die behauenen Marmorsteine stammen vermutlich von römischen Bauten in der Nähe. Auf der Nordseite befindet sich der Stumpf eines Gebäudes mit Kellervertiefung, hier sieht man schön den anstehenden Fels, aus dem die Vertiefung vermutlich herausgehauen wurde.

AUSGANGSPUNKT
Pusarnitz.

WEGVERLAUF
Die Ruine liegt etwa 400 m westlich von Pusarnitz an der Eisenbahn auf einer kleinen, dicht bewaldeten Felskuppe. Man kann sie vom Ort aus erreichen, indem man in Richtung Möllbrücke geht. Kurz vor der Bahnlinie, direkt nach Haus Nr. 20 Unterdorf, weist ein Schild in Richtung »Metnitz Gasthaus Renner Möllbrücke« nach rechts. Nach den Häusern liegt links der bewaldete Burghügel, auf den nach wenigen Minuten ein Weg hinauf führt.

**HÖHEN-
UNTERSCHIED**
Unwesentlich.

KARTE
Kompass Wanderkarte Blatt 66 Maltatal Liesertal.

FÜR KINDER
Dürfte für sie eine interessante Anlage sein, zumal man sie vom Unterdorf in Pusarnitz aus in nur wenigen Minuten erreicht.

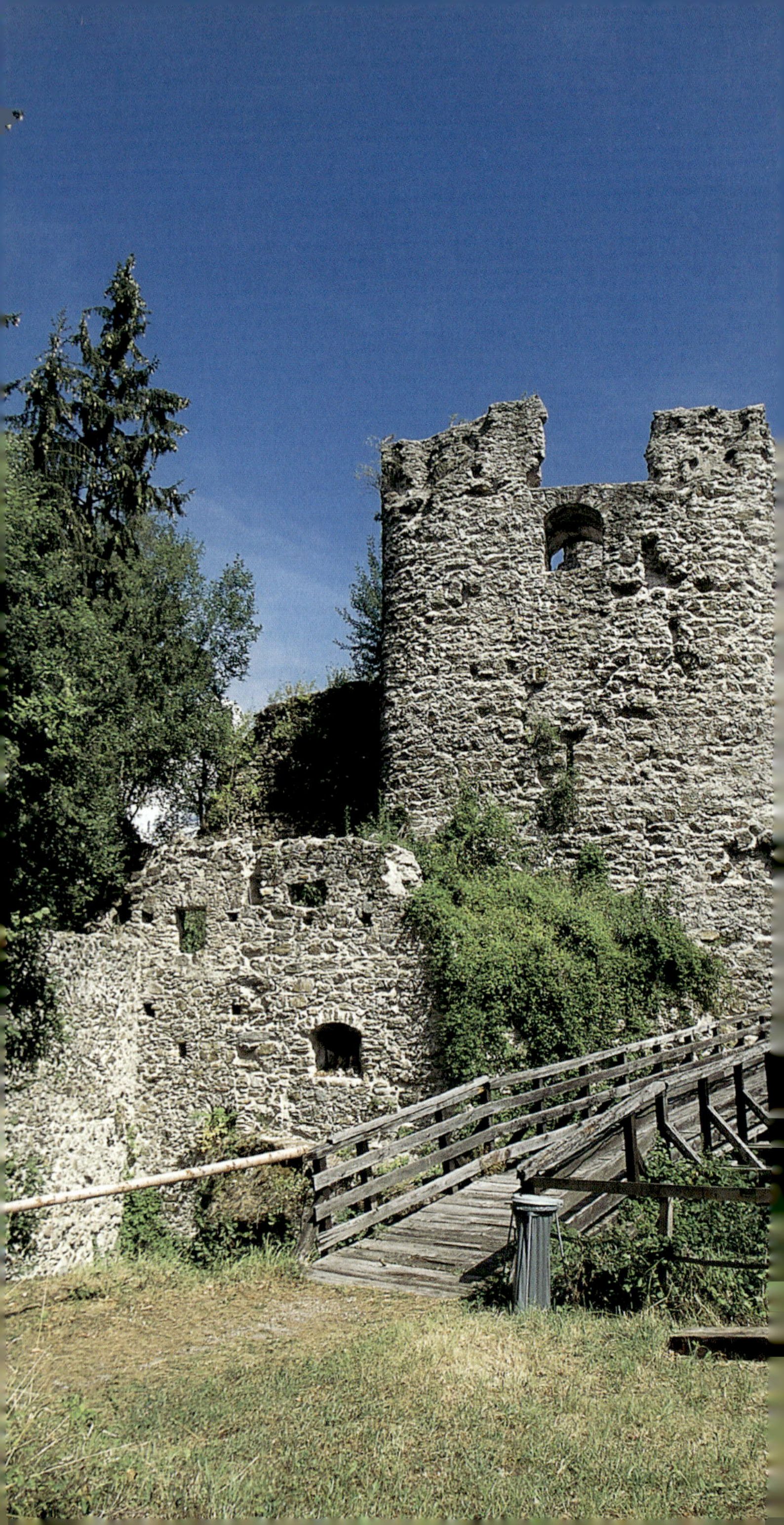

Ruine Ortenburg (740 m)
Gemeinde Baldramsdorf.

ZUR GESCHICHTE. Die ab dem 11. Jh. erwähnte Burg war der Stammsitz der reichen Grafen von Ortenburg und einst Mittelpunkt ihrer mächtigen Kärntner Grafschaft, zu der das Stadtgebiet von Teurnia, Oberkärnten, das Gailtal, die Gegend, der Lungau, Krain mit Laibach, Stein Krainburg, Gottschee und Mitterburg in Istrien gehörten. Inbegriffen war auch das urwaldähnliche Gebiet zwischen Reifnitz und Kulpa, das ihnen vom Patriarchen von Aquileia als Lehen gegeben wurde. Dieses wurde in den 30er Jahren des 14. Jh. von Oberkärntner und Tiroler Bauernsöhnen besiedelt und entwickelte sich zur deutschen Sprachinsel Gottschee.

Die Ortenburger wurden durch kluge Bündnisse und Bergbau reich, sie waren Gründer des Spitels (1192) und des Marktes Spittal. Sie besaßen Burgen, stellten Patriarchen von Aquileia und waren Ritter mit Pfalzgrafenwürde. Ein Otto I. wurde zwischen 1124 und 1147 genannt, die Burg selbst 1136. 1418 starben die Ortenburger aus, danach gelangte die Herrschaft an die Grafen von Cilli, 1460 nach dem Frieden von Pusarnitz an Kaiser Friedrich III. 1480 wurde die Burg von den Ungarn zerstört, 1491 aber wieder hergestellt.

1524 übergab der Kaiser den Besitz an den Italiener Gabriel von Salamanca und ernannte ihn wenige Tage später zum Grafen von Ortenburg. Nachdem dieser die Burg in Spittal erbaut hatte, diente die Ortenburg nur noch als Wohnung für

AUSGANGSPUNKT
Unterhaus/
Baldramsdorf.

WEGVERLAUF
Ab dem Museum in
Unterhaus kann man
zu der ausgedehnten
Ruine wandern. Man
folgt der Beschilderung
»Bienenlehrpfad« bzw.
»Ruine Ortenburg«.
Nach den letzten
Häusern des Ortes geht
es auf dem Wanderweg
in den Wald und hier
steil bergauf. Bevor
man den Wald verlässt,
sieht man links ein altes
Gemäuer, am Waldrand
rechts bereits die Ruine.
Zum Gasthaus Marhube
und zu der Motte kommt
man auf dem nach links
führenden Weg.

ZEIT
Etwa 1,5 –2 Stunden.

**HÖHEN-
UNTERSCHIED**
Etwa 160 m zur Ruine,
etwa 200 m zur Motte.

SONSTIGES
Am Fuß der Burg be-
findet sich im ehemali-
gen Klostergebäude das
sehenswerte 1. Kärntner
Handwerksmuseum!

Dienstleute. Nach dem Tod seines Enkels starb das Geschlecht aus und die Burg fiel 1639 an den Kaiser zurück. 1640 verkaufte Kaiser Ferdinand III. die Grafschaft an die fünf Brüder Widmann, die sich auch Grafen von Ortenburg nannten. 1662 verkauften die Brüder Widmann die Grafschaft an Fürst Johann Ferdinand von Porcia, dessen Erben sie bis 1917 gehörte.

Die Anlage war im 17. Jh. noch bewohnt und Valvasor schrieb über sie: »das Schloß ist gar groß«. 1690 wurde die Ortenburg durch ein Erdbeben und einen Sturm zerstört und verfiel durch die folgenden Jahrhunderte. Die Ruine wurde Ende des 20. Jh. hervorragend restauriert und saniert. In ihr finden heute auch Veranstaltungen (Konzerte) statt.

DIE ANLAGE. Die gesamte Anlage Ortenburg besteht aus insgesamt vier Burganlagen: der Marhube (11. Jh.), der ab dem 15. Jh. nachweisbaren Unteren Burg, der eigentlichen Burg (Oberburg) am nördlichen Ende des Burgfelsens und der Mittelburg nördlich darunter. Erhalten sind Brückenpfeiler, Teile des Bergfrieds, des Palas, der Ummauerung und der erst romanischen und in der Gotik erweiterten Kapelle.

Der älteste Teil liegt an oberster Stelle bei der Marhube und wurde vermutlich Ende des 11. Jh. errichtet. Es handelt sich um ein gutes Beispiel einer Burg aus dem frühen Mittelalter, denn vor dem Gasthaus liegt eine typische Motte (= Erdhügelburg). Dies ist der etwa sechs Meter hohe Hügel, der einen Durchmesser von etwa dreißig Metern besitzt. Auf ihm steht ein quadratischer Turmstumpf, der aber wohl erst im 13. Jh. erbaut wurde.

Kommt man von Baldramsdorf, gelangt man aber zuerst zu der unteren, ausgedehnten Anlage, einer Zwillingsburg, die auf einem steil zum Drautal abfallenden Felsplateau liegt. Zuerst überquert man von Süden eine Brücke, von der vier Mauerpfeiler erhalten sind. Sie führt zur Vorburg, dem jüngsten Teil der Anlage, der aus dem 15.–17. Jh. stammt. Hier steht noch ein etwa quadratischer, ein- bis zweistockiger Gebäudestumpf. In dem Buch »Kärntner Burgenkunde« wurde dazu geschrieben: »… ausgedehnte, hübsche mittelalterliche Burg mit seltsamem, ehemaligem Eingang über zwei hohe Zugbrücken in stilvoller Gliederung …«

Vor dem einstigen Burgtor der Oberburg befindet sich ein weiterer Graben mit einer Pfeilerbrücke. Dahinter liegt der Komplex des Bergfrieds, der aus einem romanischen Turm in der ersten Ringmauer und einem vorgesetzten zweiten Turm, der aus der Gotik stammt, besteht. Im Bergfried befindet sich auf der Außenseite eine Schießscharte. Rechts davon liegt ein Mauerteil mit Schießscharten und einer Reihe Balkenlöcher.

Zur nächsten Baugruppe am nördlichen Ende der Felszunge verlaufen links und rechts des Bergplateaus Mauerteile. Hier befindet sich die »richtige« Burg mit dem Palas an der Ostseite. Das Gebäude besitzt Rundbogen-Fenster und -Türen und im oberen Teil eine nach innen schmal zulaufende Nische. An der Wand ist ein Kruzifix angebracht. Er wurde vom Freisinger Vizedom im Lurngau Adalbert (1070–96) für seinen Sohn Graf Otto von Ortenburg erbaut.

Die aus der Romanik stammende Burgkapelle rechts daneben wurde in der Gotik und im 16. bis 17. Jh. erneuert. Von ihr sind der polygonale Chorabschluss und drei spitzbogige Fenster erhalten. Gotische Bauteile sieht man auch an der Mauer an der Nordseite und in dem vorspringenden Turm, die restlichen Mauern stammen aus dem 16. bis 17. Jh. Die Mauern sind sauber und glatt aus Bruchsteinen mit dazwischen gestreuten hellgelben, größeren Steinbrocken gemauert.

Nördlich unterhalb der Ortenburg liegt die so genannte Mittelburg aus dem 14./15. Jahrhundert, von der man Reste eines Turmes erkennt und die mit der oberen Burg durch eine Traverse verbunden ist.

Von der Ruine hat man einen prächtigen Blick ins Drautal, nach Spittal und zur Reißeckgruppe.

KARTE
Kompass Wanderkarte Blatt 60 Gailtaler Alpen Karnische Alpen.

FÜR KINDER
Für sie interessante Anlage. Man kann das Gasthaus Marhube direkt anfahren, von hier aus spaziert man in wenigen Minuten etwas zurück zur Ruine.

Ruine Sommeregg (ca. 800 m)
Gemeinde Seeboden.

AUSGANGSPUNKT
Seeboden.

LÄNGE
Etwa 24 km.

ZEIT
Etwa 2–3 Stunden.

HÖHEN-UNTERSCHIED
Etwa 250 m.

ZUR GESCHICHTE. Die Burgruine Sommeregg wurde bereits um 1080 erwähnt, ein weiteres Mal 1237 als Sumereke. Damals wurde Ortolf von Sommereck mit der Burg, die im Gebiet der Grafen von Ortenburg lag, belehnt. 1550 gelangte die Herrschaft, die auch ein eigenes Landgericht und ein Halsgericht umfasste, an Christoph Khevenhüller von Aichelberg.

1651 wurde die Burg von Katharina Gräfin von Lodron in Gmünd gekauft, deren Nachkommen sie bis 1934 gehörte.

Ab 1969 wurde die Burg hervorragend renoviert, seither wird sie als Gaststätte und Museum genutzt. Vor der Anlage finden alljährlich im August Ritterfestspiele statt.

DIE ANLAGE. Die lang gestreckte Anlage besteht aus zwei Teilen: Dem vermutlich aus der Romanik stammenden Stumpf des Rundturms im Südwesten und einem Flügel mit zwei Anbauten.

Der Rundturm stand früher isoliert. Der dreigeschossige Palas besitzt mit Erker, profilierten Spitz- und Rundbogenportalen und spätmittelalterlichen Fensterumrahmungen sehenswerte Baudetails. Die Umfassungsmauer grenzte an die äußeren Trakte an und bildete so einen kleinen Hof. Auch der Eckerker bietet ein schönes Bild. Dieser große Bau wies bereits zu seiner Bauzeit Anfang des 16. Jh. schlossähnliche Züge auf.

Man betritt die Anlage durch eine Rundbogentür in der Außenmauer, deren Steine im Sturz senkrecht gemauert sind. Von innen sieht man an der Mauer schöne Schießscharten und in etwa zwei Meter Höhe Balkenlöcher. Dahinter erhebt sich das Hauptgebäude, das auf schräg geschichtetem Fels errichtet wurde.

Nun geht es über eine Brücke zu einem polygonal erbauten Torbau, dessen Eingang mit einem angedeuteten Fallgitter versehen ist. Man betritt den ostwärts liegenden Hof durch einen turmartigen Bau. Vor den Räumen des Restaurants geht es hoch zum Eingang des Foltermuseums. Hier hat man von der Terrasse einen schönen Blick zu dem mächtigen Stumpf des Rundturms und nach rechts hinab zu dem großen Teich.

In der Burg ist ein »Foltermuseum« untergebracht. Öffnungszeiten: Mai, Jun, Sep, Okt tgl. 10–18 Uhr, Jul, Aug 10–21 Uhr. Tel. 04762 81391.

Am Parkplatz, direkt vor dem Eingang, steht ein Menhir aus keltisch-römischer Zeit. Er besteht aus Granit und wiegt rund 3,5 Tonnen. In der Burg wurde er als Trittstein verwendet, hier befindet er sich etwa an seinem ursprünglichen Standort.

WEGVERLAUF
Radtour: Vom Kreisverkehr mit dem Brunnen in Seeboden Richtung »Treffling«, Beschilderung zur Ruine Sommeregg folgen. Nach der Besichtigung zurück zur Landstraße, hier rechts halten, dann gleich über Muskanitzen und Liedweg zur Landstraße, die uns nach links nach Tangern bringt. Über Gössering, Laubendorf, Schwaigerschaft und den Einschnitt des Riegerbaches nach Obermillstatt. Danach geht es leicht abwärts bis Sappl und hier nach rechts steil hinunter nach Dellach. Nun fahren wir auf dem Radweg hoch über dem Millstätter See zurück nach Seeboden.

SONSTIGES
Sehenswertes gibt es in Obermillstatt (Kirche, Heimatmuseum) und natürlich in Millstatt (Stiftskirche, Stiftsmuseum).

Ruine Malenthein (ca. 650 m)
Gemeinde Hermagor.

AUSGANGSPUNKT
Hermagor.

LÄNGE
Etwa 3,5 km.

ZEIT
Etwa 1,5 Stunden.

**HÖHEN-
UNTERSCHIED**
Etwa 100 m.

ZUR GESCHICHTE. Die 1311 erstmals erwähnte Burg wurde 1317 als Freudenstein genannt, als Herzog Heinrich von Kärnten dem Heinrich Gralant erlaubte, sich bei Hermagor eine Feste zu bauen.

Die Burg wurde von verschiedenen Burggrafen verwaltet. Die Görzer verpfändeten Burg und Markt an die Himmelberger. Als die in der nahen Grünburg sitzende Gräfin Katharina mit ihrem Mann Graf Heinrich IV. von Görz wegen ihrer Güter im Streit lag, eroberte sie die Burg ihres Mannes, indem sie einen ihrer Knechte mit Fischen zur Burg schickte. Als man diesen einließ, drangen seine Genossen ebenfalls ein, überwältigten die Besatzung und plünderten die Burg. Nach diversen Besitzwechseln gelangte die Anlage ab

1510 durch Tausch an Graf Georg von Malenthein. Von dieser Familie, der sie bis 1671 gehörte, erhielt sie dann auch den heutigen Namen, der soviel wie »Steinburg« bedeutete. Sie wechselte noch oft den Besitzer. Ab 1740 verfiel der 1688 noch bewohnte Turm.

Als die Burg 1782 nach einem Blitzschlag abbrannte, konnte die kinderreiche Besitzerfamilie sie nicht mehr aufbauen. Völlig verarmt starb die letzte Bewohnerin Maria-Anna von Aichelburg 84-jährig 1797 in der so genannten Malentheinkeusche; die Ruine war bereits 1786 an einen Hermagorer Bürger verkauft worden.

DIE ANLAGE. In der Kirche von Kühweg befindet sich an der Decke ein Bild, das die ehemalige Burg zeigt. Die Ruine liegt auf einem steil ins Gailtal abfallenden Hügel mitten im dichten Wald. Zu Anfang stößt man auf ein großes Gewölbe, das aus schmalen Steinplatten sauber gemauert ist. Auf der anderen Seite kann man die bis zu acht Meter hohen Reste des Wohnturms mit einem großen Rundbogen sehen. Hier liegt auch ein größerer Rest der Umfassungsmauer. Die Mauern sind aus großen, unbearbeiteten Bruchsteinen gemauert. Wenn man dem Steig etwas weiter folgt, kommt man zu einem weiteren großen Mauerrest, der auf einem steil abfallenden Fels hoch über dem Gailtal liegt.

DER WEGVERLAUF. Von der Südumfahrung von Hermagor, wo die Lindengasse ins Zentrum weist und sich ein Parkplatz befindet, führt, vorbei an einer kleinen Kapelle, ein Pfad in den Wald, »Kühweg Ruine Malenthein« ist bereits angeschrieben. Durch den Wald steil ansteigend bis zu einer Wiese, die wir überqueren; weiter geht's im Wald. In einer kleinen Lichtung findet sich eine Kapelle, hinter ihr ein mächtiger, als Naturdenkmal geschützter Baum. Wir gehen nach rechts weiter ansteigend weiter und stoßen nach wenigen Minuten auf die wenigen Reste der Ruine Malenthein.

SONSTIGES
Anfangs sind pfadfinderische Kenntnisse von Vorteil – ab und zu sieht man außer roten Markierungen auch die Zahl »2«, am Schluss spaziert man auf einem Asphaltsträßchen abwärts.

KARTE
Kompass Wanderkarte Blatt 60 Gailtaler Alpen Karnische Alpen.

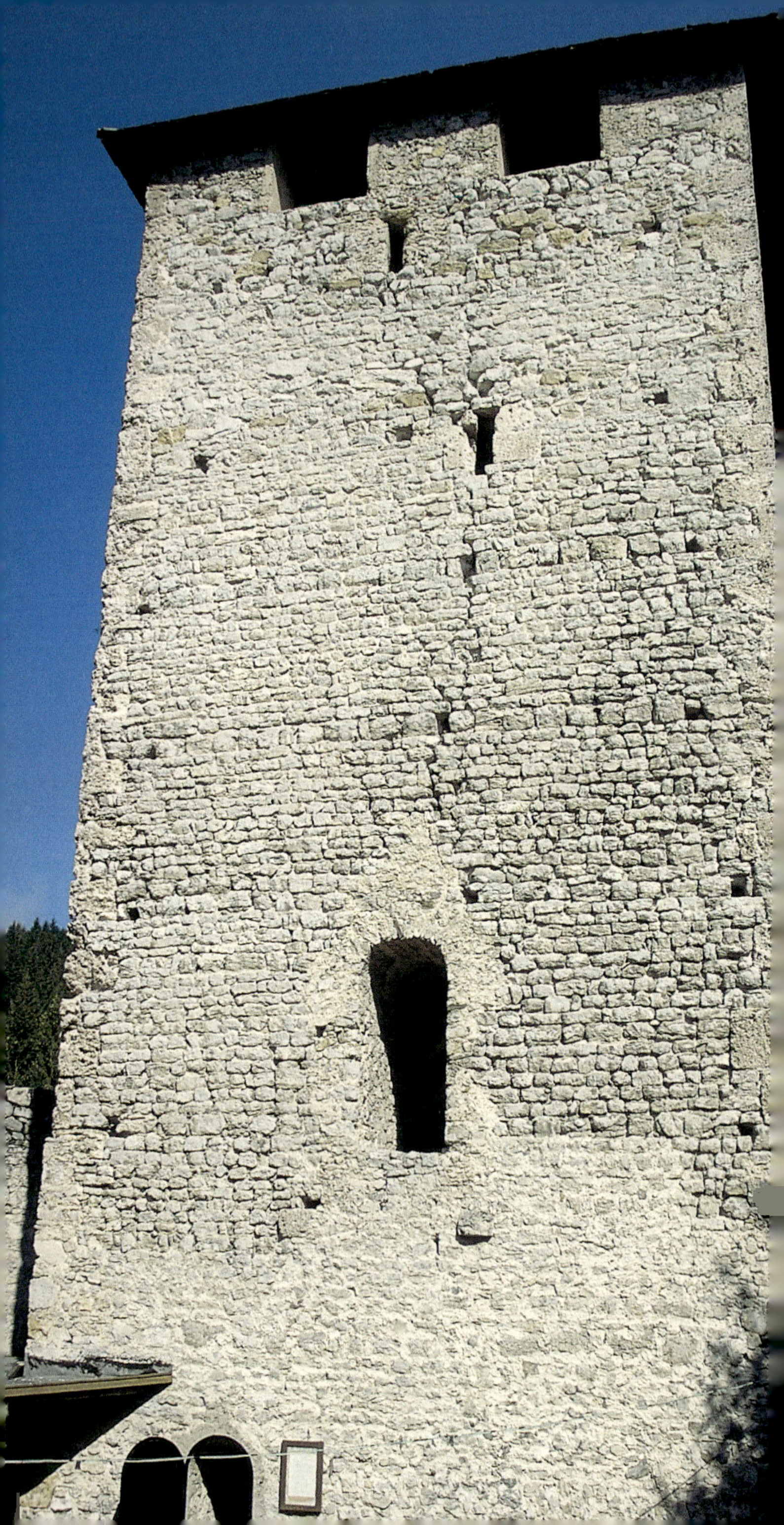

Ruine Khünburg (839 m)
Gemeinde Hermagor.

ZUR GESCHICHTE. Die Ruine Khünburg liegt nordöstlich des Pressegger Sees am Südhang des Vellacher Kegels auf einer Felskuppe. Die Gegend dürfte dem Bistum Bamberg gehört haben und kam über den Markgrafen Poppo von Istrien an dessen Schwiegersohn, den Grafen von Bogen. Die Bogen vergaben die Burg an ein Ministerialengeschlecht als Lehen; dieses nannte sich nach der Burg von Khuenburg und wurde mit einem Pero de Kinburch 1183 erstmals genannt. Als die Grafen von Bogen ausstarben, kamen dessen Besitzungen an Friedrich II. Herzog von Österreich aus dem Haus Babenberg. Als dieser 1246 starb, wurden die Lehensträger frei. Die drei Brüder Khuenburg unterwarfen sich 1249 aber freiwillig dem Bistum Bamberg, das im 13. Jh. hier Besitzungen gekauft hatte. 1311 wurde die Anlage an König Heinrich von Böhmen, der gleichzeitig Herzog von Kärnten war, verpfändet. Ab etwa 1350 wurden in der Burg keine wesentlichen Baumaßnahmen mehr getätigt. 1477 kaufte Gandolf von Khünburg, Pfleger auf Federaun, die Anlage vom Hochstift Bamberg zurück.

Nach einem Brand 1530 zogen die Khünburger 1540 in ihr Schloss in Egg, wohl auch wegen der unwegsamen Lage der Burg und der Schwierigkeit der Wasserversorgung – die Anlage verfiel seit jener Zeit. 1609 wurden die Khünburger zu Grafen erhoben. 1759 wurde die Anlage an die Habsburger verkauft. 1834 erwarb Ernst von Kanal von Malborghet die Burg, 1878 kaufte sie die Nachbarschaft Ober- und Untervellach. 1891 wurde der Wald in Parzellen aufgeteilt. 1907 erwarb Leopold von Kuenburg die Anlage. Im Jahr 1913 fanden Renovierungsarbeiten statt. 1976 wurde die Burg durch ein Erdbeben beschädigt und 1980 an die Stadtgemeinde Hermagor verkauft. Diese deckte im selben Jahr den Turm ein, 1982 wurde er zur Besteigung freigegeben.

AUSGANGSPUNKT
Khünburg, westlich von Hermagor.

ZEIT
Etwa 3 Stunden.

HÖHENUNTERSCHIED
Etwa 400 m.

SONSTIGES
Aufstieg und Abstieg finden auf Pfaden statt, bei denen Vorsicht geboten ist, ebenso an den Aussichtsfelsen. Ansonsten wandert man auf Forstwegen bzw. einem asphaltierten Sträßchen.

FÜR KINDER
Wenn sie die gesamte Tour nicht schaffen, geht man nach der Besichtigung der Ruine auf dem Forstweg wieder zurück. Sollte der Aufstieg auf dem Jägersteig nichts für sie sein, kann man auch gleich den bequemeren, unwesentlich längeren Forstweg nehmen.

DIE ANLAGE. Die Anlage stammt vorwiegend aus der Romanik und ist sauber aus großen, unbearbeiteten Bruchsteinen gemauert. Zum Eingang führte ein typischerweise rechtgedrehter Burgweg. Man betrat die Burganlage durch das erste Tor, das in einen Vorhof führte. Im Tor sind noch Balkenlöcher zu sehen. Im Vorhof befand sich nach Süden zu die Zisterne. Danach kam man durch das zweite, spitzgiebelige Tor in den Innenhof. Er wurde aus der Ummauerung, dem Palas, den Stallungen und den Unterkünften für die Mannschaft gebildet. Hier steht auch der Bergfried. Im Nordwesten vor der Anlage befand sich auf einem Hügel eine Kapelle.

Von der Burg sind noch aus dem 12. Jh. stammende, etwa 30 mal 40 m große und zwischen fünf und acht Meter hohe Teile der Ummauerung, des Palas, eines Wohngebäudes und des dickwandigen romanischen Bergfrieds mit seiner Zinnenkrone erhalten. Er ist quadratisch mit einer Seitenlänge von 7,5 Metern, etwa 15 Meter hoch und besaß fünf Geschosse. Der ursprüngliche, einige Meter hoch liegende Eingang ist heute noch offen. Innen sieht man Balkenlöcher, sich nach innen verbreiternde Schießscharten und die Absätze, an denen die Mauerstärke schmäler wurde. Zum Aussichtsturm umgebaut bietet er einen schönen Blick zum Pressegger See.

DER WEGVERLAUF. Wenn man von der B 111 abzweigt, befindet sich rechts von der Pension Knura eine Parkmöglichkeit. Wer ohnehin auf dem breiten Forstweg hoch wandern möchte, kann auch bis zum Beginn der Forststraße fahren.

Vom unteren Parkplatz folgt man der Straße noch kurz, dann wird man nach links auf den »Jägersteig« zur »Ruine Khuenburg« verwiesen. Es ist ein schöner Pfad; er zieht im Wald nach rechts und bringt uns in etwa einer halben Stunde zu einem Forstweg. Hier auf dem Hügel über dem Weg stand früher die Burgkapelle. Rechts von uns sehen wir bereits die Ruine.

Alternativ kann man auch auf dem Forstweg gehen. Er ist etwas länger und eher der Sonne ausgesetzt als der Waldweg, aber einfacher.

Nach der Besichtigung folgen wir dem abwärts führenden breiten Weg bis zu einer Verzweigung, hier halten wir uns links in Richtung »Muttergottesfelsen«. Kurz vorher könnte man noch einen Abstecher in den wildromantischen Döbragraben machen. Ansonsten steigt der Forstweg immer etwas an und wir kommen am aussichtsreichen Muttergottesfelsen vorbei, anschließend kommt der Duller Brunnen. Etwas später zweigt ein Weg in Richtung »Vellacher Egel Zanklgrotte« ab, gleich danach nehmen wir den nach rechts abzweigenden Steig in Richtung »Pressegger See über Zuchen und Seeblickfelsen«. Nun geht es steil bergab. Nach etwas Abstieg können wir nach rechts zum Seeblickfelsen hinausgehen, hier sollten wir wegen der Steilabbrüche jedoch vorsichtig sein, insbesondere auf Kinder ist zu achten.

Wir gehen weiter bergab, bis wir zu einem Kruzifix kommen, hier führt ein halbstündiger Abstecher hinauf zum Zuchenwasserfall (Weg 53). Er sollte aber trittsicheren Wanderern vorbehalten sein. Nach dem Kreuz biegen wir nicht nach links über den Bach, sondern nach rechts auf Weg 16 (»See-Camping«) ab. Wir orientieren uns immer an den Wanderzeichen und marschieren durch den Wald, bis wir links den Campingplatz sehen, nun geht es an seiner Grenze entlang. Wir kommen am Trinkwasser spendenden Brunnen »Verrufenes Wasser« vorbei, etwas später halten wir uns an einem Querweg links.

Nach einiger Zeit spazieren wir an Wohnhäusern vorbei, nach ihnen gehen wir nach links bis vor die Brücke der B 111. Vor der Bundesstraße nehmen wir den Weg, der parallel zu ihr verläuft. Er bringt uns nach rechts in rund einer halben Stunde zurück nach Khünburg.

Ruine Aichelburg (ca. 700 m)
Gemeinde St. Stefan an der Gail.

AUSGANGSPUNKT
St. Stefan an der Gail.

LÄNGE
je nachdem.

ZEIT
Etwa 1 Stunde
(ohne Klamm).

ZUR GESCHICHTE. Die Burg wurde Anfang des 14. Jh. erstmals erwähnt. Vor 1460 eroberte sie Kaiser Friedrich III. und zerstörte sie.

Um 1480 hat sie Lienhart Platzer wieder aufgebaut. Um 1500 belehnte Kaiser Maximilian seinen Vertrauten Christoph Viertaler mit der Aichelburg; seine 1655 zu Freiherren und 1787 zu Grafen erhobene Nachkommen nannten sich von Aichelburg. 1501 erhielt Viertaler weitere Güter, da die Burg nur 250 rheinische Gulden im Jahr abwarf. Das Geschlecht zog später in sein Schlösschen nach St. Stefan bzw. in das unweit von Vorderburg liegende Schloss Bodenhof. In der Kirche in St. Stefan sind Grabsteinen von ihnen zu sehen.

DIE ANLAGE. Nach einem Brand wurde die Burg 1516 als Schloss neu erbaut. 1691 gab man sie infolge eines Brandes auf. Sie liegt mitten im dichten Wald auf einem steil ins Gailtal abfallenden Hügel. Das einstige Schloss war früher eine große Anlage, die mit einer über den Graben führenden Brücke mit den Gebäuden auf der anderen Seite verbunden war.

Kommt man vom Weg von St. Stefan her, sieht man zuerst eine steinerne Stele, in die ein Ritter und eine Schrift geschlagen sind, beides kaum mehr zu entziffern. Sie trug die Jahreszahl 1691 und die Inschrift, dass die Burg einer Brandkatastrophe zum Opfer gefallen war. Auf der Stele ist ein verrostetes Eisenkreuz angebracht. Darüber sieht man einige wenige Mauerreste. Folgt man dem Weg um den Burghügel etwas weiter, sieht man kurz darauf an der Kurve rechts des Forstweges ein Mäuerchen, das vielleicht auch von der Ruine stammt, kurz darauf oberhalb ein langes Stück der Mauer. In diesem Mauerstück sieht man ein waagrecht verlaufendes Band, eventuell eine Stockwerksbegrenzung, hier liegen auch kleine, quadratische Löcher, die vermutlich weniger dem Ausguck dienten, sondern Balken aufgenommen haben. Die Mauern sind alle aus unbearbeiteten Bruchsteinen gemauert.

DER WEGVERLAUF. Wir parken in St. Stefan an der Kirche (Grabsteine der Aichelberger). Los geht's auf dem Sträßchen in Richtung Vorderberg; am Ortsende: sehenswerter Bildstock!

Wegmarkierung Nr. 12 nach »Nieselach« nehmen; nach einer scharfen Rechtskurve am Forstweg geradeaus weiter. Der Weg führt schließlich bergab und umrundet den Burghügel. Etwas später sehen wir rechts, direkt am Weg, weitere Mauerreste, kurz darauf rechts oben ein langes Stück Mauer.

Zum Ausgangspunkt zurück spazieren und zur Klamm nach Vorderberg fahren. Hat man Kinder dabei, ist dies sicherlich die beste Variante.

HÖHEN-UNTERSCHIED
Etwa 180 m.

SONSTIGES
Die Wanderung verläuft auf festen Wegen bzw. Sträßchen. Der Weg durch die Vorderberger Klamm ist ein schmaler Pfad.

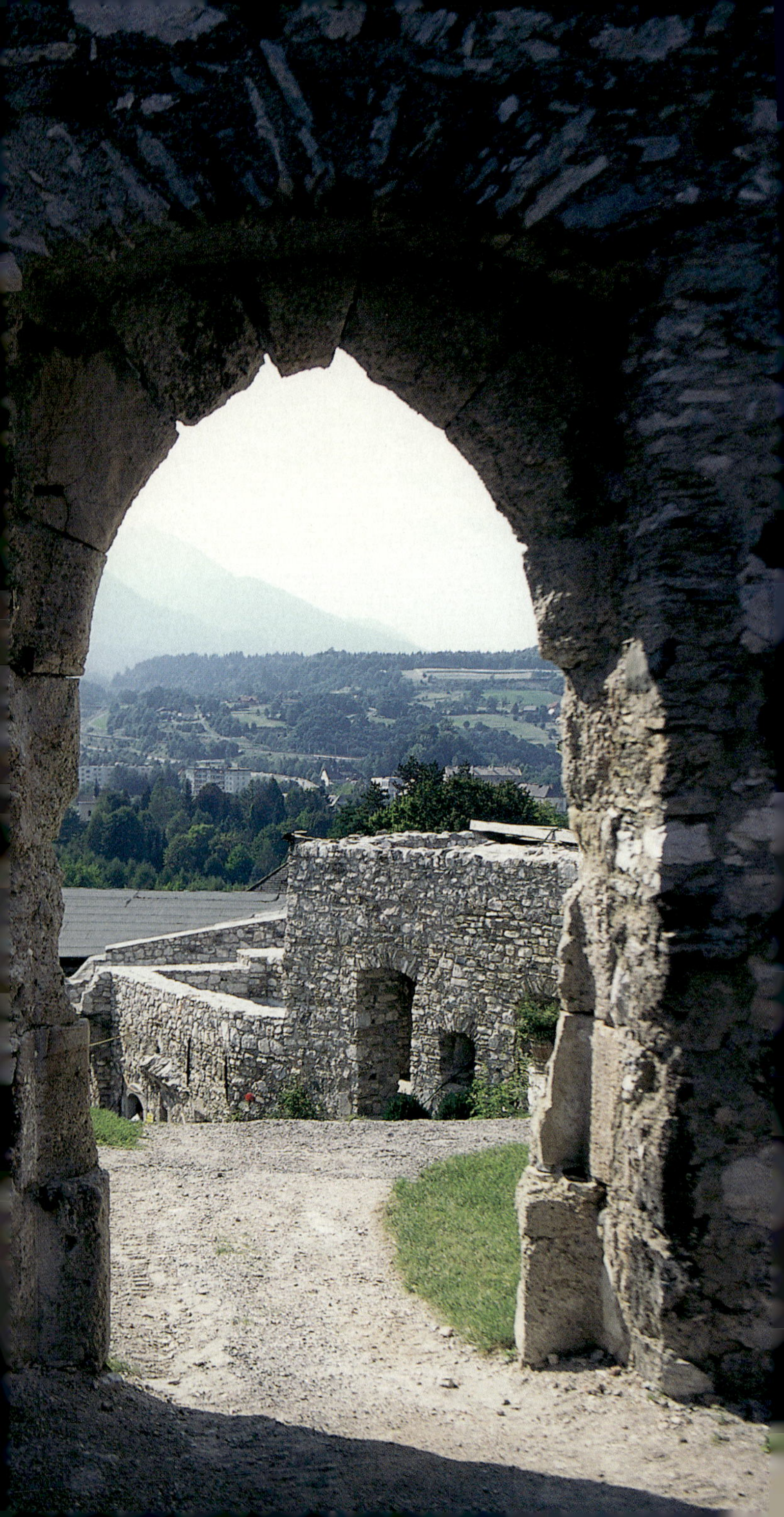

Ruine Arnoldstein (607 m)
Gemeinde Arnoldstein.

ZUR GESCHICHTE. Der einst strategisch wichtige Ort Arnoldstein lag an einer früher wichtigen Heeresstraße, die von Aquileia nach Virunum führte. Bereits die Römer hatten den Vorteil der Lage erkannt und errichteten am Hoischhügel ein Kastell. 1014 wurde die Anlage zusammen mit Villach von Heinrich II. dem von diesem 1007 gegründeten Bistum Bamberg geschenkt. 1062 residierten die Eppensteiner als Herzöge von Kärnten auf der Burg und regierten von hier aus das Land. Der Ort selbst wurde 1100 erstmals genannt.

1106 verwandelte Bischof Otto I. d. Hl. (1103–1139) die Burg in ein Benediktinerstift, das bis 1782 bestand, als es von Kaiser Joseph II. aufgelöst wurde. Er ließ zwar die Burg schleifen, setzte aber seine ganze Energie daran, die nach Süden führende Handelsstraße zu Füßen der Anlage unter seine Kontrolle zu bringen.

In der nach der Burg errichteten Klosteranlage ließen sich Mönche aus Ostfranken nieder; das Kloster wurde mit 55 Huben aus dem Gailtal ausgestattet, um es in seiner Existenz zu sichern. Die Mönche rodeten das Land im Tal und hatten wirtschaftlichen Erfolg, so dass der Einfluss des Klosters im Gailtal immer mehr zunahm. Es hatte aber unter dem durch ein Erdbeben hervorgerufenen Bergsturz am Dobratsch 1348, der u.a. 17 Weiler, neun Kirchen und zwei Schlösser begrub, schwere Schäden zu erleiden. Der Patriarch von Aquileia überließ den Mönchen daher das große Gebiet von Hermagor zur Nutznießung.

Wegen der exponierten Lage musste der Ort mit starken Befestigungsanlagen versehen wer-

AUSGANGSPUNKT
Arnoldstein.

WEGVERLAUF
Man geht von der Kirche die Marktstraße etwas nach Westen und nimmt dann den nach links abzweigenden Klosterweg. Er bringt uns hoch zu der mächtigen Anlage.

Wer anschließend noch eine kleine Wanderung unternehmen möchte, besucht vielleicht den sehenswerten Wasserfall. Man spaziert dazu an der Kirche vorbei nach links zum Marktplatz; wo sich dahinter die Straße verzweigt, verlassen wir mit dem Schild »Zum Wasserfall« nach rechts den Ort. An der Verzweigung nach der Brücke nehmen wir den linken, asphaltierten Weg. Nach einigen Minuten kommen wir an zwei verfallenen Gebäuden der ehemaligen Mühle vorbei, der Weg wird bald zum Pfad und wir erreichen eine Lichtung. Wir folgen nun dem Bachlauf kurz nach rechts bis zu der Felswand, über die der Wasserfall hinabstürzt. Zurück gehen wir denselben Weg.

den. 1470 sowie kurz darauf gab es eine Türkenbelagerung, die einen großen Brand verursachte. Die Türken versuchten vergeblich, das brennende Kloster, in dem sich die leidgeprüfte Bevölkerung geflüchtet hatte, zu stürmen. 140 Menschen fielen aber trotzdem dem Feuer und dem Rauch zum Opfer.

Zwischen 1492 und 1797 herrschte dann Ruhe im Land, so dass sich das Kloster wieder entwickeln konnte. Es wurde dann 1782 im Zuge der josephinischen Reformen aufgehoben. Die Anlage wurde 1883 durch einen Brand zerstört.

DIE ANLAGE. Die Ruine des ehemaligen Benediktinerstiftes liegt auf einem Felsen über dem Markt. Von außen ist die Anlage noch als mächtiger, abweisender Kasten erhalten. Betritt man sie, sieht man noch umfangreiche Reste der ehemaligen Gebäude mit Maßwerkfenstern, Arkadenbögen u.a., die ovalförmig um die 1316 erwähnte Klosterkirche St. Georg liegen.

> **DIE WEISSE ROSE**
> *Nach einer alten Sage soll es im Kloster der Brauch gewesen sein, dass alle Mönche am Tag vor ihrem Tod eine weiße Rose auf ihrem Chorstuhl liegen fanden. Sie wussten dann, dass ihr letztes Stündlein geschlagen hatte und bereiteten sich auf den Tod vor. Dies kam so oft vor, dass es als ganz normal angesehen wurde. Eines Tages hinterließ eine Soldatenfrau, die im Kloster verstarb, einen kleinen Jungen. Er wurde vom Klosterpförtner aufgezogen und Johannes genannt. Als sein geliebter Pflegevater starb, wollte Johannes auch eine weiße Rose und ihm und seiner Mutter, die er nie kennen gelernt hatte, nachfolgen. Der Abt sagte ihm aber, dass die weiße Rose nur an Mönche vergeben wurde. Auf sein inständiges Bitten hin wurde er dann als Erwachsener in den Kreis der*

*Mönche aufgenommen. Am Tage seiner
Weihe aber traf er auf ein wunderschönes
Mädchen, in das er sich sofort verliebte.
Nach einer unruhigen Nacht fand er am
nächsten Morgen in seinem Chorstuhl eine
weiße Rose vor. Nun wollte er aber nicht
mehr sterben! Schnell legte er die Rose in
den Chorstuhl des alten Bruders Vincentius,
der schwach und krank war und sich seit
langem wünschte, sterben zu dürfen.
Trotzdem brach es Johannes aber fast das
Herz vor Unglück und schlechtem Gewissen.
Er lag traurig in seiner Zelle, als ihn der Abt
schickte, eine Leiche einzusegnen. Wie er-
schrak er aber, als es nicht wie erwartet
Bruder Vincentius war, sondern er in der
Leiche das schöne Mädchen erkannte,
um dessentwillen er zum Mörder an
seinem Mitbruder geworden war!
Johannes aber lebte noch lange. Er büßte
seine Schuld. Er war in Pestzeiten inmitten
der Todgeweihten zu finden, Trost spendend,
und überlebte nicht nur diesen Schwarzen
Tod, sondern auch die Türkeneinfälle und
den großen Brand, der die Stadt und das
Kloster verwüstete.
Durch sein frommes Wirken und seine Bescheidenheit – er hatte auch eine Berufung
zum Abt ausgeschlagen – gelangte er allmählich in den Ruf der Heiligkeit. Einen
einzigen Zeitvertreib gönnte er sich: den
Spaziergang im Klostergarten. Dort ging
er immer zu einem alten Grab, von dem
die Mönche erzählten, hier wäre vor langer
Zeit ein Mönch namens Vincentius begraben
worden. Schließlich fand man ihn eines
Tages, neunzigjährig, tot vor diesem Grab
liegend. Er lächelte – und in seinen Händen hielt er eine weiße Rose.
Seit jener Zeit aber fand kein Mönch
mehr vor seinem Tod eine weiße Rose
auf seinem Stuhl liegen.*

ZEIT
Etwa 1 Stunde.

**HÖHEN-
UNTERSCHIED**
Etwa 50 m.

FÜR KINDER
Interessante Ruine
mit kurzem Zugang.

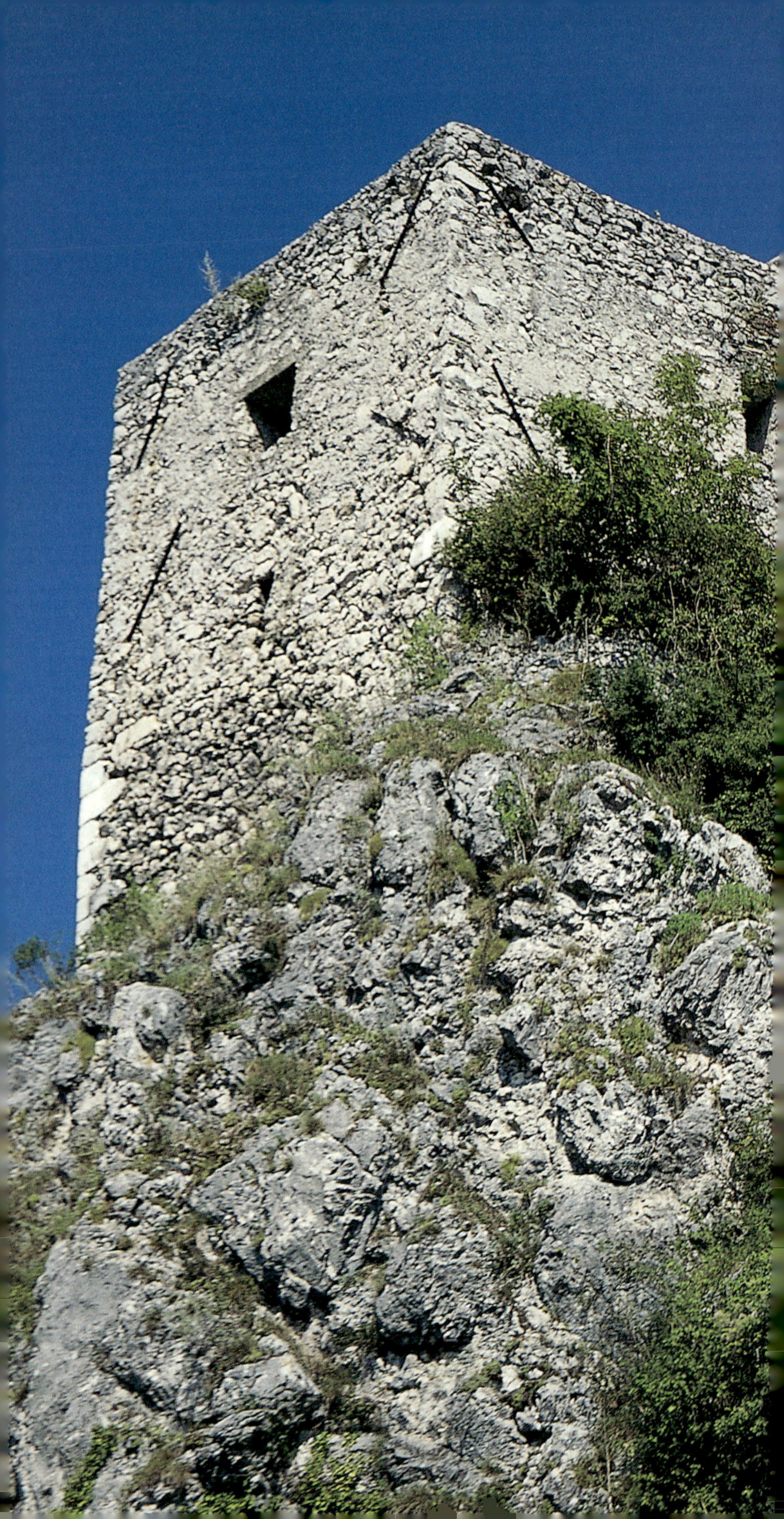

Ruine Federaun (653 m)
Gemeinde Villach.

ZUR GESCHICHTE. Die 1279 erstmals genannte Burgruine wurde Mitte des 12. Jh. von Bischof Eberhard II. von Bamberg (1146–1172), Herzog von Bayern, erbaut und blieb bis 1759 im Besitz der Bamberger Bischöfe.

Nach einer Zerstörung 1232/33 hat man sie wieder aufgebaut. Mitte des 13. Jh. wurde die Anlage von Rudolf von Ras erobert und mehrere Jahre besetzt. Er unternahm von hier aus Raubzüge auf Transporte, die von Italien kamen; diesem Treiben machte Bischof Heinrich von Bamberg ein Ende, indem er Federaun eroberte und Rudolf von Ras nach Villach in Gefangenschaft nahm. Er musste Urfehde schwören und auf alle seine bambergischen Lehen verzichten. Bereits im 14. Jh. kamen dann die Khevenhüller als Pfleger der Bamberger nach Federaun und blieben hier vermutlich bis Anfang des 15. Jh.

1348 erlitt die Burg durch das Erdbeben bzw. den Bergrutsch am Dobratsch schwere Schäden. 1335 wurde sie als Feste bezeichnet. Im Jahr 1353 wurde urkundlich erwähnt, dass die Burg zwei Türme besitzt, so zum Beispiel den einen, auf dem Berthold von Dietrichstein saß.

1478 haben die Türken zwar eine Nacht unter der Burg verbracht, zogen aber, nachdem sie die Umgebung verwüstet hatten, wieder ab. Nachdem man 1488 den bei der Brücke liegenden Turm als Thurnegg erwähnte, sprach man im 17. Jh. nur noch von Thurnegg, wenn man die Burg meinte. Zu dieser Zeit waren der untere Turm, der an der Gail lag, und die obere Burg vermutlich schon verfallen. Ab dem 16. Jh. verfiel die Burg, im 17. Jh. zogen dann die Bewohner aus. Als Maria Theresia 1759 die bambergischen Besitzungen kaufte, wurde Federaun kaiserlich, bis es 1778 an Franz Graf von Rosenberg verkauft wurde.

AUSGANGSPUNKT
Warmbad Villach, Fernheizwerk.

HÖHEN-UNTERSCHIED
Etwa 250 m.

ZEIT
Etwa 2 Stunden.

KARTE
Kompass Wander- und Radtourenkarte Blatt 062 Villach Faaker See.

DIE ANLAGE. Die Burg bestand aus einer bis an den Steilabfall vorgebauten Hauptburg und einem Vorwerk im Norden. Im Tal wurde gegen Fluss und Straße eine Sperre errichtet, ein kleiner, heute noch erhaltener Turm, der auf einem Felsen steht. Erhalten sind Reste des Bergfrieds und der Mauern. Auch die Reste einer tiefen Zisterne im länglichen Hof kann man erkennen.

Wenn man die Ruine betritt, erreicht man erst einen Graben, danach die östliche Mauer. Links sieht man ein langes Mauerstück, rechts erst einen teilweise verputzten quadratischen Turmstumpf, rechts daneben ein weiteres, kürzeres Mauerstück.

Danach liegt links ein weiterer Mauerteil, hier befindet sich auch eine Aussichtsterrasse. Nun steigt man entlang einer rechts oben liegenden, langen Mauer weiter. Danach erreicht man zwei weitere Mauerteile. Links steht eine etwa 1,50 Meter dicke Mauer mit Füllung, dahinter liegt das runde Loch der Zisterne. Im rechts neben der Türöffnung stehenden Mauerteil befindet sich ein Fenster.

Rechts daneben steht angebaut ein innen tonnenförmiger, halbrunder Bau, einem apulischen Trullo ähnlich, mit halbrunder Türöffnung und senkrecht gemauerten Steinstücken im Bogen. Etwas östlich davon befindet sich an der Nordseite des Felsplateaus ein weiterer gemauerter Gebäudeteil mit einer Türöffnung. Am Westende der Anlage endet die Burg mit einem weiteren Mauerteil an einem Steilabfall.

Auf einem allein stehenden Felsklotz am Südfuß des Hügels steht der Thurnegg genannte Rest eines Vorturms; er dürfte allen Autofahrern bekannt sein, die schon einmal auf der A 2 in Richtung Italien gefahren sind, denn die Autobahn führt direkt an ihm vorbei. Er diente als Sperre von Fluss und Straße und wurde später als Wohnturm ausgebaut.

DER WEGVERLAUF. Wir gehen beim südlich des Ortes liegenden Fernheizwerk westwärts bis zur Fitness-Anlage und den Wiesen, hier halten wir uns links. Am Waldrand zweigt Weg 16 nach rechts ab, wer den einfacheren Weg gehen möchte, nimmt diesen und folgt immer der Beschilderung zur Ruine, für die anderen ist dies der Rückweg. Wir gehen weiter geradeaus, bis kurz danach unser Weg auf die Landstraße trifft, hier biegen wir auf Weg 15 nach rechts ab (»über Graschelitzen«). Wir folgen immer den reichlich angebrachten Markierungen, kommen an einem Aussichtspunkt mit schönem Blick über Villach vorbei und umrunden die Graschelitzen unterhalb ihres höchsten Punktes. Nach einigem Aufstieg fällt der Weg wieder und wir treffen auf den Forstweg 16, der unser Rückweg sein wird; vorerst halten wir uns links. Es geht erst abwärts, dann wieder hoch. Wo es nach rechts zum »Doktorweg Römerweg« geht, halten wir uns links. Schließlich erreichen wir auf dem rechtsdrehenden Burgweg die Ruine.

Zurück haben wir mehrere Möglichkeiten. Wir können bis zur erwähnten ersten Abzweigung auf demselben Weg zurückgehen und hier geradeaus den Forstweg nehmen. In ihn mündet nach einiger Zeit der Doktorweg ein. Der Forstweg bringt uns zu dem Weg vor der Gärtnerei, auf dem wir nach links entlang der Wiesen zurück zum Ausgangspunkt gehen.

Wer möchte, nimmt aber den oben erwähnten, links abzweigenden Pfad und erreicht die Wiesen auf ihrer Westseite, hier geht man dann nach rechts zurück zum Parkplatz. Eine weitere Möglichkeit wäre gleich unterhalb der Ruine der Doktorweg, der ja, wie erwähnt, später auch auf den Forstweg trifft. Länger ist die Variante des Römerwegs, der uns erst ans Nordende von Oberfederaun bringt. Auf ihm kommen wir ans nördliche Ende der Napoleonwiese, wo sie endet und der Wald wieder beginnt; hier gehen wir nach rechts über die Napoleonwiese zurück und hinab zum Ausgangspunkt.

Ruine Alt-Treffen (ca. 750 m)
Gemeinde Treffen.

AUSGANGSPUNKT
Winklern oder Köttwein.

HÖHEN-UNTERSCHIED
Etwa 180 m.

KARTE
Kompass Wander-, Rad- und Skitourenkarte Blatt 64 Villacher Alpe Unteres Drautal.

ZUR GESCHICHTE. Weit oberhalb des Ortes, auf einem steilen Felsen zwischen Köttwein und Winklern, liegt die Ruine Alt-Treffen, die aus dem 11. Jh. stammt. Graf Marchwart von Eppenstein legte 1065 den Verwaltungsmittelpunkt des Gegend-Tales vom karolingischen Königshof auf die von ihm erbaute Burg Treffen. Als Herzog Heinrich III. von Kärnten ohne männliche Nachkommen starb, wurde 1122 die Herrschaft Treffen unter Patriarch Ulrich II. von Aquileia dem schwäbischen Graf Wolfrad und seiner Gattin Emma übergeben. Deren Sohn Wolfrad II. nannte sich um 1125 übrigens »comes de Trevin«. Dessen Enkel Ulrich war Patriarch von Aquileia und schenkte zusammen mit seinen Eltern vor 1177 der Kirche von Aquileia das Schloss Treffen, da er als kirchlicher Würdenträger kinderlos blieb. Daraufhin kam es zu Kämpfen mit Herzog Hermann II. von Kärnten aus dem Geschlecht der Spanheimer, der damit nicht einverstanden war. Ulrich, ein mächtiger Kirchenfürst, bat 1176 Kaiser Friedrich Barbarossa, ihn und die Kirche in Aquileia zu schützen. Hermann eroberte aber noch vor 1177 die Burg, in der noch die Eltern Ulrichs wohnten, musste die Burg aber zurückgeben. 1180 bestätigte Friedrich Barbarossa, dass die Feste Treffen mit allem Zubehör Eigentum des Patriarchats sei. Trotzdem blieb die Burg immer ein Streitpunkt zwischen Aquileia und den Kärntner Herzögen.

1362 gab der Patriarch im Frieden zu Wien die Erklärung ab, dass er den Herzog von Kärnten mit allen seinen Gütern in Kärnten belehnen würde. Die Burg wurde um 1490 im Krieg zwischen Kaiser Friedrich III. mit den Ungarn von diesen zerstört. 1619 wurde sie durch ein Erdbeben endgültig vernichtet.

DIE ANLAGE. Der größte Teil der erhaltenen Baulichkeiten geht auf die Spätgotik zurück, als die Burg nach der Zerstörung durch die Ungarn wieder aufgebaut worden war.

Erhalten sind Reste verschiedener Bauepochen, die aber schlecht zugänglich sind. Wenn wir die Anlage von der Straße aus betreten, sehen wir links zuerst einen halbrunden, bis zu sieben Meter hohen Turmrest, von dem Mauern zu einem weiteren Turmrest hoch führen, dann wieder hinab zum nächsten Turmrest. Dieser besitzt eine große, halbrunde Türöffnung. Die Mauer zieht sich nun weiter hinab zum Bauernhof. Auch links hinter der Mauer stehen weitere Reste. Der runde Bergfried stammt vermutlich aus dem 14./15. Jh. Die Reste der weiteren Türme, des Torbaus mit Erker und des Zwingers stammen aus der Gotik. Im Südwesten des äußeren Hofes liegt ein sieben Meter langes, bis zu acht Metern hohes Mauerteil des um 1500 errichteten Wohnbaus.

WEGVERLAUF
Wenn wir in Winklern von der B 98 abbiegen, fahren wir etwas hoch in Richtung »Puppenmuseum«. Dann biegen wir nach rechts in den Draßmannweg ein und gehen nach Köttwein, wo wir nach links in die La-Tour-Straße in Richtung Krankenhaus (»H«) einbiegen. Bei der Abzweigung zum Krankenhaus geht's weiter nach links auf der Schlossbauerstraße. Nach dem letzten Bauernhof, dem Schlossbauer, knickt die Straße nach rechts ab, wir gehen noch kurz bis zum Fahrverbotsschild, wo nach links der Wanderweg Nr. 30 in Richtung »Baumgartner« führt. Ab hier folgen wir der Straße noch einige Minuten zum Waldrand, rechts der Straße liegt die Burganlage.

SONSTIGES
Man sollte sich das Elli-Riehl-Puppenmuseum und die Pilz-Wald-Erlebniswelt in Winklern ansehen.

FÜR KINDER
Man kann bis zum Schlossbauer fahren.

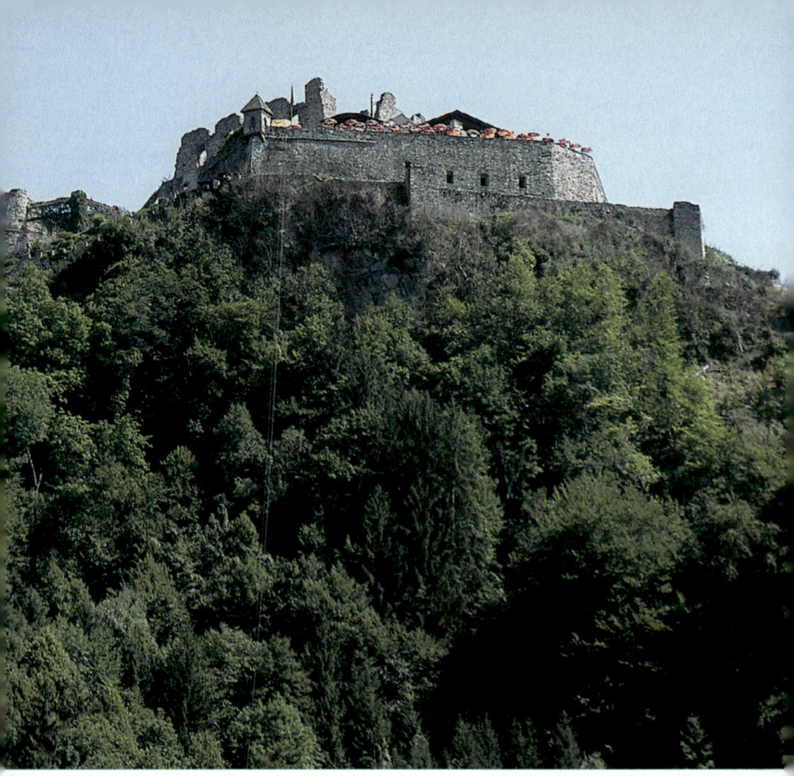

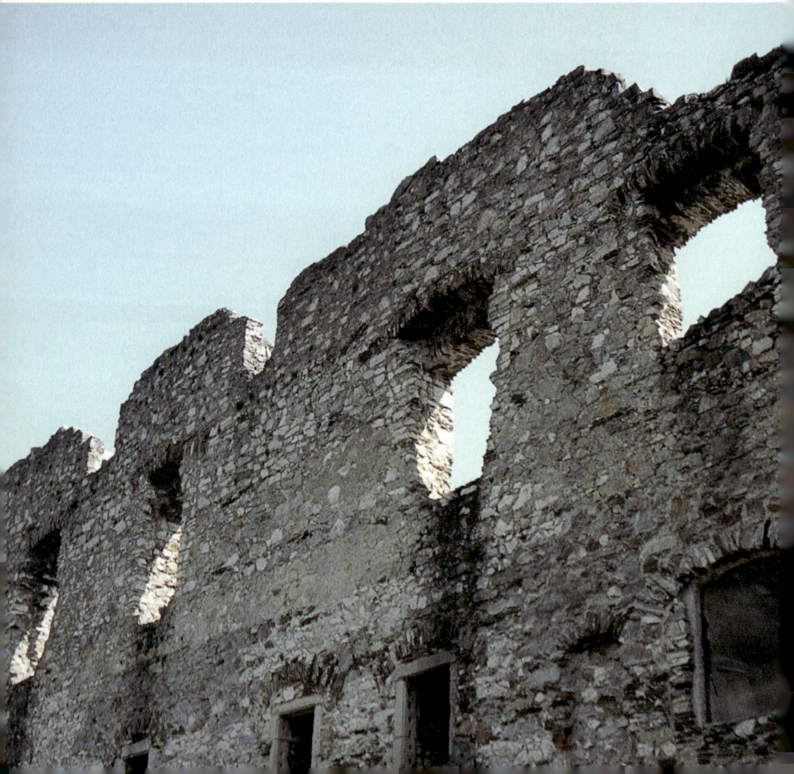

Ruine Landskron (677 m)
Gemeinde Villach.

ZUR GESCHICHTE. Südlich des Ossiacher Sees liegt eine der bekanntesten Kärntner Ruinen, die Ruine Landskron, ein ehemaliges Renaissanceschloss. Funde aus der Eisenzeit und der Spätantike – östlich der Ruine fand man 14 hallstattzeitliche Hügelgräber – weisen auf eine frühe Besiedlung des Berges hin.

Die Herrschaft Landskron wurde 1351 in einer Verkaufsurkunde erstmals genannt. 1436 wurde sie an die Herren von Stubenberg verpfändet, 1456 gelangte sie an den Kaiser, der sie erst pflegweise dem St. Georgs-Ritter-Orden aus Millstatt gab, dann 1511 als freies Eigentum schenkte. Dieser war allerdings nicht in der Lage, nach einem Brand 1542 die Anlage wieder aufzubauen – was aber wegen der Türkengefahr für notwendig erachtet wurde. So verkaufte sie der Kaiser im selben Jahr dem Landeshauptmann Christoph Khevenhüller von Aichelberg um 6000 Gulden mit der Verpflichtung, die Feste wieder aufzubauen. Christoph ließ die Anlage zu einem luxuriösen Renaissanceschloss umbauen. Der Bau schritt anscheinend so rasch fort, dass Christoph bereits 1543 vom Kaiser das Prädikat »von Landskron« verliehen bekam. Der Bau war ihm so wichtig, dass er einen Silber- und Bleibergbau im Burgberg einstellen ließ.

Auch einen Schlossteich legte man damals an. 1552 war der Bau fast fertig, in diesem Jahr erhielt die Burg auch Besuch von Kaiser Karl V., der gerade in Villach weilte. Nach Christophs Tod 1557 baute sein Sohn Bartholomäus weiter.

Bartholomäus ließ Feldschlangen und Kanonen gießen, richtete ein Zeughaus ein und stellte eine Verteidigungsmannschaft auf. Der Sage nach soll er 300 000 Gulden, das entsprach drei Tonnen Gold, aufgewendet haben. Dafür lagen in seiner Waffenkammer auch Erinnerungsstücke an Schlachten mit den Türken. Bartholomäus

AUSGANGSPUNKT
Parkplätze bei der Ruine.

WEGVERLAUF
Man kann entweder am Fuß der Ruine parken, oder gegen eine geringe Gebühr hinauffahren. Es gibt auf mittlerer Höhe ausgedehnte Parkplätze, sind die oberen nicht belegt (Ampelregelung beachten!), kann man auch bis zum Eingang fahren.

Mit einem Besuch der Flugvorführungen und vielleicht des Affenbergs hat man sicherlich einen auch für Kinder erlebnisreichen Tag verbracht. Wer sich noch etwas bewegen will, kann zum Jungfernsprung wandern. Der beschilderte Wanderweg beginnt etwas unterhalb des mittleren Parkplatzes.

ADLER FLUGSCHAU
Vorführzeiten: Mai, Juni und September täglich um 11 und 15 Uhr; Juli, August täglich um 11, 15 und 18 Uhr; Tel.: 04242/42 888; www.adlerflugschau.com.

AFFENBERG LANDSKRON
Öffnungszeiten: 1. April bis 31. Oktober täglich von 9.30–17.30 Uhr; Tel./Fax: 04242/319702 und 0664 4118540; www.affenberg.com.

führte ein großes Haus und lud viele vornehme Gäste in sein Schloss, so beispielsweise die Erzherzogin Margaretha auf ihrer Reise nach Spanien, wo sie König Philipp III. heiraten sollte.

Die Khevenhüller waren wie viele ihrer Standesgenossen Protestanten, und Bartholomäus richtete im Schloss sogar eine Druckerei ein, in der 16 000 evangelische Bibeln produziert wurden. Er starb 1613 und wurde in der Schlosskapelle bestattet, weil man ihm das Begräbnis in der wieder katholisch gewordenen Villacher Stadtpfarrkirche verwehrte. Seinen von Martin Pocabello aus weißem Marmor gearbeiteten Grabstein hat man 1955 aus dem Schutt der Kapelle geborgen und an ihre Außenwand eingemauert.

Sein Sohn und Erbe Johann Khevenhüller musste auf Grund des Generalmandats Ferdinands II. 1628 das Land verlassen. Er versuchte von Nürnberg aus, Landskron zu verkaufen, was die Jesuiten als Rechtsnachfolger der Millstätter St.-Georgs-Ritter zu verhindern suchten. Da er in die schwedische Armee eingetreten war, wurde ihm überdies ein Hochverratsprozess gemacht, der mit einer Beschlagnahme all seiner Güter endete. Er starb als letzter der Landskroner Burgherren aus dem Geschlecht der Khevenhüller 1632 als Offizier Gustav Adolfs.

1639 wurde die Anlage von der kaiserlichen Hofkammer an den Grafen Dietrichstein verkauft. Dieser hatte aber kein großes Interesse an ihrem Erhalt, weil er nicht wusste, ob er die Anlage auf Grund des Friedensvertrages von 1648 behalten durfte. In den Jahrzehnten, in denen die Erben Hans Khevenhüllers trotz aller Verzögerungstaktiken versuchten, auf dem Rechtswege wieder in den Besitz von Landskron zu gelangen, verfiel das Schloss.

1812 brannte die Anlage durch einen Blitzschlag sogar ab. Der Bau hätte zwar noch gerettet werden können, aber der Besitzer zog es vor, ihn verfallen zu lassen, um die so genannte

»Dachsteuer« zu sparen. 1912 musste der noch stehende Turm gesprengt werden, da die Einsturzgefahr zu groß war. Seit 1952 finden Erhaltungs- und Baumaßnahmen statt, und heute ist die Ruine ein beliebtes Ausflugsziel.

DIE ANLAGE. Die gesamte Burg war von einer wehrhaften Ummauerung mit Basteien, Türmen und zwei Toranlagen umgeben, von der noch einzelne Teile wie Vorwerk, Zwinger, ein durch einen rechteckigen Turm gesicherten Torbau mit Rusticaportal, Wehrgänge, zinnenbekrönte Mauern, Basteien und Türmchen erhalten sind. Sie bestand aus zwei Teilen, die im rechten Winkel zueinander standen. Vom längeren ging ein kleiner Seitenflügel ab, dadurch entstand ein Hof, der von einem einzelnen Bauwerk begrenzt wurde. Im Westen steht ein mehrstöckiger, quadratischer Turm mit gewölbten Räumen.

Geht man rechts vom Eingang ein Stück den Weg hinauf, kommt man zu einem Rusticaportal, das mit einem diamantförmigen Stein gekrönt ist. Dahinter befindet sich ein Zwinger zwischen hohen Mauern. Auch das eigentliche Eingangsportal ist in Rusticaformen gehalten, danach geht man an zinnengekrönten Mauern entlang hinauf auf die Terrasse.

Südlich des Westflügels der Wohngebäude befindet sich die gotische Kapelle mit einem achteckigen Kapellenturm, einem spitzbogigen Westportal und Spitzbogenfenstern.

In den Räumen des Restaurants hat man bei der Renovierung Weihealtäre aus der Römerzeit gefunden. Östlich unter der Burg sieht man ein Aquädukt aus dem späten Mittelalter.

Man hat eine weite Aussicht, außerdem kann man die Adlerwarte besuchen, bei der eine 40-minütige Vorstellung verschiedener Greifvögel zu sehen ist. Ein bleibendes Erlebnis, insbesondere für Kinder, ist auch der Besuch des nahe gelegenen Affenberges. Hier sieht man Japanmakaken in einem rund vier Hektar großen Freigehege.

KARTE
Kompass Wanderkarte Blatt 61 Wörther-Faaker-Ossiacher See.

LITERATUR
Walter Görlich: Die Geschichte des Schlosses Landskron in Kärnten. Klagenfurt, o. J.

FÜR KINDER
Ein Ausflug hierher dürfte vor allem im Zusammenhang mit der Flugschau und dem Affenberg ein Erfolg werden.

Ruine Alt-Finkenstein (841 m)
Gemeinde Finkenstein.

AUSGANGSPUNKT
Pogöriach.

ZUR GESCHICHTE. Die Burgruine Alt-Finkenstein besticht schon durch ihre einzigartige Lage hoch auf dem Berg zwischen dem Faaker See und dem mächtigen Mittagskogel im Hintergrund. Sie wurde 1142 als Vinchenstain zum ersten Mal urkundlich erwähnt, gehörte dem Kloster Bamberg und war Lehen von Ministerialen der Kärntner Herzöge, die sich nach der Burg nannten. 1233 wurde hier der Bamberger Bischof Eckbert sechs Wochen gefangen gehalten, als er sich mit Herzog Bernhard von Kärnten im Streit befand. Die Finkensteiner auf der Burg starben vermutlich um 1340 aus, 1427 tauchte aber noch einmal ein Erasmus von Finkenstein auf. Die Burg fiel erst an die Kärntner Herzöge zurück, die sie verpfändeten, und kam 1335 an die Habsburger. Kaiser Friedrich III. besetzte sie mit Pflegern. 1508 übergab Maximilian die Burg mitsamt der Herrschaft an Siegmund von Dietrichstein, der hier seinen umfangreichen Besitz ausbaute. Als dieser die uneheliche Tochter des Kaisers, Barbara, heiratete, wurde er in den Freiherrenstand erhoben.

DIE ANLAGE. Die Burg Finkenstein ist eine ausgedehnte Anlage, deren älteste Mauerteile aus der Romanik stammen. Erhalten sind die Außenmauern, der romanische Bergfried und gotische Baudetails. Bemerkenswert an der Westwand des Palas sind die seltenen Kielbogenarkaden. In die Hochburg führen drei Tore, von denen eines einen profilierten Kielbogen und das Dietrichsteiner Wappen mit den zwei Rebmessern aufweist. Der Palas lag im Westen, von ihm ist noch die Westwand erhalten. Im 16. Jh. wurde ein großartiger gotischer Festsaal gebaut, der mit dem auf Hohensalzburg vergleichbar gewesen sein soll. Ein interessantes Bauteil ist die im Westen liegende Abschlusswand des Hofes, die gleichzeitig die Wand des Palas ist. Sie ist rund 15 Meter lang, zweistockig erhalten und besitzt fünf schöne Kielbogenfenster. Vor dem Palas lag der schräg hinabführende Zwinger, in dem sich heute die Festspiel-Arena befindet. Im Südflügel der Anlage liegt die ehemalige Kapelle, die noch gotische Bauteile aufweist.

Der ehemalige Bergfried steht an der höchsten Stelle westlich des Hofes; er ist quadratisch und wurde im 12. Jh. aus Bruchsteinen errichtet, seine Ecken bestehen aus Quadern. Man sollte auf jeden Fall die heutige Aussichtsplattform, die durch die Gaststätte zu erreichen ist, aufsuchen, von ihr aus hat man eine umfassende Rundumsicht. Um den Bergfried herum standen Gebäude mit Stallungen, Waffen- und Vorratskammern und Räume für Gesinde und Mannschaft.

Heute wird die ausgedehnte Anlage für Veranstaltungen (Festspiele Burgarena Finkenstein) genutzt.

WEGVERLAUF
Vom Parkplatz in Pogöriach aus gibt es zwei Wege zur Ruine. Der einfache (Nr. 683) endet beim Honigbauer Gruber, von hier aus gehen wir nach links auf dem Sträßchen hoch zur Ruine. Ansonsten nehmen wir ihn für den Rückweg und steigen am Anfang des Parkplatzes auf dem mit »Burgruine Steig« markierten Weg steil nach Norden hinauf zum Ruinenstüberl bei der Anlage.

Man kann aber auch noch weiter aufsteigen zum Baumgartnerhof. Von hier aus geht man nach W, unter der Skiabfahrt hindurch bis zum Zwanzgerhof (Haus Truppe) und dann auf Weg 683 hinab zum Sträßchen.

ZEIT
Rundweg bis Ruine etwa 2,5 Stunden, bis Baumgartnerhof etwa 3,5 Stunden.

HÖHENUNTERSCHIED
Bis Ruine etwa 250 m, bis Baumgartnerhof etwa 330 m.

KARTE
Kompass Wander- und Radtourenkarte Blatt 062 Villach Faaker See.

Ruine Aichelberg (840 m)
Gemeinde Wernberg.

AUSGANGSPUNKT
Oberwinklern, zwischen Ossiach und Umberg.

LÄNGE
Etwa 7 km.

ZEIT
Etwa 1,5 Stunden.

HÖHEN-UNTERSCHIED
Etwa 100 m.

ZUR GESCHICHTE. Die Burgruine Aichelberg (Eichelberg) liegt nördlich von Umberg erhöht im Wald in den Ossiacher Tauern. Sie gehörte erst dem 1224 erwähnten Geschlecht der Eychelberg.

1431 wurde dann Hans Khevenhüller mit der Burg belehnt und nannte sich fortan »von Aichelberg«, auch in seinem Wappen gab es Eicheln und Eichenlaub. 1484 im Ungarnkrieg Kaiser Friedrichs III. gegen Matthias Corvinus wurde die Anlage fast vollständig zerstört und kurz danach wieder aufgebaut; nun wurde sie »schloss« oder »geschloss« genannt. Paul Khevenhüller, der wegen seines protestantischen Glaubens emigrieren musste, verkaufte 1629 die Anlage samt seinem übrigen Besitz wie beispielsweise die

Herrschaft Wernberg an Hans Siegmund Graf von Wagensberg. 1688 soll die Burg bereits Ruine gewesen sein und wurde als »zerrissen, und meistentheils abgefallen« bezeichnet.

DIE ANLAGE. Die einst ausgedehnte vierstockige Anlage von Anfang des 13. Jh. wurde im 15. Jh. in spätgotischem Stil mit sauber gearbeiteten Buckelquadern wieder aufgebaut.

Im Norden vor der Anlage befindet sich ein tiefer Burggraben, über den eine Brücke führte, nach Süden fällt das Gelände ohnehin steil ab. Man betritt die Ruine durch einen hohen Torbau in Form eines Wohnturms, an dessen Ende sich links ein runder Turm befindet. Rechts sieht man die hoch aufragenden Reste des Hauptgebäudes, der früheren Hochburg, die noch mit vier Stockwerken erhalten ist. Südlich davor befand sich ein weiteres Gebäude. Um diesen Komplex verlief im Süden der Zwinger. Südlich davon liegt die Vorburg mit dem steil abfallenden Burghof, der noch mit einer zwei bis vier Meter hohen Ringmauer vollständig umgeben ist. In der Südostecke befindet sich ein runder Turm, rechts daneben der Rest eines Wirtschaftsgebäudes, das an seiner Westwand noch Putzreste aufweist. In der Westmauer, ungefähr in der Mitte der Vorburg, befand sich ein weiterer Eingang.

DER WEGVERLAUF. Wir gehen in Oberwinklern (»Wanderwege Eichelburg«) nach W und dort, wo am letzten Haus das Sträßchen nach rechts abknickt, geradeaus weiter in den Wald (»Ruine Landskron«/Nr. 5). An einer Verzweigung halten wir uns links, dann kommen wir hinab in das Bachtal, wo wir parallel zu den Elektroleitungen marschieren. In der Folge immer links halten. Nach einiger Zeit sehen wir beiderseits des Weges große Felsbrocken. Nun müssen wir aufpassen, denn der markierte Wanderweg zweigt nach rechts ab, was schlecht zu erkennen ist. Es geht etwas hinab, dann stehen wir vor der Ruine.

KARTE
Kompass Wanderkarte Blatt 62 Ossiacher See Feldkirchen.

SONSTIGES
Wegverlauf aus der Karte nicht eindeutig ersichtlich, pfadfinderischer Spürsinn und Orientierungsvermögen angebracht.

Ruine Hohenwart (803 m)
Gemeinde Velden am Wörthersee.

AUSGANGSPUNKT
Köstenberg.

LÄNGE
Etwa 8 km.

ZEIT
Etwa 3 Stunden.

HÖHEN-UNTERSCHIED
Etwa 150 m.

ZUR GESCHICHTE. Die auch »Schwarzes Schloss« genannte Burgruine liegt südlich von Köstenberg auf einer felsigen Kuppe, die vor allem nach Süden steil abfällt. Sie war einst recht ausgedehnt und stark befestigt und gehört zu den interessantesten Anlagen in Kärnten. Im Süden hat man von einer freien Stelle aus einen prächtigen Blick zu den Karawanken. Die Burg entstand vermutlich in zwei Perioden ab dem 11. Jh.; Burg und Herrschaft Hohenwart wurden zwischen 1144 und 1149 von Pilgrim vom Pozzuolo, dem Mundschenk von Aquileia (später nannte er sich auch von Hochenwarte), dem Herzog Heinrich V. von Kärnten geschenkt und 1162 von dessen Bruder Herzog Hermann an den Gurker Bischof Roman I. verkauft. Die Bischöfe gaben die Burg als Lehen weiter. Um 1360 wurde die Burg zerstört, wieder aufgebaut und später noch einmal, dieses Mal endgültig, zerstört.

1545 wurden die Burgen Sternberg und Hohenwart von Kaiser Ferdinand I. an Bernhard Khevenhüller verkauft. Damals war Hohenwart bereits Ruine. Als der Besitz des Protestanten Hans Khevenhüller von Kaiser Ferdinand III. wegen Hochverrats konfisziert wurden, gehörte auch Hohenwart dazu. Nachfolger der Khevenhüller waren die Dietrichstein.

DIE ANLAGE. Von der romanischen Burg ist nichts mehr vorhanden, heute weist die Anlage mit den drei hintereinander liegenden Höfen Teile aus der Gotik und der Renaissance auf. Der Zugang erfolgte auf der Westseite durch das erste Tor in der Wehrmauer, die den ersten Hof unregelmäßig umgab. Von ihm sind noch niedrige Mauerreste übrig. Dann stieg man durch den Hof steil an zum zweiten Tor, das sich in der Mauer befand, die vom Bergfried zur äußeren Burgmauer reichte. Nun befindet man sich im Äußeren Burghof. Links ragt der quadratische Bergfried auf; er weist Elemente aus der Gotik und der Renaissance auf und ist mit der äußersten Burgmauer verbunden. In seinem ersten Obergeschoss befindet sich auf der Westseite ein rundbogiges Eingangstor. Neben dem Bergfried befindet sich, verbunden durch ein Stück Mauer, die gotische zweigeschossige Doppelkapelle, die noch Putzreste aufweist. Von ihr sind Teile der halbkreisförmigen Apside erhalten; sie stammt vermutlich aus der Romanik. In der unteren Kapelle sieht man einen spitzbogigen Triumphbogen. An der Westwand sieht man zwei profilierte Spitzbogenfenster, oben ein rundes Maßwerkfenster. Nach Süden kam man dann durch ein drittes Tor in die höher liegende, so genannte Altburg mit einem siebeneckigen Hof, dem Inneren Burghof, in dem die Mannschaftsunterkünfte, Stallungen, Vorratsgebäude u. ä. lagen. Er ist heute von Mauerresten umgeben.

WEGVERLAUF
Am Sportplatz von Köstenberg nehmen wir den Hohenwartweg (»Ruine Hohenwart«/Nr.3). Es geht erst etwas abwärts, dann im Wald wieder hinauf. Vor den nächsten Häusern geht der Waldweg zur Ruine ab. Gleich im Wald halten wir uns rechts. Der Weg zieht erst mäßig bergauf, dann knickt er nach links ab und bringt uns steil hinauf zur Ruine.

Nach der Besichtigung folgen wir immer Weg »W 6« bzw. »3« (»Velden«/ »Sternberg«). Es geht erst steil bergab, dann auf Holzbohlen über das Lange Moos. Anschließend nehmen wir an einer Kreuzung Weg »2 a« nach links. Wer die Tour noch etwas ausdehnen möchte, kann aber noch Weg »3« nach »Sternberg« folgen, dann aber wieder hierher zurückkehren.

KARTE
Kompass Wanderkarte Blatt 061 Wörther See Klagenfurt.

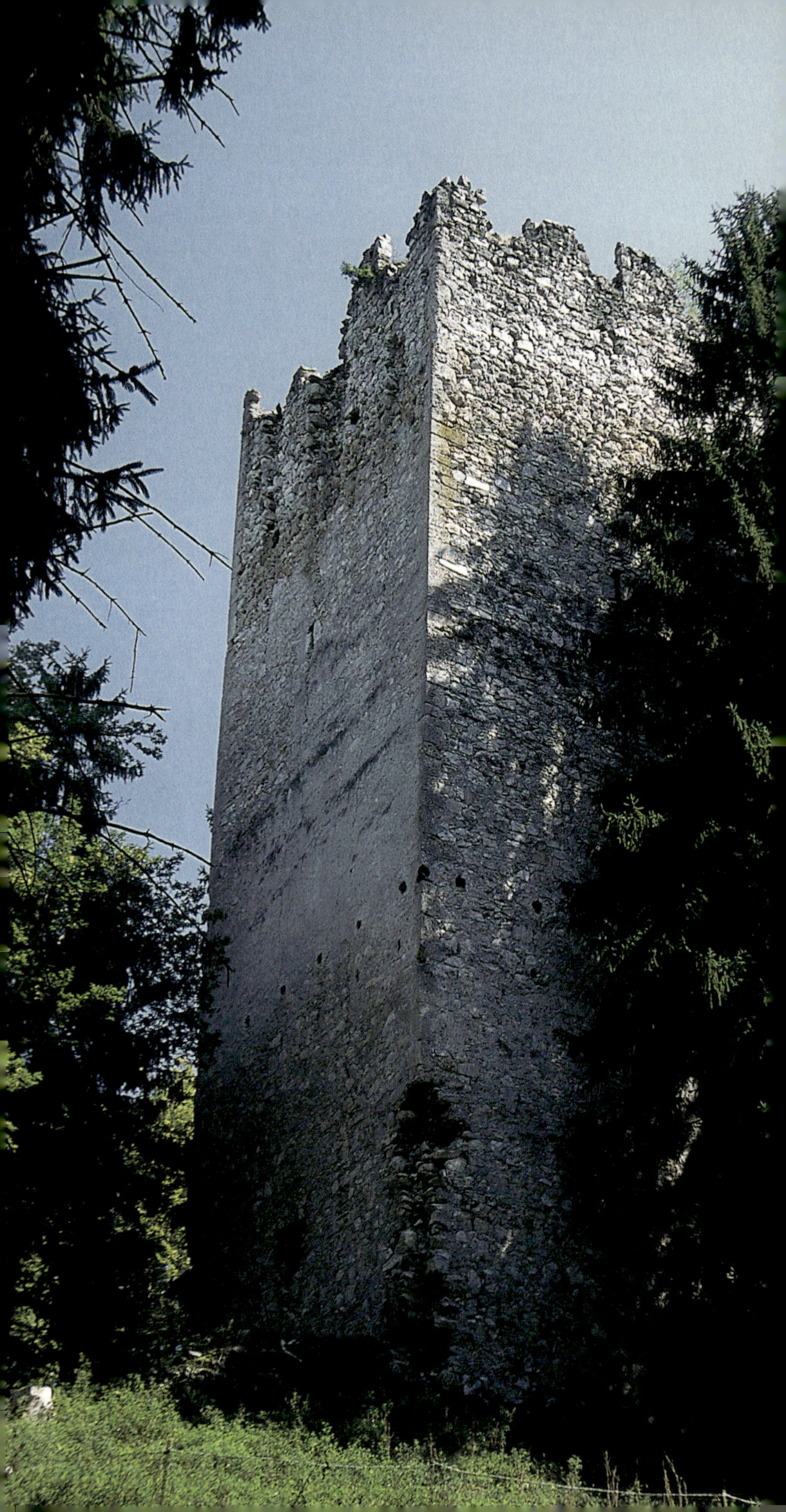

Ruine Altrosegg (569 m)
Gemeinde Rosegg.

ZUR GESCHICHTE. Der Name Rosegg kommt von »Ras«, was im Althochdeutschen »Landschaft am Fluss« bedeutete; der Name findet sich auch bei den Rittern von Rase (Rasek), die hier beheimatet waren. Da der Ort am Flussübergang stets eine strategisch bedeutende Lage hatte, war er auch immer heiß umkämpft. Die Gegend gehörte Ende des 12. Jh. den Herzögen von Steiermark, danach den Herzögen von Österreich. Lehensnehmer von beiden waren die Herren von Ras. Sie errichteten sich am Abhang der Gratschenitzen südwestlich von Rosenbach auf 1018 Metern Höhe einen ersten Stammsitz, einen zweiten dann auf dem Hügel von St. Jakob. Die einst sehr wehrhafte Burg Altrosegg, die heute in den Tierpark eingebunden ist, ist der dritte, jüngste und größte Sitz der Raser. Sie wurde 1239 erstmals erwähnt. Die Ritter führten im 13. Jh. einen Kleinkrieg gegen die Besitzungen der Bischöfe von Bamberg. Nach ihnen ging der Lehensbesitz an die Habsburger über. Als 1478 die Türken Kärnten verwüsteten, hielt die Burg stand. 1686 kamen Burg und Herrschaft an die Familie Orsini-Rosenberg, heute gehört sie den Fürsten Liechtenstein. Als die Franzosen 1813 bei ihrem Abzug den Ort St. Michael/Rosegg völlig zerstörten, diente die Burg zum Wiederaufbau von Kirche und Ort als Steinbruch.

DIE ANLAGE. Erhalten ist ein Rest des rechteckigen romanischen Bergfrieds, der auf seiner Südostseite verfallen ist. Außerdem sieht man Reste der Ringmauer und Teile der halbkreisförmig vorspringenden Wehrtürme aus dem 14./15. Jh. Wenn man zu der Hütte an der höchsten Stelle, etwas oberhalb des Bergfriedes aufsteigt, sieht man dort weitere Mauerreste. Die den Tierpark umgebende Mauer wurde um 1830 von Ritter von Bohr angelegt, von ihm kaufte die Familie Liechtenstein Schloss und Herrschaft Rosegg.

AUSGANGSPUNKT
Rosegg, Parkplatz am Wildpark.

WEGVERLAUF
Um die Ruine befindet sich der größte und artenreichste Wildpark Kärntens. Der Weg durch das Gehege zur Ruine führt durch idyllischen Mischwald. Man sieht außer (freilaufendem) Rot-, Schwarz- und Alpenwild noch amerikanische Bisons, Berberaffen, Steinböcke, Wölfe und Affen, außerdem gibt es einen Streichelzoo; insgesamt sind es rund 400 Tiere.

ZEIT
Wegen des Tierparks mindestens 1 Stunde.

FÜR KINDER
Tierpark mit Streichelzoo, Spielplatz; Wachsfigurenkabinett im Schloss, größtes Maislabyrinth Österreichs zwischen Wildpark und Schloss.

AUSKUNFT
Tel. 04274 3009, Öffnungszeiten: tgl. 9–18 Uhr.

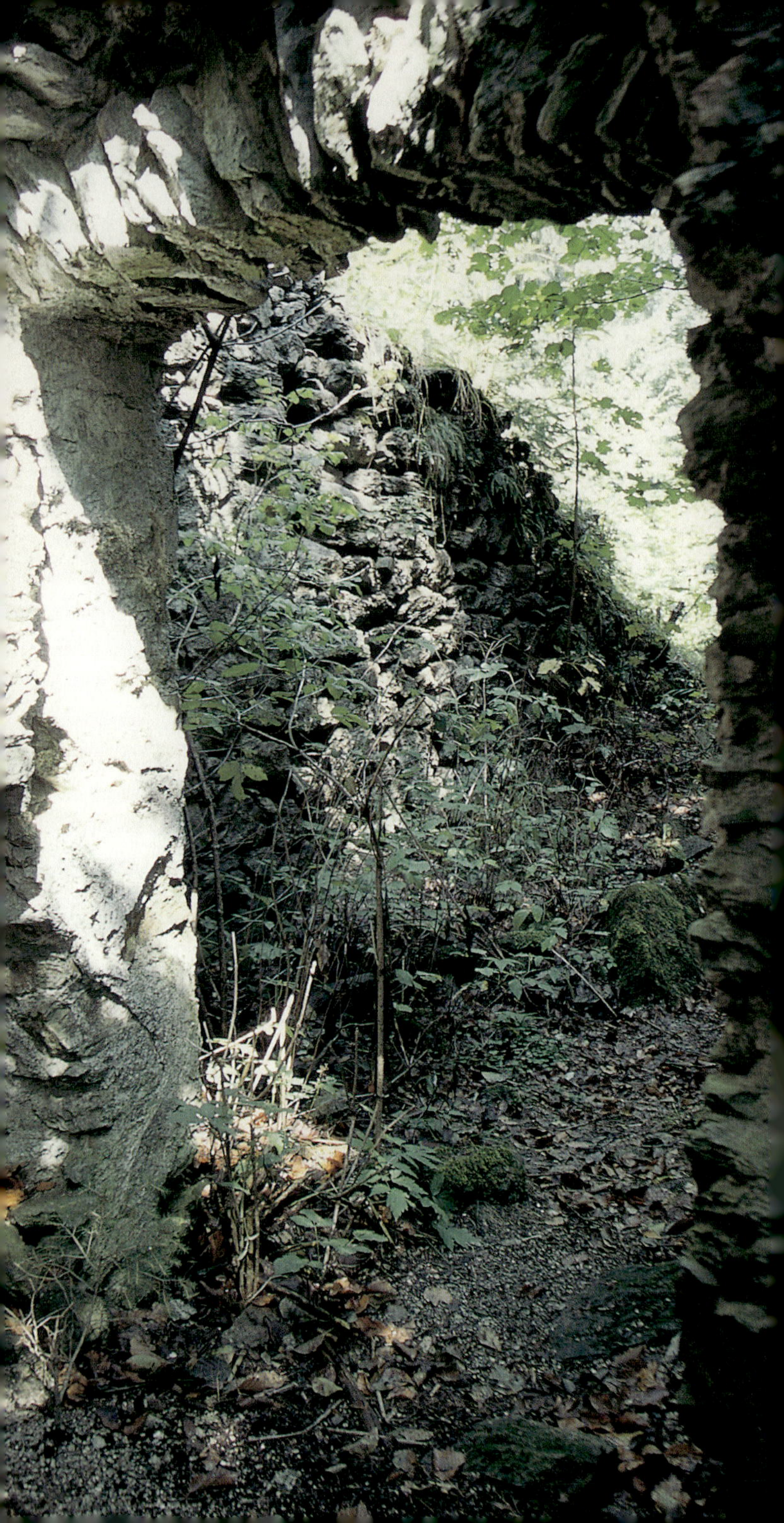

Ruine Alt-Albeck (918 m)
Gemeinde Sirnitz.

ZUR GESCHICHTE. Die im 9./10. Jahrhundert erbaute, einst ausgedehnte Burg Alt-Albeck – der Name soll nach Kranzmayer von »Bergeck unter der Alm« kommen – liegt auf einem felsigen, bewaldeten Bergkegel und wurde 1155 erwähnt und erweitert. 1160 wurde ein Rudolfus der Albek genannt. Er schenkte die Burg dem Bistum Gurk, da dort sein ältester Sohn Dietrich 1179 bis 1194 Bischof war und sein jüngerer Sohn Poppo IV. kinderlos gestorben war.

Nach seinem Tod gab es Auseinandersetzungen zwischen dem Bistum und Rudolfs Vetter Liutold von Peggau, der Erbansprüche erhob. Liutold konnte jedoch von Herzog Bernhard und dem Gurker Bischof Ulrich I. zum Verzicht bewegt werden. Sein Bruder Ulrich jedoch führte die Streitigkeiten, in Folge deren er sogar exkommuniziert wurde, fort. Sogar Papst Gregor IX. schaltete sich ein. Erst 1264 konnte Frieden geschlossen werden.

Nach 1264 saßen hier verschiedene Ministerialengeschlechter, Mitte des 15. Jahrhunderts besaß die Burg sogar eine eigene Landgerichtsbarkeit. Unter Bischof Johann VIII. von Gurk (1675–1696) wurde sie instand gesetzt und 1680 war sie noch bewohnt.

Seit Anfang des 18. Jahrhunderts lebt jedoch niemand mehr in ihr, die Kapelle soll 1870 jedoch noch benützt worden sein.

AUSGANGSPUNKT
Sirnitz/Albeck.

ZEIT
Etwa 1,5 Stunden.

HÖHENUNTERSCHIED
Etwa 100 m.

KARTE
Kompass Wanderkarte Blatt 134 Glantal-St. Veit Wimitzer Berge.

SONSTIGES
Wechselnde Ausstellungen im ehemaligen Dienerhaus, Tel. 04279 303.

Schloss Neu-Albeck

DIE ANLAGE. Die aus der Romanik stammende Ruine liegt auf einem steilen Bergkegel im dichten Wald. Wir sehen, wenn wir dem Pfad folgen, erst rechts oben die niedrigen Reste eines Rundturmes, dann links des Pfades Mauerreste eines rechteckigen Gebäudes mit Rundbogentür; dies war die ehemalige Kapelle. Dahinter befand sich früher eine Terrasse, der Burgeingang lag rechts der Kapelle. Wenn man den steilen Hang hinauf zum Plateau klettert, kommt man in die ehemalige Vorburg. Links sieht man eine Mulde, in der sich auch noch Mauerreste befinden, die auf den einstigen Palas hinweisen. Hier oben lag auch eine fünfeckige Ummauerung, in deren Westecke der Bergfried stand. An den Mauern kann man noch Fischgrätmuster erkennen.

Schloss Neu-Albeck (ca. 820 m)

Das Schloss Neu-Albeck wurde um 1700 unter Verwendung von Steinen aus der Burg erbaut, nachdem die Burg verfallen war. Der Pfleger verlegte seinen Sitz dann hierher. Das Schloss ist eine lang gestreckte Anlage mit Walmdach und barocken Schmuckelementen. Das Dienerhaus wurde im Biedermeier (um 1800) errichtet. Nach der Bauernbefreiung 1848 verfiel das Schloss. Das Schloss wurde nach 1987 von privater Seite renoviert und wird heute für Konzerte u.ä. sowie als Gaststätte genutzt. Westlich neben dem Schloss steht die Scheune, daneben etwas erhöht das ehemalige Dienerhaus, in dem heute Ausstellungen stattfinden.

DER WEGVERLAUF. Vor dem Schloss Neu-Albeck beginnt ein Weg, der den Berg hochführt (»Ruine Albeck«). Nach den letzten Häusern zieht er nach rechts, steigt noch etwas und führt dann relativ eben bis zu einer Kreuzung, wo ein Forstweg von rechts einmündet. Hier werden wir nach links auf einem Pfad zur Ruine verwiesen.

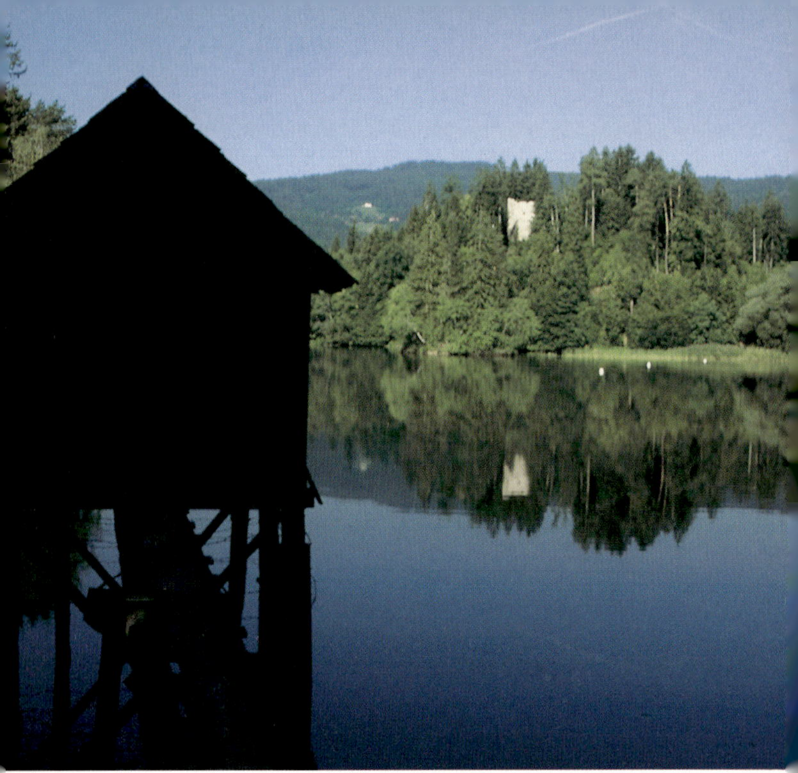

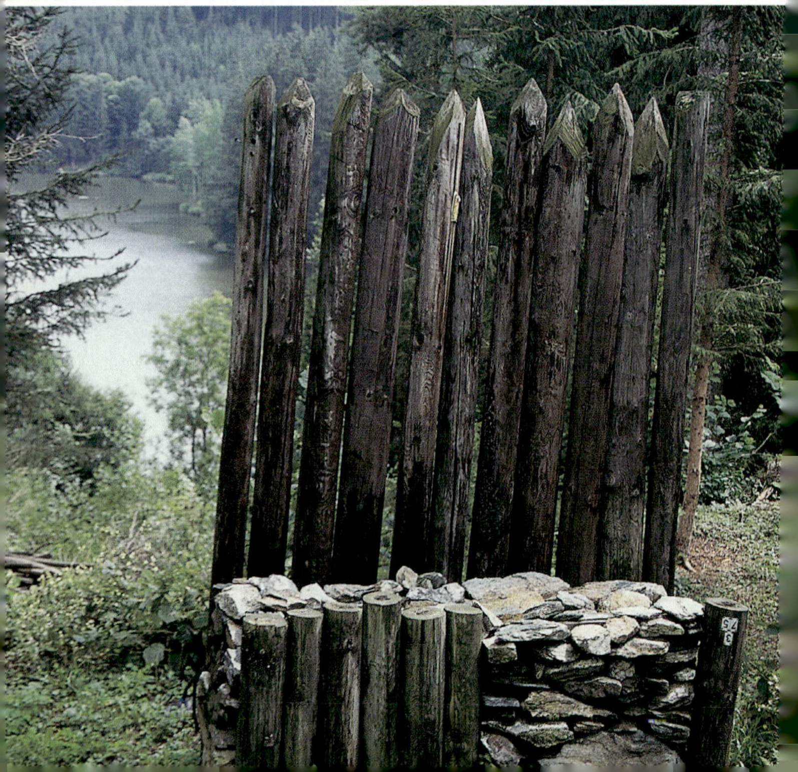

Ruine Arnulfsfeste (ca. 530 m)
Gemeinde Moosburg.

ZUR GESCHICHTE. Die Arnulfsfeste ist der letzte Rest der auf drei Felshügeln auf einer Insel im Moor errichteten Einzelbefestigungen (bayerisch-österreichisch ist Moos der Name für Moor, daher der Name Moosburg). Sie waren zwar nicht durch eine gemeinsame Umfassungsmauer verbunden, wurden aber bis zum Ende des Mittelalters als Moosburg bezeichnet.

Seit dem Beginn des 20. Jh. wird die Ruine eines mächtigen Wehrturmes Arnulfsfeste genannt. Dieser Turm beherbergte zeitweilig den Burggrafen und im 16. Jh. das Gericht der Edlinger, er ist um 1600 nach einem Brand verfallen.

Die Moosburg wird seit der Errichtung des heutigen Schlosses Moosburg, der Neuen Moosburg, am Ende des 15. Jh. als Alte Moosburg bezeichnet. In der Alten Moosburg hat man Funde aus der Bronzezeit gemacht. Offenbar war sie aber lange nicht dauerhaft besiedelt, sondern wurde immer wieder, insbesondere in Kriegszeiten, neu befestigt. So hat auch der Sage nach der Karolingerprinz und spätere König Karlmann die Alte Moosburg erbaut. In ihr soll auch sein Sohn Arnulf, der spätere ostfränkische König und römische Kaiser, um 850 geboren worden sein oder zumindest einen Teil seiner Jugend verbracht haben. Der Abt Regino von Prüm, ein Zeitgenosse Arnulfs, berichtete, dass Karlmann wohl 876 seinem Sohn Karantanien mitsamt der darin gelegenen Moosburg übergeben habe. Regino berichtete auch, dass die Moosburg stark befestigt war und der Zugang zu der Burg durch die sie umgebenden Sümpfe sehr erschwert wird.

Die Anlage gehörte von 1150 bis 1500 durchgehend den Kärntner Pfalzgrafen, den Grafen von Görz-Tirol. Trotzdem versuchte der Patriarch von Aquileia immer wieder erfolglos, seine Lehensherrlichkeit durchzusetzen.

AUSGANGSPUNKT
Moosburg.

WEGVERLAUF
Parkplatz vor dem Moorhofweg im W von Moosburg. Auf der anderen Straßenseite gehen wir in Richtung »Arnulfsfeste« den Pfalzweg hinauf bis zur Jubiläumsbuche, die 1988 zur 1100-Jahr-Feier gepflanzt wurde (Schautafel!) Wir steigen nach links hinauf zur Arnulfsfeste.

Nach der Besichtigung gehen wir wieder zurück zur Buche. Weiter links befindet sich der Rauthkogel.

Danach gehen wir zurück zur Straße und halten uns hier links. Wir gehen bis Stallhofen, wo sich der ehemalige Wirtschaftshof der Pfalz befand. Hier biegen wir nach links in den Müllerweg ein. Am Querweg vor den Feldern (Damnigweg) halten wir uns links und sehen bald den rechts liegenden Damnigteich. Er ist ein Teil des ehemaligen Sumpfgürtels um die Alte Moosburg. An seinem Ende biegen wir nach links ab. Hier, beim Kamuder, befanden sich einst Bergwerke, in denen Bleiglanz und Kupferkies abgebaut wurden. Die Mundlöcher sind noch erhalten, die Stollen aber nicht begehbar.

Die Hauptburg auf dem Thurnerkogel war bereits 1434 verfallen, und der Name wurde auf das am Ende des 15. Jh. errichtete »Schloss« übertragen, das außerhalb des Geländes der Alten Moosburg erbaut worden ist.

1501 wurden die Alte und die Neue Moosburg von Kaiser Maximilian I. an die Herren von Ernau verpfändet; 1514 verkaufte er sie ihnen schließlich als Lehen. 1629 mussten die Ernau aus religiösen Gründen das Land verlassen. 1633 kauften die Freiherren von Kronegg die Moosburg, 1708 die Grafen Goess, denen die Neue Moosburg heute noch gehört.

Die aus den Familien Ernau und Kronegg stammenden Landeshauptleute residierten auf der Moosburg. Vom 16. bis zum 18. Jh. wurde die Alte Moosburg in Erinnerung an die untergegangene Kärntner Pfalzgrafschaft noch »Pfalz« genannt.

DIE ANLAGE. Die ausgedehnte Anlage liegt auf einer ehemaligen Insel über einem moorigen Grund zwischen dem Nordwestufer des Mitterteichs und der Landstraße. Sie weist drei in sich geschlossene Baukomplexe auf, die auf drei Hügeln liegen und zwei Zugänge über abwerfbare Brücken besaßen. Die Zugänge waren durch mächtige Wehranlagen und Hohlwege gesichert.

Der älteste Teil lag auf dem Rauthkogel im Norden. Er war von frühmittelalterlichen Trockenmauern umgeben. Bei Ausgrabungen 1961 fand man Keramiken aus der Jungsteinzeit, die sich heute im Karolingermuseum befinden. Während der Karolingerzeit diente sie als Heribergum, was in etwa einem »Kasernenbereich« entspricht.

Auf dem Thurnerkogel im Südwesten befinden sich zugängliche Mauerreste der Hauptburg aus dem 12. bis zum 14. Jh.

Auf dem Arnulfkogel im Südosten lag der von einer Mauer umgebene Arnulfturm (etwa 540 m), der seit Anfang des 20. Jh. auch Arnulfsfeste genannt wird. Der Arnulfsturm war ein reiner Wehrbau mit Signalfunktion am Rande der eigentlichen

Pfalz. Vor ihm sieht man ein Modell einer Palisadenmauer. Die heutige Turmruine hatte vermutlich einen hölzernen Vorgänger aus dem 10./11. Jh., ist 17 m hoch, quadratisch mit einer Seitenlänge von 12 m und besitzt zwei Meter dicke Mauern. Früher besaß der Turm vier Geschosse. Im unteren Teil war sie durch Bruchsteine gemauert, darüber wurde im 13. Jh. waagrecht geschichtetes Mauerwerk errichtet.

Die Westwand ist am besten erhalten, die Ostwand etwas niedriger, die Südwand noch niedriger. Die Nordwand ist nur in Resten vorhanden. In der Ost- und der Südwand sieht man je eine Schießscharte, in der Westwand drei. in der Westwand befinden sich oberhalb der ersten und zweiten Schießscharte auch Absätze, über denen die Mauerstärke zurückweicht. An der Südwand sieht man auch die Reste von zwei Kragsteinen, die wohl den Boden des Stockwerks trugen. Die Turmruine wurde 2002 hervorragend renoviert.

Die heute noch sichtbaren Mauern stammen wahrscheinlich nicht aus dem Frühmittelalter und sind auch nicht der erste Baubestand; ihnen gingen vermutlich hölzerne Befestigungsbauten voran. Die frühmittelalterlichen Reste sind am besten auf dem Rauthkogel erkennbar, wo man noch bis zu drei Meter hohe Trockenmauern findet.

KAROLINGERMUSEUM

Das Museum ist der bis in die Karolingerzeit zurückreichenden Geschichte Moosburgs und Karantaniens und dem König und Kaiser Arnulf von Kärnten gewidmet. Unter anderem sieht man karolingische Flechtsteine und frühmittelalterlichen Schmuck. (Moosburg, Krumpendorferstr. 3., Öffnungszeiten: Mitte Juni bis Mitte September täglich 10–12 und 16.30–19 Uhr, Ende Mai bis Mitte Juni und Mitte September bis Anfang Oktober Samstag und Sonntag 9–12 Uhr. Tel. 04272 83624.)

Wir gehen nach links auf einem Waldweg weiter, dann biegen wir nach links in einen anderen Weg ein. Am Ende des Mitterteichs biegen wir nach links in den Mitterdeichdamm ein, der uns zwischen Mitterteich und Mühlteich zur Landstraße bringt. Hier befindet sich auch der »Malerwinkel«, in dem Mitte des 19. Jh. die Maler Josef Wagner und Markus Pernhart die Arnulfsfeste und die Neue Moosburg malten.

Auf der Landstraße gehen wir in wenigen Minuten nach links zurück zum Ausgangspunkt.

ZEIT
Etwa 1,5 Stunden.

**HÖHEN-
UNTERSCHIED**
Unwesentlich.

KARTE
Kompass Wanderkarte Blatt 061 Wörther See Klagenfurt.

SONSTIGES
Beim Fremdenverkehrsamt Moosburg ist eine Wanderkarte mit einem Wandervorschlag durch das Pfalzgelände erhältlich. Bei den wichtigsten Punkten sind Tafeln mit Erklärungen aufgestellt.

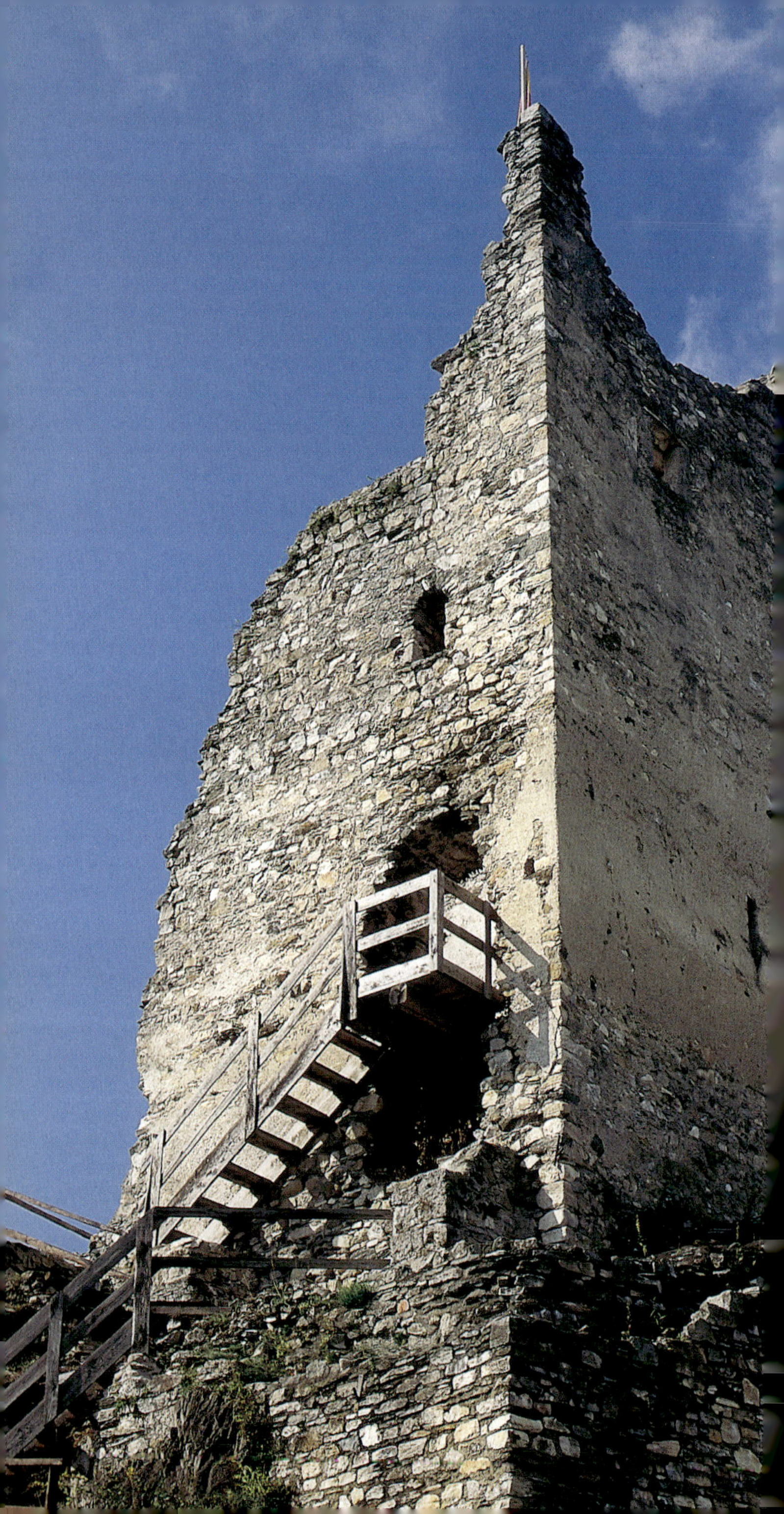

heyn

online shop

⬇

🛒

**Portofreie Lieferung von
1.500.000 Büchern, Hörbüchern, CDs, DVDs etc.
Nur 1 Klick und gleich seitenweises Vergnügen!**

www.heyn.at

Ruine Alt-Leonstein (ca. 540 m)
Gemeinde Pörtschach.

ZUR GESCHICHTE. Die Herrschaft Leonstein umfasste das Gebiet von Krumpendorf bis Velden und auf der anderen Wörtherseeseite von Dellach bis Maria Wörth. Sie war Eigenbesitz des Geschlechts der Leonsteiner. Ihre Einnahmen stammten zum Teil aus dem Fischrecht und der Hafenmaut in Pörtschach. Diese Hafenmaut wurde nicht auf Schiffe erhoben, wie man vermuten könnte, sondern auf Töpfererzeugnisse, die aus Keutschach über den See nach Pörtschach und ab dort auf der Straße weiter transportiert wurden.

Die Burg liegt auf einem lang gestreckten Felsplateau nordwestlich von Pörtschach und wurde um 1100 als Zwillingsburg von dem aus einem salzburgisch-steirischen Geschlecht stammenden Leopold von Projern errichtet. Die Burg der Leonsteiner lag unmittelbar neben der 1142 erstmals erwähnten Burg der Seeburger, die am Standpunkt der heutigen Hohen Gloriette auf einem, Leonstein südlich vor gelagerten, Hügel stand. Die Herrschaften Leonstein und Seeburg kamen Ende des 13. Jh. zusammen, später kam die Seeburg, die 1384 letztmalig als herzogliches Lehen vergeben wurde, durch Verkauf in andere Hände.

Leonstein entwickelte sich im Gegensatz zur Seeburg im Sinne eines Wirtschafts- und Verwaltungszentrums. Kurz nach 1300 setzte bei ihr eine zweite Bauphase ein. Im Zuge wechselnder Eigentumsverhältnisse wurden u.a. die Khevenhüller, die Ernauer, die Rauber von Reinegg und die

AUSGANGSPUNKT
Pörtschach.

WEGVERLAUF
Parkplatz am W-Ende von Pörtschach, bei der Straße nach Moosburg: nach dem Tunnel orientieren wir uns links in den Gloriettenweg (Nr. 17). Gleich darauf werden wir zur »Gloriette« bzw. »Ruine« nach rechts auf einen Pfad verwiesen. Der Waldweg steigt immer an, und schließlich sehen wir links oben die Hohe Gloriette, rechts die Südmauer und den Turm der Ruine.

Wir gehen erst zur Gloriette, um die Aussicht zu genießen, dann auf die Ruine zu. Den Zugang finden wir, wenn wir uns unterhalb der Ruine erst links halten und dann nach rechts hochsteigen. Wir betreten die Anlage durch ein Rundbogentor in der Umfassungsmauer, dahinter steht das Wächterhaus mit der WC-Anlage. Hier zieht der Burgweg nach rechts hoch.

Wenn wir nach der Besichtigung zurückkommen, biegen wir am Wächterhaus nach rechts ab in Richtung »Pörtschach«. Wo wir den Wald verlassen, halten wir uns rechts – gehen vielleicht zuerst hoch zur Niederen Gloriette – und dann durch die Unterführung wieder zurück zum Parkplatz.

berühmte Anna Neumann aus Wasserleonburg als Besitzer genannt, die jeweils auch die Hohe Gerichtsbarkeit innehatten.

Erst nach 1621 gelang es dem Burggrafen von Klagenfurt einen Großteil der Herrschaft Leonstein wieder zu vereinen. Er begann auch mit dem Umbau der Burg zu einem Schloss. Seine Erben verkauften Burg und Herrschaft 1629 an die Jesuiten, die die Burg verfallen ließen; 1680 wurde sie von Valvasor als Ruine gezeichnet. Ab 1816 gehörte sie den aus St. Blasien im Schwarzwald stammenden Benediktinern, die in St. Paul neu angesiedelt wurden, die Burg aber 1910 zum Verkauf ausschrieben.

DIE ANLAGE. Die zwei Höfe umfassende Anlage, eine der größten Burgruinen Kärntens, ist heute noch zum Großteil von der Ringmauer und dem östlichen Zwinger umgeben. Man betritt sie von Norden durch die Reste des Zwingers, in den man entlang der Ummauerung aufsteigt. Vorher kommt man am Wächterhaus (heute mit einem WC) vorbei. Es gehörte zum ehemaligen Wirtschaftshof. Dieser jüngste Teil der Anlage wurde bereits früh zerstört, denn er diente den Einwohnern der Umgebung als Steinbruch.

Tritt man durch das erneuerte Tor des Torbaus, steht man vor einer Pyramide aus Steinkugeln aus der Zeit der Türkeneinfälle, die man in der Burg fand.

Vor sich sieht man den Fels, der den ältesten Teil trägt, die so genannte Altburg, mit Mauerresten und dem hoch aufragenden Bergfried. Wir wenden uns erst nach rechts in den westlichen Burghof: Auf der linken Seite sehen wir die Mauerreste der einst zweigeschossigen Burgkapelle St. Magdalena aus dem 15. Jh. mit einem Kruzifix, rechts daneben Gebäudereste. Hier befanden sich einst ein Palas und die Küche; ganz hinten sieht man den Rest des Westturms.

Nun wenden wir uns nach Osten in den großen Burghof. Links entlang der nördlichen Ummauerung stehen Reste von verschiedenen Gebäuden aus der späten Gotik. Recht gut erhalten ist noch ein Kellergewölbe, welches offenbar nachträglich eingebaut wurde. Die bis zu elf Meter hohe Mauer, an die die ehemaligen Wirtschafts- und Wohngebäude angebaut waren, stammt von ca. 1400. Hier stand parallel zu den Gebäuden eine Mauer, zu der ein Arkadengang gehörte. Der heute als »Rittersaal« bezeichnete Raum dürfte auch früher ein repräsentativer Raum gewesen sein und dem Burgherrn zu Wohnzwecken gedient haben, lag er doch den ganzen Tag in der Sonne. In seinem Untergeschoss liegen die Reste eines kleinen Wehrturmes verborgen.

Direkt im Osten hinter dem Gebäude, in dem sich eine kleine Ausstellung befindet, ragt die verstärkte Schildmauer empor. Nach rechts führt eine neue Holztreppe hoch zum Bergfried. Der fünfgeschossige spätromanische Turm steht auf einem länglichen Felsen und war von einem Hof umgeben. Er besitzt Schießscharten, innen Balkenlöcher und Reste von Balken. Er hat vermutlich vor allem Wohnzwecken gedient – bis vor wenigen Jahrzehnten war in seinem obersten Geschoss noch ein Kamin zu sehen – und besitzt relativ dünne Mauern. Schön ist das rundbogige Nischenfenster im zweiten Stock. Von ihm aus hat man einen sehenswerten Blick auf den Wörthersee. Links der Treppe befindet sich das tiefe Brunnenloch. Es besitzt einen Durchmesser von etwa 2,5 Meter und wurde aus dem Fels heraus gebrochen, vermutet wird eine Tiefe von 22 Metern.

Von der ehemaligen Seeburg ist heute so gut wie nichts mehr erkennbar, heute befindet sich hier der Aussichtspunkt »Hohe Gloriette« (536 m). Er liegt auf einem isolierten Felskegel vor der Burg und wurde im Biedermeier vermutlich auf einem Vorwerk der Burg errichtet. Von dem hellgelb gestrichenen, kleinen Pavillon mit Säulen bietet sich ein hervorragender Blick auf den Wörthersee, Pörtschach, den Pyramidenkogel und die Karawanken.

ZEIT
Etwa 1 Stunde.

**HÖHEN-
UNTERSCHIED**
Etwa 100 m.

KARTE
Kompass Wanderkarte Blatt 061 Wörther See Klagenfurt.

SONSTIGES
Öffnungszeiten: Mai bis September Sa 9–12 Uhr, Führung 10.30 Uhr. Juli, August zusätzlich 17–20 Uhr.

FÜR KINDER
Interessante Anlage mit kurzem Zugang.

Ruine Reifnitz (ca. 610 m)
Gemeinde Keutschach.

ZUR GESCHICHTE. Die 1195 erstmals erwähnte Burgruine Reifnitz steht auf einem lang gestreckten, steil abfallenden und aussichtsreichen Felsen über dem Wörthersee am Osthang des Pyramidenkogels und war in der Romanik eine der mächtigsten Burgen in Kärnten. 977 wurde ein Hof in Reifnitz von Kaiser Otto II. dem Bistum Brixen geschenkt, 1171 gehörte die Burg Graf Albert III. von Bogen, nach dem Tod seines gleichnamigen Sohnes 1242 gelangte die Burg an Herzog Friedrich II. von Österreich, der sie an Heinrich III. von Trixen verlieh. Nach dem Aussterben dieses Geschlechts gelangte sie 1283 an Graf Meinrad von Görz, der 1286 bis 1295 Herzog von Kärnten war.

Im 14. bis Anfang des 15. Jh. war die Burg erst als Pfand, dann als Lehen im Besitz der Liebenberger, ab 1456 gehörte sie den Keutschachern, und bis Ende des 15. Jh. wurden die Keutschacher auch öfters als Pfleger bzw. Burggrafen genannt.

DIE ANLAGE. Die zwischen 12. und 14. Jh. erbaute, von einer Ringmauer umgebene Burg wurde ursprünglich vermutlich als Drillingsburg geplant, heute sind aber nur noch wenige Reste zu sehen. Man betritt sie von Westen durch die einige hundert Meter entfernte Vorburg, wo man links hinter einem Wall und einem Graben einen Turmrest hoch oben auf einem Hügel sieht. Die Vorburg besaß einen neuneckigen Turm und Wirtschaftsgebäude; nach Norden wurde die Burg durch eine dritte Turmanlage gesichert.

Die Hauptburg liegt bei der Kirche St. Margarethen, der Nachfolgerin der einstigen Burgkapelle. Auf dem Plateau sieht man an der steil abfallenden Südseite Mauerreste, nördlich der Kirche liegt im unteren Burghof ein Turmbau.

Dieser ehemalige Eckturm, möglicherweise der Bergfried, wurde um 1900 zu einem hölzernen Aussichtsturm umgebaut. Etwa 300 Meter weiter nördlich stehen die Reste eines weiteren Bauteils.

DER WEGVERLAUF. Beim Feuerwehrhaus nach W in den St.-Margarethen-Weg (Nr. 9) einbiegen. Er bietet uns einige Tafeln des Naturerlebnispfades Reifnitzer Moor. Bei einer Waldwiese nach rechts abbiegen in Richtung »Opferstein«. Nach dem Stein und weiterem Aufstieg treffen wir auf einen querenden Weg (Nr. 27), auf dem wir nach rechts gehen, danach in den Wald, wo wir Weg 8 nach St. Margarethen folgen. Kurz danach sehen wir links einen Wall und einen tiefen Graben, dahinter einen hoch aufragenden Mauerrest der Vorburg. Nach dem Anstieg zur Kirche, um die der Rest der Anlage liegt, haben wir einen schönen Blick nach Süden.

AUSGANGSPUNKT
Reifnitz, westlich von Keutschach.

ZEIT
Etwa 1,5 Stunden.

HÖHEN-UNTERSCHIED
Etwa 150 m.

KARTE
Kompass Wanderkarte Blatt 061 Wörther See Klagenfurt.

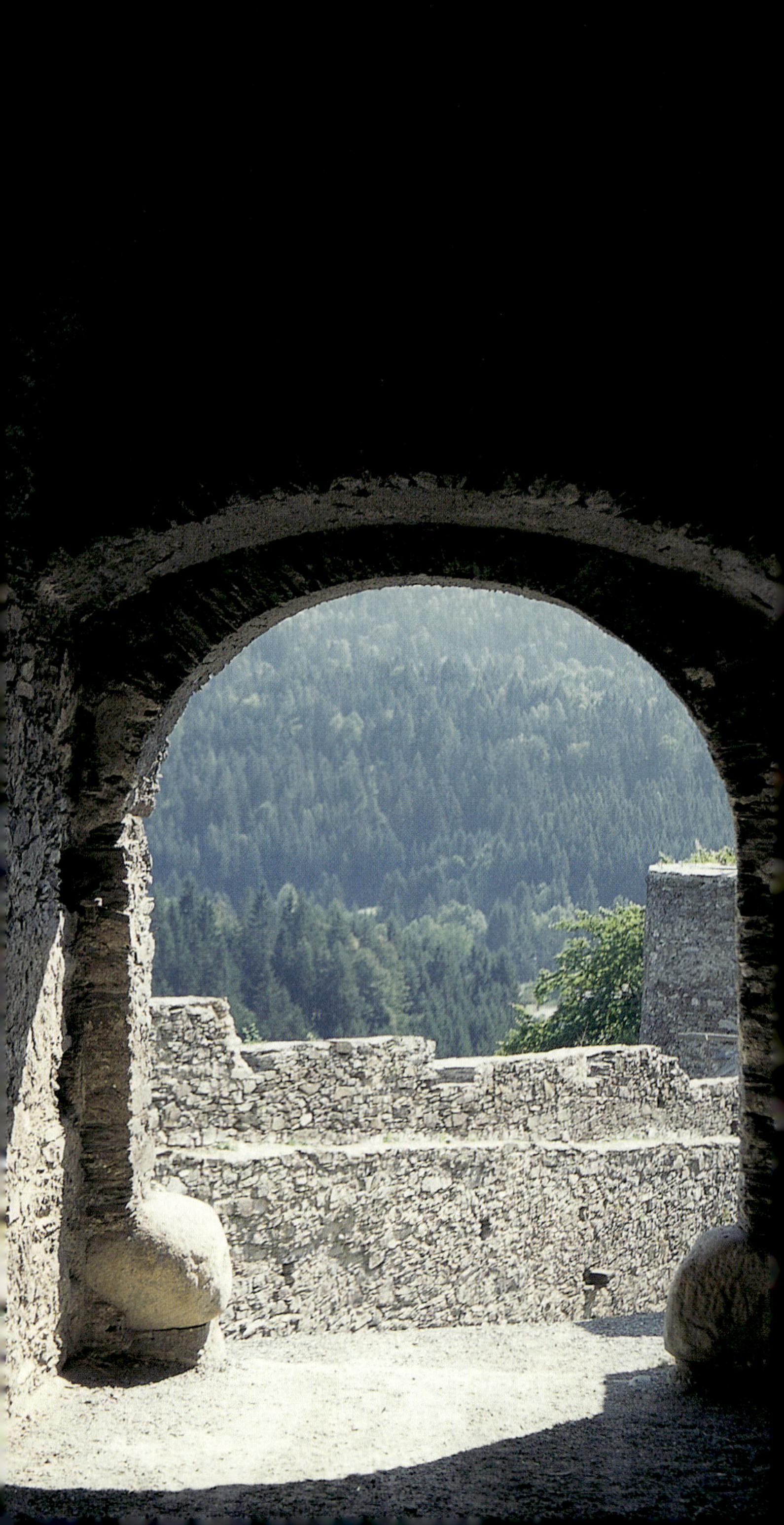

Ruine Glanegg (613 m)
Gemeinde Glanegg.

ZUR GESCHICHTE. Die in strategisch beherrschender Lage über dem hier engen Glantal liegende Ruine gehört mit einer Fläche von 7000 Quadratmetern neben Hochosterwitz und Landskron zu den drei größten Ruinen Kärntens. Sie wurde 1121 als Besitz Heinrichs III. erwähnt und vermutlich von den Salzburger Erzbischöfen erbaut. Danach wechselten die Besitzer häufig. Als die Türken von 1473 bis 1478 das Glantal durchzogen, konnte die Burg von ihnen nicht eingenommen werden. 1534 kam die Anlage an Ulrich von Ernau, einem Geschlecht, dem auch die Moosburg gehörte; er und später seine Söhne bauten sie schlossartig aus.

Die Ernauer mussten im Zuge der Gegenreformation als Protestanten das Land um 1630 verlassen, danach fanden wieder häufige Besitzerwechsel statt. 1813 hat man die Burg noch einmal gegen die Franzosen befestigt, bewohnt war sie noch bis etwa 1850, ab 1860 verfiel sie.

Seit 1996 kümmert sich ein rühriger Burgverein um die Renovierung und hat auch schon einiges wieder hergerichtet.

DIE ANLAGE. Es handelt sich um eine ausgedehnte Anlage auf einem frei stehenden und steil abfallenden Felsen. Sie ist terrassenförmig angelegt, wobei die, durch die Vorburg und den großen Zwinger mit drei Torbauten gesicherte, Hochburg auf der Spitze des Hügels steht. Die Hochburg mit dem Palas und der Ringmauer ist vermutlich

AUSGANGSPUNKT
Glanegg.

WEGVERLAUF
Beim Landhaus Mayer an der B 94 befindet sich ein großer Parkplatz, von hier aus wandert man in rund zwanzig Minuten hoch zur Ruine.

ZEIT
Reine Gehzeit etwa 40 Minuten.

HÖHENUNTERSCHIED
Etwa 100 m.

KARTE
Kompass Wanderkarte Blatt 134 Glantal-St. Veit Wimitzer Berge.

SONSTIGES
Man sollte an der interessanten Führung teilnehmen. Öffnungszeiten: Mai, Juni, September: Sa 14–18 Uhr, Juli, August: täglich außer Montag 13–19 Uhr. Auskunft: Tel. 04277 2390 oder Gemeinde 04277 2276. www.burgruine.glanegg.info.

FÜR KINDER
Die ausgedehnte Ruine wird auch Kindern gefallen.

der älteste Bauteil (11./12. Jh.); er wurde direkt auf dem Felsen errichtet und bis Anfang des 16. Jh. schlossartig ausgebaut und zu Wohnzwecken genutzt.

Schon der Zugang zur Ruine ist beeindruckend. Man geht auf dem steilen Burgweg hinauf zum äußeren Tor, das von einem rechts davon stehenden Rundturm gegen alle Seiten geschützt war. Über dem Tor liegt eine Bastei. Danach geht man zwischen hohen Mauern zur wehrhaften zweiten Toranlage. Links liegt unterhalb der Hochburg ein großer Zwinger, westlich von ihm ein weiterer, der etwas tiefer und gleich groß ist. In dieser zweiten Toranlage befinden sich innen große Balkenlöcher und schwere Türangeln; sie sind mit Gegenangeln versehen. Hier steht auch ein Römerstein, der angeblich zu früheren Zeiten einmal ein Hochzeitsgeschenk gewesen sein soll. Links liegt die ehemalige Küche; in ihr sieht man geringe Reste der einstigen Bemalung, außerdem eine nach oben führenden Treppe, die heute allerdings vor der Decke endet. Rechts befindet sich die WC-Anlage, links davon sieht man ein großes Kellergewölbe. Geht man weiter, knickt der Weg nach links ab. Links sieht man ein Steinwaschbecken, das sich neben dem heutigen Standort in der Wand befand, bei den Renovierungsarbeiten zerbrach und am heutigen Standort eingemauert wurde.

Vor dem Knick liegt rechts ein Wirtschaftsgebäude, das heute mit Erd- und Untergeschoss für Veranstaltungen genutzt wird. Besonders interessant ist das Untergeschoss, denn hier befindet sich eine noch gut erhaltene gotische Säulenhalle oder Krypta, die von achteckigen Säulen getragen wird. Es soll sich um die einzige Krypta in Österreich handeln, die sich innerhalb einer Burganlage befindet. In ihr sieht man auf der Nordseite eine Nische. Hier wurde das kostbare Salzfass aufbewahrt, aus dem nur der Hausherr zuteilen durfte.

Nun knickt der Weg also nach links ab und man kommt zum dritten Tor. Im Durchgang sehen wir am Boden alte Wagenspuren eingegraben. Danach kommen wir in den oberen oder inneren Burghof. Hier befinden wir uns in der Hochburg. Sie besitzt einen lang gestreckten Hof, in dem der Bergfried im Norden, der Palas im Süden liegt. Der romanische Bergfried aus dem 13./14. Jh. ist quadratisch und noch drei Stockwerke hoch erhalten, sein einstiger Einstieg befindet sich im ersten Stock, heute ist sein Erdgeschoss mit einem Gewölbe eingedeckt. Im dritten Stock sieht man eine Dreiergruppe von dreieckig angeordneten Fenstern. Sie wurden wie die in Kraig und Liebenfels zu Signalzwecken benutzt. Der Turm besaß einst oben ein romanisches Fenster mit dorischem Kapitell, das Anfang des 20. Jh. gestohlen wurde, heute ist nur noch die Fensteröffnung zu sehen. Der Bergfried ist aus Kalkstein gemauert, von dem man nicht weiß, woher er stammt – im Gegensatz zu den übrigen Mauern, deren Schiefermaterial aus der Umgebung kommt. Nur um das gestohlene Fenster herum sind Backsteine vermauert. Ungefähr in der Mitte sieht man die Reste eines früher verputzten Bandes, das einst mit schwarzen Tulpen bemalt war.

Hier im Burghof befindet sich ein – heute noch zugeschütteter – artesischer Brunnen, der 30 bis 50 m tief sein soll.

Südlich gegenüber dem Bergfried liegt der im 12. Jh. erbaute Palas, dahinter steht die mit Rundbogenfenstern versehene Burgkapelle. Sie wurde direkt auf die ehemalige Ringmauer aufgesetzt und bis 1862 genutzt, als die letzte Messe gelesen wurde.

Bei den Restaurierungsarbeiten des Vereins hat man viele historische Funde gemacht, vor allem unterhalb des ehemaligen Abtritts bzw. des Ausschüttlochs an der Ostseite in der Nähe der heutigen WC-Anlage: Münzen, Knochen, Bestecke, Knöpfe, einen Siegelring u.ä. Sie sollen künftig in Vitrinen gezeigt werden. Die Anlage wird heute für verschiedene kulturelle Veranstaltungen genutzt, im Juli findet ein Burgfest statt.

Renaissanceschloss Liemberg

Ruine Alt-Liemberg (ca. 1000 m)
Gemeinde Liebenfels.

ZUR GESCHICHTE. Die Burg Alt-Liemberg wurde 1147 Jahr von Graf Bernhard von Spanheim, der in diesem Jahr auch starb, seinem Neffen Ottokar II. Markgraf von Steiermark verkauft. Als Lehensnehmer lebten hier die Herren von Liemberg. Die steirischen Herzöge gaben die Burg im 13. Jh. den Grafen von Ortenburg zu Lehen, diese behielten sie auch, als die Habsburger 1335 Landesherren geworden waren. Nachdem 1420 mit Friedrich der letzte Ortenburger verstorben war, wurden die Grafen von Cilli Besitzer, nach deren Aussterben mit Ulrich II. 1456 fiel die Burg an die Landesherren zurück. Nun folgte eine ganze Anzahl weiterer Besitzer.

DIE ANLAGE. Die Ruine liegt am steilen Hang unter dem Gipfel des Gößeberges über einem vom Liembergbach durchflossenen Tal. Um die Anlage verläuft noch der Rest der Ummauerung, die nach Süden hin rund ist, sonst aber wohl polygonal gewesen sein wird. Hinter den Mauerresten eines quadratischen Anbaus steht der Rest des romanischen Rundturms mit einer Mauerstärke von 2,5 m und einem Durchmesser von etwa neun Metern. Hinter dem Rundturm befand sich der Halsgraben. Östlich dieses Turms standen weitere Gebäude. Südlich von ihm befindet sich der nahezu quadratische Bergfried/Wohnturm mit einer Seitenlänge von etwa 8,5 auf 9,5 m aus dem 13./14. Jh.. Sein heutiger, ebenerdiger Eingang ist rundbogig, der frühere auf der Nordseite lag in der Höhe; innen sieht man noch Balkenlöcher und Reste des Verputzes. Die Wohngebäude, von denen noch wenige Reste vorhanden sind, stammen aus jüngeren Perioden. Die Mauern sind aus schmalen, quer liegenden Schiefersteinen mit eingesprengten größeren Steinbrocken gemauert. Im Osten befindet sich ein Steilabfall, an dem teilweise keine Mauer nötig war. Ein Tor lag nach Süden im runden Teil der Mauer, ein anderer Eingang kam von Norden, zwischen dem runden Bergfried und der westlichen Mauer. Heute betritt man die Ruine am Besten von Norden her durch den Torzwinger, westlich des quadratischen Bergfrieds.

Das Renaissanceschloss Liemberg im Ort stammt aus der zweiten Hälfte des 16. Jh. und besitzt in seinem Südturm gekuppelte Fenster. Das Wirtschaftsstöckl unterhalb des Schlosses stammt aus dem 15. Jh. und weist profilierte Fenster aus der Gotik auf. Der unterhalb des Schlosses liegende Meierhof, Nr. 12, ist mit einem großen Walmdach gedeckt. Während das Erdgeschoss und der nördliche Teil des Obergeschosses aus Bruchsteinen gemauert sind, besteht der südliche Teil des Obergeschosses aus Holz, hier befindet sich auch ein um die Ecke reichender Balkon.

AUSGANGSPUNKT
Liemberg.

WEGVERLAUF
Eine Parkmöglichkeit besteht bei der Kirche. Wir spazieren etwas nach W zum Schloss, hier geht nach rechts ein Weg den Hang hinauf. Ihm folgen wir, immer geradeaus, und lassen uns von Abzweigungen und querenden Wegen nicht irritieren. Anfangs ein breiter Weg, wird es zeitweise ein recht wilder, zugewachsener Steig. Wo er schließlich nach rechts zieht, sehen wir rechts oben schon die Mauern der Ruine.

ZEIT
Etwa 1,5 Stunden.

**HÖHEN-
UNTERSCHIED**
Etwa 280 m.

KARTE
Kompass Wanderkarte Blatt 134 Glantal-St. Veit Wimitzer Berge.

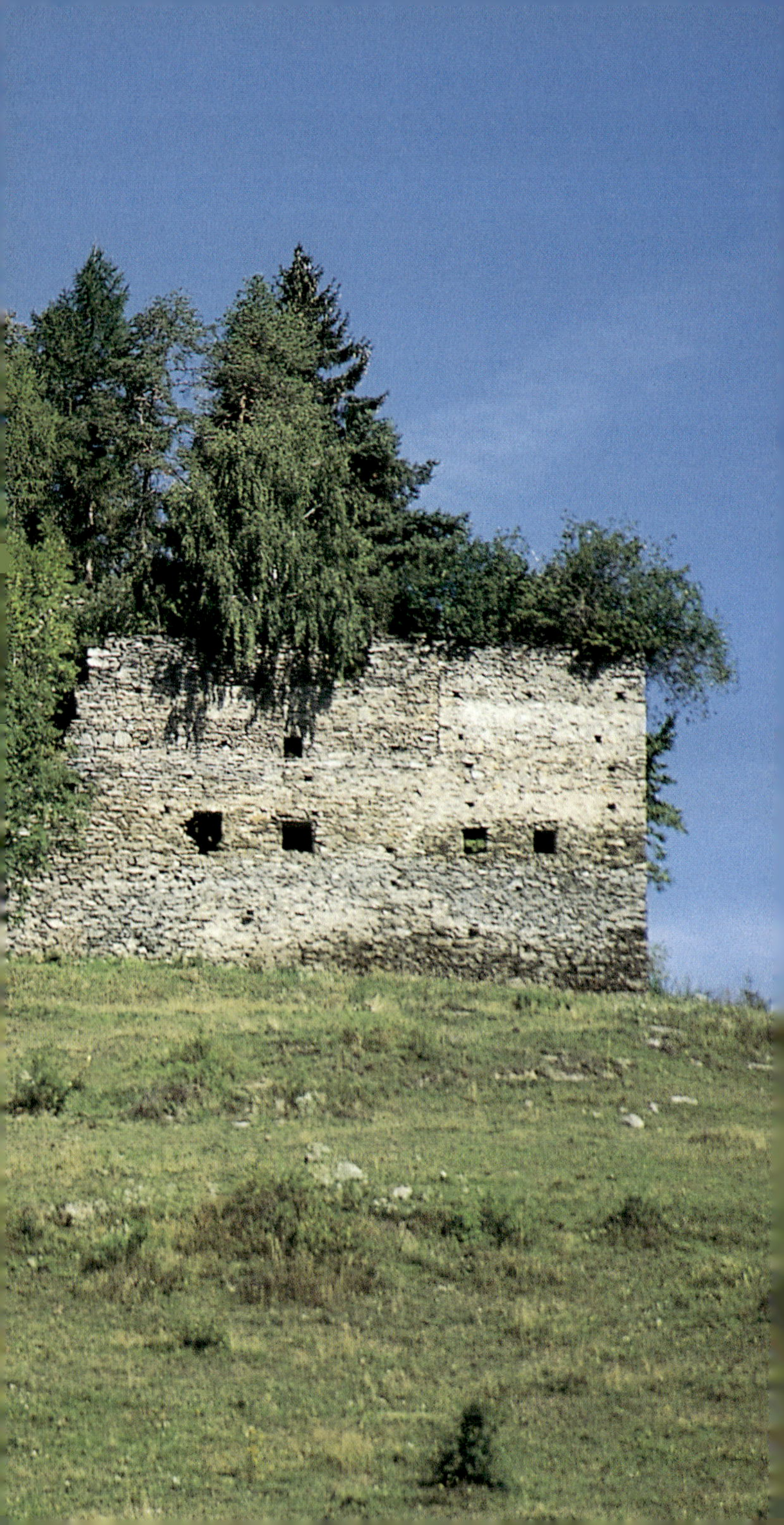

Ruine Gradenegg (994 m)
Gemeinde Liebenfels.

ZUR GESCHICHTE. Die 1192 erstmals erwähnte Ruine Gradenegg liegt südlich vom Schlossbauer in beherrschender, aussichtsreicher Lage etwa 500 m über dem Tal. Die Herren von Gradenegg (Gradnekke) wurden bereits 1192 erwähnt, der letzte war 1436 Reinprecht von Gradenegg, dem 1463 Christoph Ungnad von Sonnegg als Burgherr nachfolgte. Danach erfolgten häufige Besitzerwechsel.

Die Burg wurde wohl im 15. Jh. erweitert. 1455 wurde sie »geslos« genannt und auch zur Zeit Valvasors war sie noch gut erhalten. Interessant ist, dass die auf der Burg sitzenden Herren von Gradenegg der Sage nach das seltsame Amt des Erbmähders besaßen. Dies besagte, dass die Rechtsinhaber solange im ganzen Land Gras nach Belieben mähen durften, solange der neu gewählte Herzog auf dem Herzogstuhl auf dem Zollfeld saß. Mitte des 19. Jh. noch wurde die Anlage als Stall und Scheune verwendet.

DIE ANLAGE. Erhalten von der früher mächtigen Anlage sind Reste eines rechteckigen Bergfrieds aus der Romanik und der imposanten Ummauerung. Bis ins letzte Jahrhundert bestand um den Bergfried noch eine Gruppe von Wohnbauten aus dem 14. bis 16. Jh.. Von der Straße, von Süden her, sieht man vor allem noch die mächtige Mauer mit den Fensterlöchern, hinter ihr lag der Bergfried, getrennt durch den inneren Burghof links davon der Palas. Weitere Wohngebäude befanden sich auf der Südwestseite bzw. waren nördlich an den Palas angebaut. Ein rechteckiges Wirtschaftsgebäude war an der Nordwestecke angebaut, an der Nordostecke stand innerhalb der Ummauerung ein Turm. In der Nähe stand ein römischer Wehrturm, der 1796 infolge eines Erdbebens einstürzte. 1787 fand man in ihm einen Schatz von römischen Silber- und Kupfermünzen.

AUSGANGSPUNKT
Gradenegg.

WEGVERLAUF
Die Anlage liegt inmitten von eingezäunten Weiden südlich vom Schlossbauer. Man kann sie von der Straße, die von Gradenegg zum Wegscheider führt, gut sehen.

KARTE
Kompass Wanderkarte Blatt 134 Glantal-St. Veit Wimitzer Berge.

Ruine Hohenliebenfels (ca. 660 m)

Gemeinde Liebenfels.

AUSGANGSPUNKT Pulst.

WEGVERLAUF Man fährt von Pulst aus nach Norden. Vor dem nächsten Bauernhof führt nach rechts ein befestigter Weg direkt zur Ruine.

ZUR GESCHICHTE. Die oberhalb von Pulst gelegene, 1333 erwähnte Ruine ist eine große Anlage mit zwei hohen Bergfrieden aus der Romanik und zählt zu den eindrucksvollsten Burgen des Landes. Sie gehörte als Lehen der Kärntner Herzöge den Liebenbergern und ab 1430 den Schenken von Osterwitz. Nach einer Verpfändung 1478 ist sie nur durch einen Schuhmacher betreut worden. Da ohne Besatzung, wurde sie 1484 von den Ungarn erobert, die bis 1490 hier saßen und von hier aus das Land drangsalierten. Später wechselte sie häufig ihre Besitzer.

DIE ANLAGE. Die Burg wurde vermutlich in mehreren Etappen um die beiden romanischen Bergfriede (12./13. Jh.) erbaut. Das Mauerwerk besteht vor allem aus schmalen, waagrecht geschichteten Bruchsteinen. Um den etwa dreieckigen Hof führt eine gewaltige Mauer aus der späten Gotik, sie ist auf ihrer Nordseite rechts vom Westturm mit Zinnen bekrönt. Sie misst vom westlichen Turm bis zu dem kleinen Wehrturm in der Südecke 93 Meter, danach nach Norden bis zum Fels 22 Meter. Die Mauer im Norden ist 95 Meter lang. Man betritt die Anlage durch ein spitzbogiges Tor in der Südmauer. Gleich links davon liegt ein flacher, lang gestreckter Wirtschaftsbau, links steht auch der westliche Bergfried. Er besitzt eine Mauerstärke von 2,5 m und ist noch bis zu einer Höhe von vier Stockwerken erhalten; er ist quadratisch und seine Seitenfläche beträgt zehn Meter. An ihm sind vier schmale Schießscharten zu erkennen. Der fast hundert Meter entfernt im Osten in der Hochburg liegende Turm besitzt sogar drei Meter dicke Mauern mit einer Seitenlänge von neun Metern und eine Höhe von sechs Stockwerken.

Die in Dreiecksform angeordneten, trichterförmigen Öffnungen, die man an seiner Südwand sieht, gehörten zum mittelalterlichen Nachrichtensystem, ebenso die fünf Fenster in der nördlichen Außenmauer der Wohngebäude. Um diesen Bergfried verlief ein Gang. Beide Bergfriede besaßen hoch liegende Eingänge. Nördlich vom östlichen Bergfried liegen die Reste der aus dem 15. und 16. Jh. stammenden Wohngebäude.

Südlich vom Bergfried lag der Palas, nördlich darunter Wohn- und andere Gebäude, darunter die 1419 erwähnte Doppelkapelle St. Nikolaus, die allerdings weitgehend zerstört ist. An einer Westwand sieht man ein profiliertes rechteckiges Fenster, über diesem Reste von Malereien (Wappen) und darüber den Rest eines auf vier Kragsteinen ruhenden Gusserkers. Ein weiterer, kleinerer Turm steht auf der Südseite.

KARTE
Kompass Wanderkarte Blatt 134 Glantal-St. Veit Wimitzer Berge.

FÜR KINDER
Da man direkt bei der Ruine parken kann und sie selbst ein interessantes Bauwerk ist, wird der Besuch auch Kindern Spaß machen.

Ruine Karlsberg (730 m)
Gemeinde St. Veit an der Glan.

AUSGANGSPUNKT
Projern.

ZEIT
Etwa 1 Stunde.

HÖHEN-UNTERSCHIED
Etwa 180 Meter.

KARTE
Kompass Wanderkarte Blatt 134 Glantal-St. Veit Wimitzer Berge. Der Weg zur Ruine ist aus der Karte allerdings nicht ersichtlich.

ZUR GESCHICHTE. Die romantische Burgruine liegt auf einem heute dicht bewaldeten Berg und war Sitz eines der mächtigsten Kärntner Ministerialen-Geschlechter.

Die Anlage wurde vor 1160 erbaut. Bauherr war vermutlich der Freie Karl von Projern, von dem man zwischen 1137 und 1164 Belege hat. Nach verschiedenen Besitzern gelangte sie an die Khevenhüller. Als Paul Khevenhüller als Protestant Kärnten verlassen musste, verkaufte er Karlsberg an Franz Freiherr von Hatzfeld, den Kärntner Vizedom und späteren Bischof des Bistums Bamberg. Die Burg verfällt vermutlich schon seit Anfang des 17. Jh., als man das untere Schloss erbaute.

DIE ANLAGE. Das Betreten der Ruine ist aus Sicherheitsgründen verboten. Es stehen noch wenige, wohl aus der Romanik stammende Reste des an der höchsten Stelle errichteten Bergfrieds, der mindestens vier Geschosse besaß und an den Ecken mit Marmorquadern erbaut war. Von ihm sind noch Reste der Ost- und der Südmauer erhalten. In der Ostwand befindet sich ein etwa 1,5 m hohes Loch, darüber in beiden Mauerteilen rechteckige Balkenlöcher. Der Bergfried wurde bereits vor 1688 gesprengt, weil er baufällig war. Unten besitzt er eine Mauerstärke von über drei Metern, sein Innenmaß beträgt etwa 6,5 m.

Einige Meter nördlich von ihm am Steilabsturz steht ein weiterer, mehrere Meter hoher Mauerrest. Der Rest der Burg ist von Wald überwuchert bzw. nicht mehr zu erkennen. Westlich der Ruine liegt das zweigeschossige Schloss aus dem 17. Jh. mit einer Kapelle im Schlosshof, es wurde 1687 von der Familie Goess erworben. In ihm befinden sich einige Römersteine.

> **DER PFLEGER AUF KARLSBERG**
>
> *Einst herrschte auf Karlsberg ein Pfleger, dessen größte Freude es war, Unschuldige in den Turm werfen und foltern zu lassen. Als er eines Tages aus St. Veit, wo er Einkäufe getätigt hatte, zurückfuhr, hörte er die armen Gefangenen jammern. Er hatte nämlich vor seiner Abreise seinen Knechten aufgetragen, die Angeklagten, unter denen sich auch viele Unschuldige befanden, mürbe zu machen. Zum Kutscher gewandt sagte er: »Hörst Du, wie meine Engel singen?« Dem Kutscher wurde unheimlich bei diesen Reden. Er ließ sich rasch von seinem Kutschbock herab gleiten, schlug das Kreuz und sah sich nach seinem Herrn um. Der aber war verschwunden. Dafür entschwebte eine schwarze Wolke – den Pfleger hatte eine gerechte Strafe ereilt. An dieser Stelle errichtete die Bevölkerung später ein Kreuz, um seinen bösen Geist zu bannen.*

WEGVERLAUF
Wenn man von Hörzendorf nach Projern fährt, steht kurz vor Projern rechts eine kleine Wegkapelle. Wir gehen von hier aus zu dem nahe liegenden Gehöft und nach links durch die Anlage hindurch in den Wald. Nach einigen Minuten zieht der Weg nach rechts und führt uns zu einem querenden Weg empor. Ihm folgen wir nach rechts. Kurz darauf nehmen wir den nach links abzweigenden Weg, etwas später sehen wir links oben durch die Bäume bereits die Ruine. Wir folgen dem Weg bis auf den Kamm des Bergrückens. Wir biegen hier nach links ab und erreichen nach kurzer Zeit einen Graben und Wall, von dem aus der Burgweg steil auf die hoch auf einem Hügel stehende Ruine führt.

SONSTIGES
Man geht auf unbezeichneten Waldwegen. Das Betreten der Ruine ist verboten.

Ruine Hardegg (ca. 650 m)
Gemeinde Liebenfels.

AUSGANGSPUNKT
Zweikirchen.

ZEIT
Etwa 1,5 Stunden.

HÖHEN-UNTERSCHIED
Etwa 130 m.

KARTE
Kompass Wanderkarte Blatt 134 Glantal-St. Veit Wimitzer Berge.

ZUR GESCHICHTE. Von der hoch über dem Glantal und nordwestlich von Zweikirchen liegenden Burgruine sind noch wesentliche Teile erhalten. Die »Veste und Turm zu Hardekk« war eine der Hauptburgen der Kärntner Herzöge, die um ihre Herzogstadt St. Veit lagen. 1124 und 1142 bis 1170 wurden der Freie Meingot und sein Sohn Gotebold als Besitzer von Hardegg erwähnt. 1176 bis 1196 wohnte der Ministeriale der Kärntner Herzöge, Hartwich, auf der Burg, 1256 folgte Gisela von Mahrenberg und 1264 ihr Sohn Seifried; dieser schenkte sie dem Bischof Berthold von Bamberg unter der Bedingung, dass er im Kanaltal ein Zisterzienserkloster erbauen lassen würde. Dies wurde jedoch nie ausgeführt.

Ab dem 14. Jh. war sie Lehen der Herzöge von Kärnten, davon 1346 bis 1368 mit den Auffensteinern als Lehensnehmern. Später hatte sie verschiedene Besitzer, seit dem 17. Jh. verfällt sie.

DIE ANLAGE. Die vor allem aus der Romanik stammende Burg, eine zweitürmige Anlage, steht auf einem nach Osten und Süden steil abfallenden Fels, und bietet hervorragende Blicke ins Glantal und die Umgebung.

Auffallend in der Anlage sind die vielen Rundbogendurchgänge, -tore und -fenster.

Früher wurde der Vorhof über eine Zugbrücke betreten. Heute kommt man von Westen her durch die Reste eines Gebäudes, vermutlich eines Torbaus, in die Ruine und geht durch den ehemaligen Zwinger bis vor den rechteckigen, quer stehenden Wohnbau, hier biegt man nach rechts in den Burghof ein. Links auf der Ostseite befindet sich ein Wohnbau, rechts liegen weitere Gebäude und hinter ihnen im Südwesten der heute eingestürzte Turm. In den verschiedenen Bauteilen sollte man die gewölbten Räume beachten. An der Wand an der Westseite des Burghofes sieht man oben die Reste (Kragsteine) eines Balkons.

Von den einst zwei Türmen steht noch der nordöstliche, der mächtige Außenmauern besitzt. Er stammt vermutlich aus dem 13. Jh.; im 14. Jh. wurden innen vier Geschosse eingewölbt. Im Nordosten liegt auch der ehemalige Abtritt, dessen große Öffnung man heute noch sieht.

WEGVERLAUF

Am Ortsanfang von Zweikirchen nach rechts abbiegen in Richtung »Weitensfeld«. Gleich darauf zweigt die in diesen Ort führende Straße nach rechts ab, wir gehen aber geradeaus weiter in Richtung »Hardegg« bzw. auf dem so genannte »Wanderweg«. Nach den Häusern steigt der Weg an und führt uns in den Wald. Wir folgen den Wanderzeichen bis zum Hof Hardegg. Beim Hof zweigt nach links ein Waldweg ab, er zieht gleich darauf noch einmal nach links und bringt uns kurz darauf zur Burgruine. Alte Schilder sollen wohl bedeuten, dass ihr Betreten nicht erlaubt ist. Zurück gehen wir denselben Weg.

SONSTIGES

Wir gehen auf Forstwegen.
Das Betreten der Burgruine ist aus Sicherheitsgründen nicht erlaubt.

141

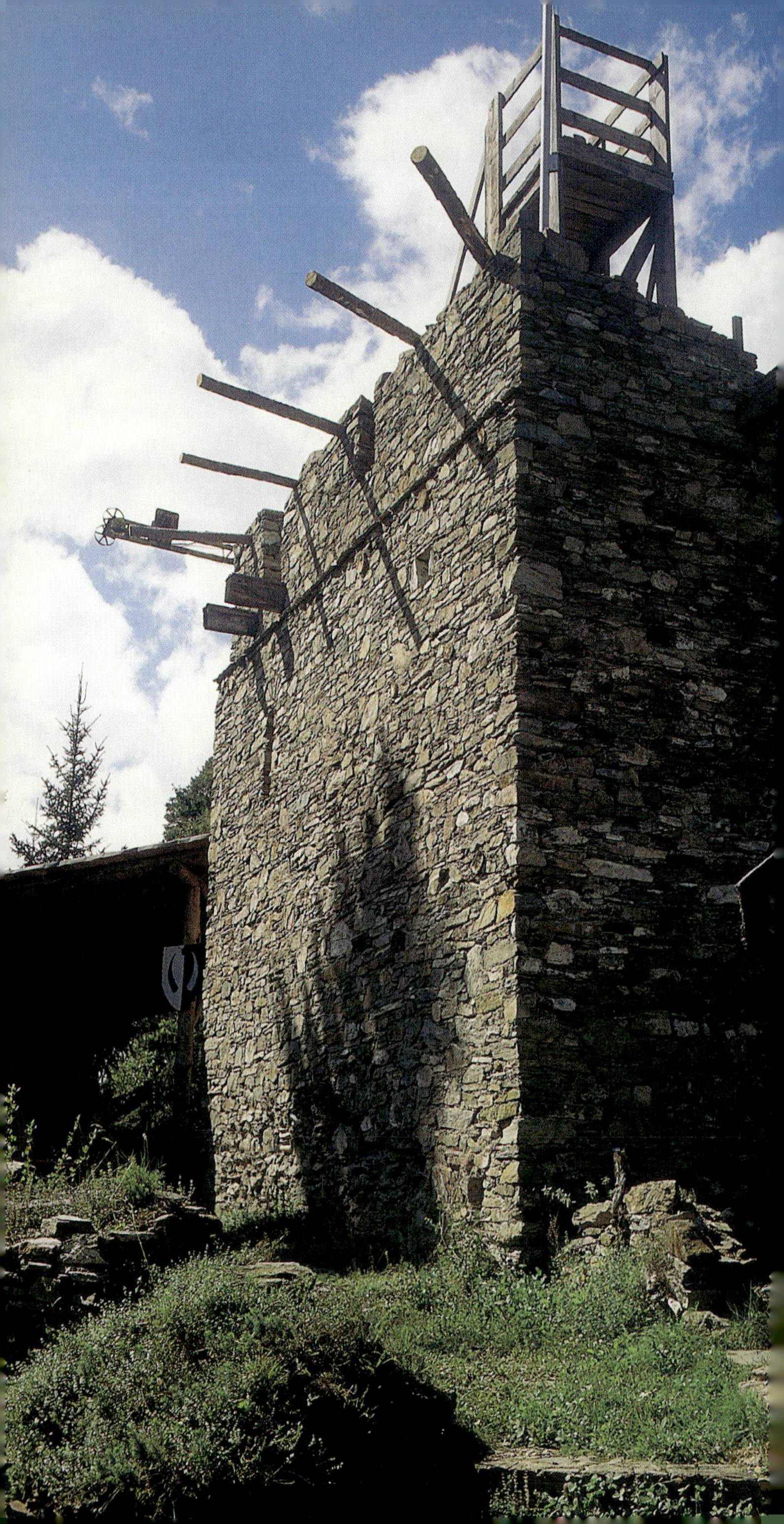

Ruine Zeiselberg (610 m)
Gemeinde Magdalenensberg.

ZUR GESCHICHTE. Die 1250 erstmals erwähnte Burg war eine wichtige Ministerialenburg und liegt auf einer Anhöhe oberhalb des gleichnamigen Ortes. Ein Hainricus (Heinrich) Ziesel (oder Zeisel) aus dem Geschlecht der Freiberger tauchte kurz vor 1200 in den Urkunden auf. Der Name Ziesel oder Zeisel spricht dafür, dass er ein guter Sänger gewesen war. Heinrich befand sich über Jahrzehnte im Gefolge des Herzogs Bernhard von Spanheim und war im Alter vermutlich ein hoch angesehener Gefolgsmann des Herzogs. Ab 1250 nannte er sich von Zeiselberg und errichtete sich seine eigene Burg. Für seine Abstammung von den Freibergern spricht, dass er mit den beiden Rinderhörnern das gleiche Wappen wie diese führte.

Heinrichs Sohn Albert war in den sechziger Jahren des 13. Jh. oberster Richter und Mundschenk des Herzogs von Kärnten. Er baute die von seinem Vater errichtete Burg aus und gehörte zu jenen Adeligen, die nach dem Tod von Herzog Ulrich 1269 den böhmischen König Ottokar von Böhmen aufforderte, die Kärntner Herzogswürde anzunehmen. Als der Böhme dann gestürzt wurde, verlor Albert wie die anderen Anhänger Ottokars seine Ämter. Da seine Söhne in jungen Jahren verstarben bzw. ins Kloster gingen, fiel sein Besitz an seine drei Töchter und ihre Gatten Reinbert von Glanegg, Fritz von Hafnerburg und Heinrich von Rohatsch.

AUSGANGSPUNKT
Zeiselberg.

WEGVERLAUF
Wir gehen von der B 92 aus durch das Dorf hindurch und hinter dem letzten Anwesen in den Wald. Nun folgen wir dem erst nach links, dann ziemlich lange nach rechts ziehenden Waldweg. Er knickt schließlich nach links ab und führt nun einige Zeit nach Westen. Dann biegt er nach links, kurz darauf nach rechts ab. Nun befinden wir uns schon im Vorgelände der Burg.

ZEIT
Etwa 1 Stunde.

HÖHEN-UNTERSCHIED
Etwa 150 m.

KARTE
Kompass Wanderkarte Blatt 134 Glantal-St. Veit Wimitzer Berge. Die Ruine und der Weg dorthin sind allerdings nicht auf der Karte eingezeichnet, im Wald findet man aber Schilder.

FÜR KINDER
Die Ruine wird Kindern sicher gefallen!

Bei den im gesamten Alpenraum stattfindenden Auseinandersetzungen nach dem Tod König Rudolfs zwischen den Habsburgern und dem mit ihnen verbündeten Kärntner Herzog Meinhard von Görz-Tirol und den Aufständischen im Jahr 1292 gehörte Fritz von Hafnerburg zu den Anführern der Aufständischen. Diese eroberten St. Veit, nahmen den Herzogsohn Ludwig gefangen und brachten ihn nach Salzburg. Die Führer der Aufständischen wurden jedoch kurz darauf durch ein herzogliches Heer gefangen genommen und zur Abschreckung von der Burg Freiberg nach St. Veit zu Tode geschleift.

Fritz von Hafnerburg entkam jedoch und floh zu Graf Ulrich von Heunburg auf die uneinnehmbare Burg Griffen. Reinbert von Glanegg verteidigte als herzoglicher Hauptmann die Stadt Völkermarkt gegen den aufständischen Grafen; er wurde im Zug des Kampfes vor Griffen aus dem Hinterhalt getötet. Der Aufstand wurde mit der Schlacht am Wallersberg im März 1293 endgültig niedergeschlagen, bei der folgenden Strafaktion gegen die befestigten Stützpunkte der Aufständischen wurde die Burg zerstört.

Nachdem Fritz von Hafnerburg nach Salzburg ins Exil geflohen war, wurde sein Kärntner Besitz beschlagnahmt und an Parteigänger des Kärntner Herzogs verliehen. Die Burg Zeiselberg gehörte damals zum Heiratsgut der Witwe Aliza des ermordeten Reinbert von Glanegg, die den aus Tirol stammenden Konrad von Auffenstein heiratete. Mit diesem reichen Gut wurde der Grundstock für den raschen Aufstieg Auffensteins gelegt, der später jahrzehntelang Landeshauptmann von Kärnten war und zahlreiche Burgen bauen ließ. Zeiselberg jedoch blieb Ruine.

Lange Zeit war von der Anlage überhaupt nichts mehr zu sehen. Seit 1989 wird sie in Privatinitiative renoviert, was hervorragend gelingt. Vorbildlich ist auch, dass die einzelnen Gebäudeteile beschriftet sind. Der Bergfried ist als Aussichtsturm gestaltet.

DIE ANLAGE. Die Ruine liegt auf einer Anhöhe zwischen dem Sechzigerberg und dem Zeiselberg. Sie war vor Beginn der Freilegungs- und Konservierungsarbeiten 1989 nahezu vollkommen verschwunden. Die Mauern bestehen aus Bruchsteinen verschiedenster Formen. Etwa zwanzig Prozent der ehemaligen Gebäudeteile sind noch in der Anlage erhalten, der Rest von rund achtzig Prozent wurde in den Häusern im Ort verbaut, da die Ruine über die Jahrhunderte wie üblich als billiger »Steinbruch« genutzt wurde. Die Anlage selbst besitzt einen ovalen Grundriss, nur im Nordosten ragte eine Erweiterung aus der Ummauerung heraus, hier war die Burgkapelle untergebracht.

Man betritt die einst große Anlage durch das Vorgelände, in dem man noch Wall und Graben sieht; früher standen hier auch Gebäude. Etwas später kommt man zum Halsgraben, der im Süden und Norden in das Steilgelände übergeht. Zum Teil wurde er aus dem Fels gehauen. Danach betritt man die ummauerte Kernanlage selbst. Am Eingangstor sieht man schön, wie es an den beiden Außenseiten sauber gemauert, innen aber gefüllt ist. Interessant ist hier auch die (von außen gesehen) links der Toröffnung am Boden liegende Drehpfanne, in der das Torblatt bewegt wurde. Im Norden bzw. Nordosten, rechts des Eingangs, lagen zwei Gebäude, ebenso links des Eingangs.

Der etwa acht Meter hohe, nun wieder zinnengekrönte Turm an der höchsten Stelle dient heute als Aussichtsturm und Ausstellungsraum. Er besaß einen im zweiten Stock liegenden Eingang, schmale Schießscharten und kleine, quadratische Fenster. Wasser erhielten die Bewohner durch eine Zisterne.

Bemerkenswert ist das umfangreiche Fundmaterial in der Anlage, insbesondere die Keramik-, Eisen- und Glasfunde (Armbrustbolzen, Ringgriffe, Teile von Schalen und Ofenkacheln, Messer, Schlüssel, Schere, Kupferkanne, Gewandnadeln). Ausgegraben und saniert ist der Wohnbereich.

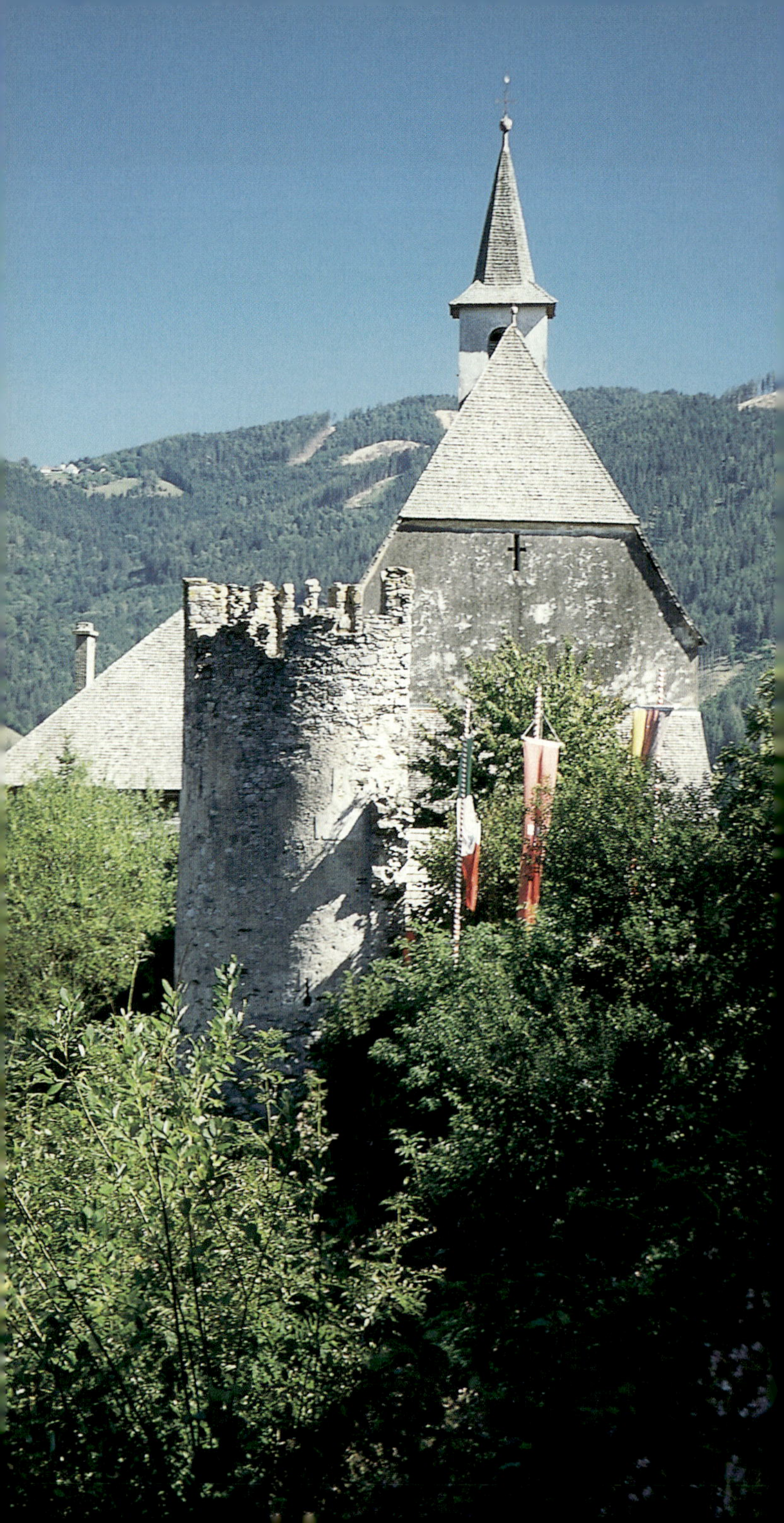

Burgenstadt Friesach

Ruine Petersberg – Ruine Lavant – Burg Geyersberg – Ruine Rotturm

Gemeinde Friesach.

Die »Burgenstadt« Friesach, einer der ältesten Orte Kärntens (1215 erstmals als Stadt erwähnt) und burgenreichste Stadt Österreichs, liegt von reichen Wäldern umgeben im breiten Tal der Metnitz nahe der nördlichen Landesgrenze. Dieses »österreichische Rothenburg« weist ein mittelalterliches Stadtbild mit zahlreichen historischen Gebäuden auf. Außer Burgen besitzt Friesach noch eine gut erhaltene Stadtbefestigung sowie fünf mächtige Tore mit Tortürmen. Ein »Burgenwanderweg« verbindet die einzelnen Anlagen.

> **DAS FRIESACHER TURNIER**
> *»Gern hielt Bernhard an seinem Hofe prunkvolle Feste, und wie es überhaupt damals in Kärnten an Ritterspielen nicht gefehlt hat, bildeten solche Turniere auch stets den Höhepunkt der Festlichkeiten. Das berühmteste war das Turnier zu Friesach im Jahre 1224, in welchem an tausend Speere verstochen wurden und 150 Ritter ihre Rosse verloren.«*
> *Heinrich Wiedmann, 1922/23*

> *1224 versammelten sich in Friesach fast alle geistlichen und weltlichen Fürsten zwischen Donau und Adria, weil der Babenberger Herzog Leopold VI. der Glorreiche einen Streit zwischen dem Kärntner Herzog Bernhard von Spanheim und dem Markgrafen Heinrich von Istrien schlichten wollte. Der Sage nach war dieser durch den Streit um eine schöne Frau entstanden, die beide begehrten, die aber Heinrich bekam. Leopold veranstaltete einen Fürstentag, zu dem der steirische Minnesänger Ulrich von Liechtenstein und sein Bruder Dietmar die Ritterschaft aus ganz Österreich und den südlich angrenzenden Ländern eingeladen haben sollen. 19 Fürsten, Grafen und Freie sowie 27 Ministeriale wurden namentlich genannt, zahlreiche Geistliche waren gekommen, außerdem 600 Ritter und ihre Begleiter. Dabei fanden Turniere, Ritterkampfspiele und mehrtägige Einzelkämpfe statt, über die Ulrich berichtete. Die Veranstaltung endete am sechsten Tag mit einem großen Turnier, und damit waren auch die Streitigkeiten beendet. Diese ganze Episode wird allerdings auch angezweifelt, da sie nur bei Liechtenstein in seinem Versepos »Frauendienst« als »turnay ze Frisach« auftaucht. Er selbst soll als Grüner Ritter an den Spielen teilgenommen haben.*

Burgen Petersberg (ca. 670 m) und Lavant

ZUR GESCHICHTE. Die Burganlagen Petersberg und Lavant sind sicherlich die bedeutendsten der Stadt und liegen auf einem lang gestreckten Bergsporn hoch über der Stadt. Mit dem großen, romanischen Bergfried und der Peterskirche beherrscht die Anlage das Stadtbild. Die höhere Burg ist die Burg Friesach oder Petersberg, die tiefere die Burg Lavant. Die Anlage wurde unter Erzbischof Gebhard 1077 erweitert und erstmals urkundlich erwähnt. 1125 wurde eine Münzstätte in der Burg eingerichtet, die die Friesacher Pfennige prägte.

Seit Ende des 12. Jh. saß hier auch der Salzburger Vizedom für Kärnten, den Lungau und das obere Murtal. Die Burghauptleute residierten seit 1267 auf der oberen Burg. Die Burganlage wurde 1480 von den Ungarn besetzt, die sie zehn Jahre lang hielten. Erzbischof Leonhard von Keutschach (1495–1519) baute die Wehranlagen dann weiter aus. Nach der Aufgabe der Landeshoheit der Salzburger Erzbischöfe erlahmte aber das Interesse an einer wehrhaften Befestigung des Petersberges. 1673 zerstörte ein großer Brand Teile der Anlage. Seit Ende des 18. Jh. verfielen die Anlagen, und im 19. Jh. wurden die Bauteile aus Holz als Brennholz entnommen.

DIE ANLAGE. Die Anlage erstreckt sich von Nordwest nach Südost. Auf der untersten Stufe stehen die Peterskirche und neben ihr der Pfarrhof. Die vor 927 und 1130 genannte, aus der Zeit der Karolinger stammende Peterskirche wurde schon als das älteste kirchliche Bauwerk Kärntens bezeichnet. Sie ging aus einer in die Ummauerung eingebauten Kapelle hervor. Ihr ältester Teil ist der massive Chorturm mit der Apsis, der vermutlich von Anfang des 13. Jh. stammt. Das breite Langhaus wurde Ende des 13. Jh. erbaut. An der Westseite befindet sich ein Rundbogenportal. Innen findet man im Langhaus eine barocke Kassettendecke. Der Hauptaltar stammt von etwa 1670/80. Innen sieht man drei Altäre, davon besitzt der linke Seitenaltar ein bemerkenswertes Altarbild der hl. Sippe (1525) von Meister Melchior. Die Kanzel (1683) ist mit Schnitzereien verziert. Von der Peterskirche aus hat man einen prächtigen Blick auf die alte Stadt und die Ruinen Rotturm und Virgilienberg. Neben der Peterskirche steht der alte Pfarrhof, ein um 1500 errichteter und im 17. Jh. erneuerter zweigeschossiger Bau.

AUSGANGSPUNKT
Friesach.

WEGVERLAUF
Die Anlage Petersberg und Burg Lavant kann entweder vom oberen Ende des Hauptplatzes zu Fuß in zehn Minuten auf 355 Stufen auf dem Narrensteig, über den Wächtersteig bei der Dominikanerkirche nördlich des Zentrums oder über eine 1,5 Kilometer lange Auffahrt erreicht werden.

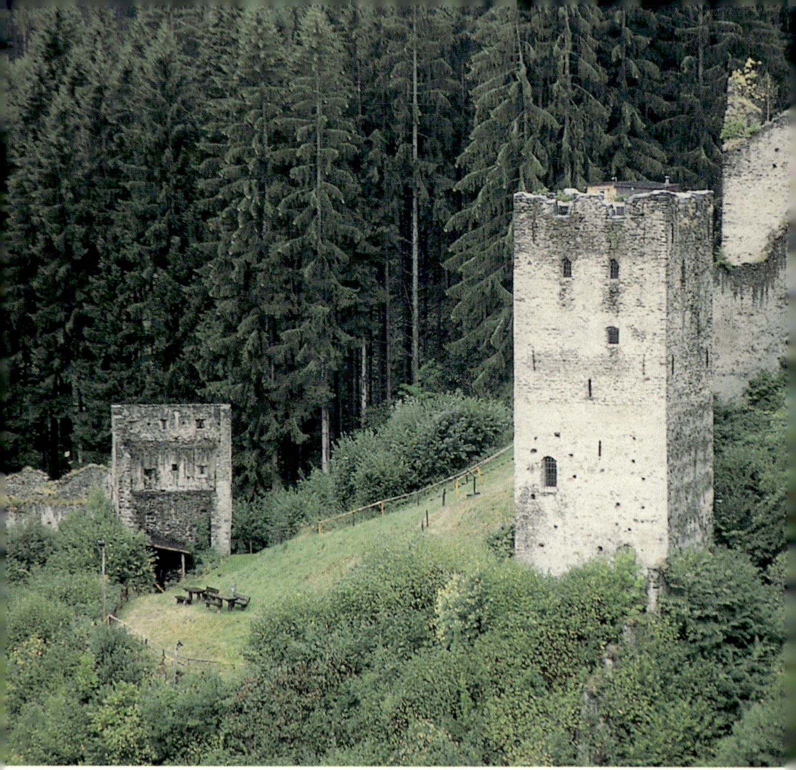

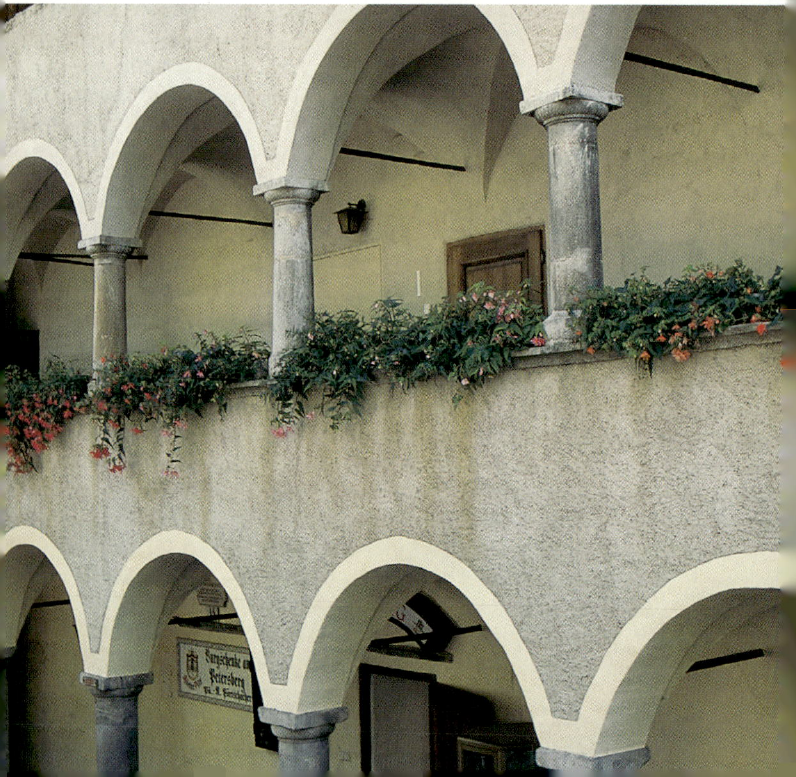
Burgschenke
Petersberg

Von der Kirche aus geht man durch den ehemaligen Friedhof und das Rundbogen-Friedhofstor über den Burgplatz zum hoch aufragenden Bergfried Konrads I. Rechts sieht man hinter dem Pfarrhof einen halbrunden Schalenturm. Die stadtseitige Mauer wurde im 12. Jh. teilweise im Fischgrätmuster gemauert.

Der sechsstöckige, rechteckige Bergfried stammt aus der Romanik (etwa 1180–1230) und ist mit 28 Meter Höhe und den Maßen 15 mal zehn Meter einer der gewaltigsten Wohntürme des deutschen Sprachraums. Im unteren Teil besitzt er schmale Fensterschlitze, oben sieht man schöne Doppelfenster mit Säulen. In ihm ist das Stadtmuseum untergebracht, das reichhaltige Bestände aus der Geschichte Friesachs, u.a. die berühmten Friesacher Pfennige, sowie zahlreiche spätgotische Bilder und Schnitzarbeiten zeigt. Interessant ist auch das Modell der Stadt, in dem man gut die ganzen ehemaligen Burgen erkennt. Im vierten Stock befindet sich die Rupertikapelle mit 1926 wieder entdeckten Fresken aus dem 12. Jh. Sehenswert sind hier der Flügelaltar, dessen Flügel von Konrad von Friesach, dem Schöpfer des Gurker Fastentuches, sein sollen, außerdem die romanische Steinplastik »maria lactans« und eine oberitalienische Holzskulptur, beides aus dem 13. Jh. Hier befindet sich auch das leider ebenfalls stark verblichene Romanusfresko von 1140 aus der ehemaligen Gebhardskapelle, das 1964 abgenommen und hierher transferiert wurde. Die Gebhardskapelle befand sich im ehemaligen Gebhardsturm, der hinter dem Bergfried lag. Im Keller befindet sich der »Kinderritterkeller«, der Kindern sicherlich viel Spaß bereiten wird.

Dahinter liegt das lang gestreckte Gebäude der Burghauptmannschaft von 1588; es war einst der Wohnsitz des Burghauptmanns und besitzt eine dreigeschossige Arkadenfront. In den beiden unteren Geschossen ist das Gebäude mit toskanischen Säulen verziert, die im dritten 1797 durch Holzstützen ausgetauscht wurden. Heute

ÖFFNUNGSZEITEN DES MUSEUMS IM BERGFRIED
Mai bis Juni und September 13–17 Uhr, Juni bis September 10–18 Uhr. Auskunft: Tel. 04268 2600.

FÜR KINDER
Interessant sind die verschiedenen Ruinen und die Ausstellungen im Bergfried bzw. im Fürstenhof.

befindet sich eine Gastwirtschaft in dem Gebäude. Man sollte sich auch die Mauerreste um dieses Gebäude herum ansehen, denn man findet so manches interessante Detail, beispielsweise gegenüber der Arkadenfront romanische Doppelfenster mit Säulen. Im vorromanischen Oberhof finden die Burghofspiele statt.

Der Weg zum Burgparkplatz führt entlang der hohen Mauer, an deren Nordwestende die Burg Lavant liegt. Diese einstige Residenz der Lavanter Bischöfe wurde 1228 erbaut und brannte 1673 ab, danach wurde sie nicht mehr aufgebaut. Sie bestand aus zwei Höfen und einer Kernburg mit zwei Trakten. Im Westen stehen die Reste des Bergfrieds. Die ruinöse Anlage ist in Privatbesitz und kann nicht betreten werden.

Stadtbefestigung und Ruine Rotturm

Die Stadt Friesach ist berühmt für ihre Befestigungsanlagen. Erhalten ist in großen Teilen noch die zehn bis elf Meter hohe und 1,5 Meter breite Ringmauer sowie der rund neun Meter breite Zwinger; der 820 Meter lange, zehn bis 15 Meter breite und fast zehn Meter tiefe Stadtgraben ist als einziger in Österreich heute noch mit Wasser gefüllt. Fünf Tortürme ermöglichen den Zugang zur Stadt.

Ein beeindruckender Überrest der Ummauerung ist die Ruine Rotturm genannte Anlage: zwei mächtige viereckige Türme aus dem 11.–13. Jh, die durch ein Stück Mauer verbunden sind. Einer wurde renoviert, in ihm befindet sich ein Seminarraum. Einst waren es vier Wehrtürme, die die Stadt nach der Seite schützen sollten, von der aus sie durch König Ottokar erobert worden war. Vom Petersberg aus hat man einen schönen Blick zu ihr. Zu der Anlage kommt man in Verlängerung des Hauptplatzes durch die Sackgasse. Für Kinder ist der »Raubrittergrillplatz« interessant.

Virgilienberg

Auf dem südlich des Zentrums liegenden Berg befindet sich die Ruine einer romanischen, später gotisierten Kirche, die 1309 nach einem Brand erbaut wurde. Sie gehörte zu einer befestigten Propstei, die 1217 gegründet wurde und früher eine bedeutende Bibliothek besaß. Als erster Propst wurde 1240 Hartwig genannt. Im 13. Jh. übten die Pröpste das Vizedomamt aus. 1309 brannte ein großer Teil der Anlage ab, wurde aber wieder aufgebaut. Nach zahlreichen weiteren Bränden im Laufe der Jahrhunderte ließ man die Anlage schließlich verfallen. Unterhalb liegt das Heidentor. Zu der Anlage, die auch oft als »romantischste Ruine Kärntens« bezeichnet wird, gelangt man, wenn man vom Hauptplatz aus der Herrengasse nach Süden folgt, dann in die Nadlergasse nach rechts und in die Lange Gasse nach links einbiegt.

Fürstenhof

Der Fürstenhof, Fürstenhofplatz 3, stammt aus dem 14. Jh. und gehörte bis 1804 den Salzburger Erzbischöfen. Er besteht aus zwei rechtwinkelig zu einander stehenden Gebäuden, direkt an der Stadtmauer bzw. dem Wassergraben. Heute dient er Ausstellungszwecken.

Burg Geyersberg (Geiersberg)

Die Anlage auf einer steilen Felskuppe am Nordende der Stadt stammt von 1130, der Zeit Konrads I. Erstmals erwähnt wurde sie 1271. Ihr Bergfried war Teil der Stadtmauer. Seit dem 13. Jh. steht die Burg in Verbindung mit dem Vizedomamt. Seit 1750 war sie unbewohnbar. Die 1911/12 im Stil des Historismus renovierte Burg besitzt einen romanischen Bergfried und in der Kapelle Fresken von Anfang des 16. Jh. Heute ist sie in Privatbesitz.

Schloss Straßburg (ca. 710 m)
Gemeinde Straßburg.

AUSGANGSPUNKT
Straßburg.

WEGVERLAUF
Man kann entweder von der Stadt aus aufsteigen oder bis vor den Burgeingang fahren.

KARTE
Kompass Wanderkarte Blatt 134 Glantal-St. Veit Wimitzer Berge.

ZUR GESCHICHTE. Die einstige Bischofsburg, vom sonst so nüchternen »Dehio« als »eine der schönsten und größten Wehranlagen Österreichs« bezeichnet und hoch über dem Ort gelegen, wurde von Roman I. (1131–67), dem dritten Gurker Bischof und Erbauer des Doms, errichtet und später mehrfach erweitert. 1147 wurde die Burg als »Strazburch« erstmals erwähnt. Hier war Jahrhunderte lang der Regierungssitz der Gurker Bischöfe. Der Bau erfolgte in verschiedenen Perioden, der Ausbau zur machtvollen und repräsentativen Burg fand vor allem unter den Bischöfen zwischen dem 14. und 18. Jh. statt. 1767 richtete ein Erdbeben schwere Schäden an. Danach erbaute Bischof Josef II. Franz-Anton Graf von Auersperg in Zwischenwässern durch den Salzburger Barockbaumeister Johann Georg Hagenauer das Schloss Pöckstein, in das er 1780 übersiedelte, so dass der Straßburger Bau, der 51 Bischöfen als Sitz gedient hatte, fortan leer stand. 1856 erlitt die Anlage einen schweren Blitzschaden, danach verfiel sie immer mehr und wurde sogar als Steinbruch verwendet, bis sie nach 1956 wieder restauriert und zum Leben erweckt wurde.

DIE ANLAGE. Die gesamte Anlage ist, außer auf der Südseite, von einer noch teilweise bis zu neun Meter Höhe erhaltenen romanischen Ummauerung aus Bruchsteinen umgeben, was einen interessanten Kontrast zum dahinter liegenden, leuchtend weiß verputzten Schloss bietet.

Das erste Tor ist heute nur ein Durchlass durch die Bruchsteinmauer, über ihm befindet sich ein Eisengestell, das den Torbau symbolisieren soll. Das zweiten Tor ist mit Wappen, einer Bischofsfigur und Säulen reich geschmückt, links daneben befindet sich ein kleines Mannloch. Nun geht man vorbei am sechsgeschossigen Faulturm (dem westlichen Bergfried) zum dritten Tor, das 1686 in vornehmen Barockformen mit zwei Rosetten gestaltet wurde. Dahinter liegt der Arkadenhof. Dieser in Renaissanceformen mit Sgraffitodekor und Säulenformen geschmückte, unregelmäßig gestaltete Hof weist eine bemerkenswerte Sammlung von Wappengrabplatten auf. Die polygonale Anlage mit dem beherrschenden Bergfried gliedert sich um den lang gestreckten Innenhof und ist bis auf die Südseite vom Zwinger umgeben. Der gleichzeitig mit der Kapelle errichtete Faulturm im Nordwesten war erst vierstöckig und wurde später aufgestockt und mit einem auskragenden, hölzernen Wehrgang versehen. Ein schräger Schacht führte zum Verlies. Der mächtige Palas westlich der Kapelle wurde in der ersten Hälfte des 13. Jh. erbaut. Das dreigeschossige Stall- und Kastengebäude an der äußeren Umfassungsmauer besaß einen Pferdestall und darüber einen Schüttboden.

FÜR KINDER
Wenn man sich nicht allzu lange in den Ausstellungen aufhält, wird ihnen der Besuch dieser Anlage sicher gefallen.

ÖFFNUNGSZEITEN
Mitte Mai bis Oktober: täglich 9–17 Uhr. Auskunft: Tel. 04266 2375-0.

SONSTIGES
Heute befinden sich volkskundliche Sammlungen mit interessanten Exponaten (sakrale Kunst, bäuerlicher Hausrat und Arbeitsgeräte) und ein Jagdmuseum in der Anlage.

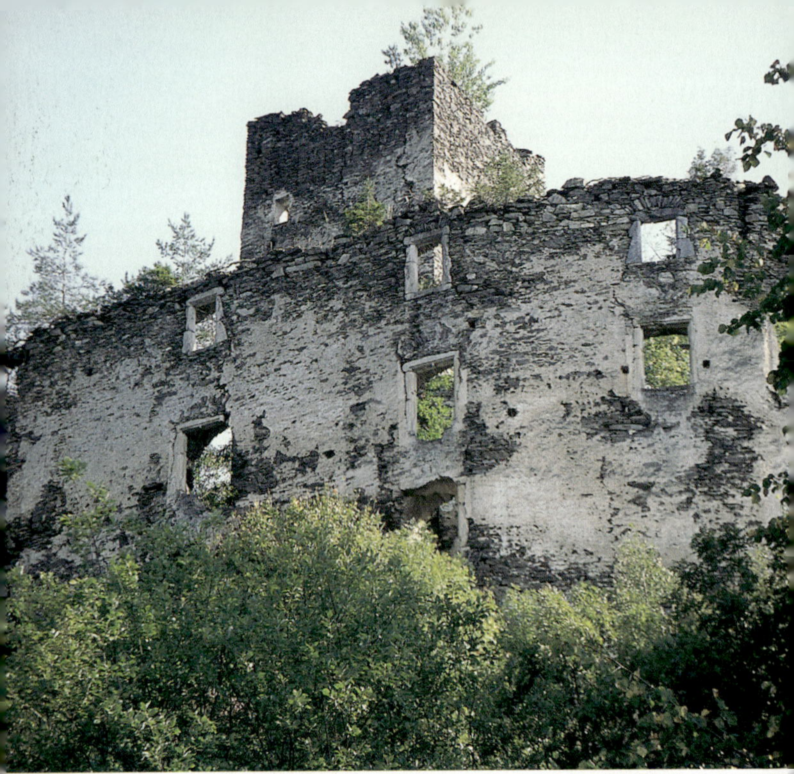

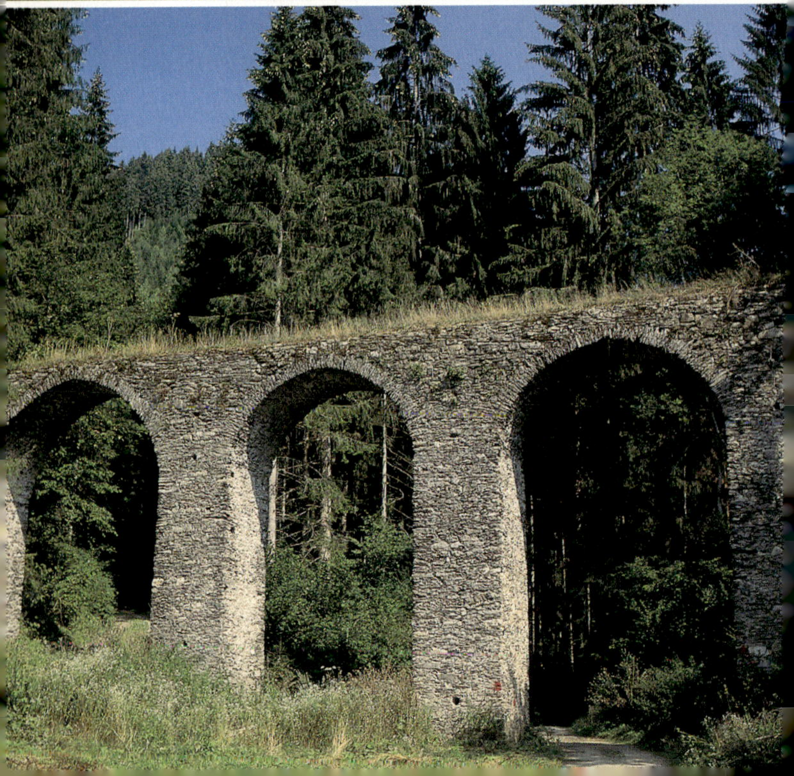

Kraiger Schlösser

Niederkraig (ca. 770 m)
– Hochkraig (ca. 850 m)
Gemeinde Frauenstein.

ZUR GESCHICHTE. Die so genannten Kraiger Schlösser sind Burgruinen aus der Romanik und Gotik. Die Herren von Kraig gehören zu den mächtigsten Kärntner Ministerialengeschlechtern, der letzte Vertreter der Familie Kraig starb 1564. Die Schlösser gehörten 1558 den Grafen Hardegg und danach der Familie Khevenhüller. 1629 verkaufte Paul Khevenhüller Kraig, da er als Protestant das Land verlassen musste. Kraig kam dann nacheinander an die Familien Grottenegg, Maierhofen und Bogner, seit 1822 an die Goëß. Die Burgen waren bereits Anfang des 17. Jh. verfallen.

Niederkraig

DIE ANLAGE. Das ausgedehnte Nieder- oder Neukraig liegt wesentlich tiefer als Hochkraig. Man erreicht es auf einem von Süden kommenden alten Reitweg. Das äußere Burgtor lag an einem steilen Punkt, um so das Gelände gut ausnützen zu können. Zum Oberen Burghof führte eine Flankenmauer. Direkt links hinter der Toranlage wurde um 1730 die Kapelle St. Johannes Nepomuk in einen isoliert stehenden Rundturm eingebaut. In ihre Außenwand sind einige römische Reliefs eingemauert. Nach dem Tor führt der Weg hinauf zum zweiten Tor; dieses war durch einen kleinen Wachtturm gesichert. Nach rechts kam man in den eigentlichen Burghof, an seiner Ostseite steht der mächtige südliche Bergfried mit seinen fünf Geschossen. Der nördliche Bergfried besitzt trichterförmige Schlitze, die vermutlich Signalzwecken dienten. Ähnliches sieht man auch in den Burgen Liebenfels, Glanegg und Mannsberg. Balkenlöcher, Reste von Tragebalken und sich nach innen verbreiternde Schießscharten sind ebenfalls zu erkennen. Die Eingänge zu beiden Bergfrieden

AUSGANGSPUNKT
Kraiger See bzw. Schloss Frauenstein.

ZEIT
Niederkraig etwa 2 Stunden, Hochkraig etwa 1 Stunde zusätzlich.

HÖHEN-UNTERSCHIED
Bis Niederkraig etwa 150 m, bis Hochkraig zusätzlich etwa 160 m.

KARTE
Kompass Wanderkarte Blatt 134 Glantal-St. Veit Wimitzer Berge. Die genaue Lage der Burgen und vor allem die Zugänge sind aber nicht aus der Karte ersichtlich.

FÜR KINDER
Vor allem Niederkraig ist eine für Kinder herrliche Anlage, man sollte nur wegen der ungesicherten Steilabbrüche äußerste Vorsicht walten lassen.

lagen wie üblich in den oberen Stockwerken und wurden durch Leitern erreicht.

Die Gebäude um den südlichen Bergfried stammen aus der Gotik, der dreigeschossige Palas, der noch in Resten erhalten ist, stammt aus dem 16. Jh. Westlich von diesem Bergfried befand sich eine Halle, von der man heute noch Gewölbereste erkennt, nordöstlich lag ein Zwinger.

Hochkraig

DIE ANLAGE. Sie ist die ältere der beiden Burgen und liegt auf einem steilen Fels. Ihr mächtiger romanischer Bergfried besitzt teilweise abgerundete Ecken. Erhalten sind noch Reste der gotischen Wohn- und Wirtschaftsbauten, nicht zugänglich sind die Reste der tiefer liegenden romanisch-gotischen Kapelle.

Man geht zuerst durch den Torbau. Auf seiner Innenseite sieht man Balkenlöcher, darüber Zinnen. Beachten sollte man hier die herrliche Aussicht nach Süden. Wir befinden uns in einem Vorhof, links steht eine Ummauerung, hinter der der Bergfried liegt. Dann geht es nach links in den Palas; hier kommt man allerdings nicht mehr weiter, weil der Zugang ins tiefer liegende Geschoss fehlt. Die Anlage ist aus schmalen, schiefrigen Bruchsteinen gemauert. Interessant ist, dass man den Übergang vom Fels zum Mauerwerk manchmal kaum erkennen kann. Nördlich der Anlage befinden sich auf einem Felsen die Vorburg und ein allein stehender, quadratischer Turm aus dem 11./12. Jh. mit einem kleinen Vorhof und den Resten einer Zwingermauer.

In der Nähe der beiden Anlagen ist noch das zehn Meter hohe und vierzig Meter lange Kraiger Viadukt (oder Äquadukt) mit seinen drei Bögen sehenswert, das entweder als mittelalterliche Wasserversorgung angesehen werden kann, oder auch nur ein Übergang über das Tal war.

Die Schlösser liegen in einem 532 Hektar großen Landschaftsschutzgebiet, zu dem auch der Kraiger See gehört.

**SCHLÖSSER, BURGEN UND RUINEN
– NICHT ZU BESICHTIGEN**

In der Nähe von Hoch- und Niederkraig liegen noch andere Burgen und Ruinen, die zwar nicht zu besuchen, trotzdem aber interessant sind.

Schloss Frauenstein wurde im 12. Jh. erwähnt und von den Vrawensteinern erbaut, heute gilt die imposante Anlage mit ihren sechs Türmen als eines der besterhaltenen Beispiele spätmittelalterlichen Burgenbaus in Kärnten. Dass das nicht zugängliche Schloss (Privatbesitz!) ursprünglich von einem breiten Wassergraben umgeben eine Wasserburg war, sieht man noch an den verbliebenen Teichen.

Die Burg Freiberg liegt auf einem Bergkegel in der Nähe von Schloss Frauenstein.

Die 1181 als »castrum vrieberch« erwähnte Burg wurde von Herzog Bernhard von Kärnten (1202–1256), dem wohl bekanntesten Spanheimer, anstelle einer früheren Burg erbaut und seinen Ministerialen überlassen. Sie war einst eine Hauptburg der Kärntner Herzöge und eine der größten Anlagen des Landes, auf ihr saßen Anfang des 12. Jh. die Freiberger, eine Familie von Ministerialen, die verschiedene Funktionen in Kärnten bekleidete, zuerst aber dem Gurker Bistum und erst ab 1254 dem Kärntner Herzog diente. 1325 war die Burg Sitz eines umfangreichen Landgerichts, das erst vermutlich in St. Veit saß und zu dem die Gebiete St. Veit, Karlsberg, Hardegg, Hallegg und die Bezirke der späteren Landgerichte Glanegg und Himmelberg gehörten. Damit war das Freiberger Landgericht eines der vier größten im Herzogtum Kärnten. Die Burg wurde schon 1464 als Ruine genannt, und 1553 als »öder Turm« bezeichnet. Sie ist heute privat und nicht zu besichtigen. Zu sehen ist aber von weitem der wieder errichtete romanische Bergfried, daneben erblickt man das Dach einer Kapelle.

Schloss Frauenstein

Ruine Niederkraig, Römerstein

> *Die anderen Anlagen kann man in einer kurzen Fahrt erreichen. Man fährt von Obermühlbach über Hintnausdorf zur Landstraße und folgt ihr nach Norden. Hier kommt man am Schloss Dornhof vorbei, kurz danach liegt links oben die Burg Nussberg. Etwas weiter kommt Schaumboden, wo die Ruine Schaumburg liegt.*

DER WEGVERLAUF. Bei den Hotels am Südende des Kraiger Sees orientieren wir uns rechts (Panoramaweg Nr. 27). Nun geht es nach Norden, wir treffen auf einen Schotterweg an seiner Kurve und gehen auf dem linken Teil hinauf. Der Weg zieht nach links und bringt uns nach einer Weile zum 1994 neu geschaffenen Burgteich. Zwischen beiden Teichen hindurch auf die rechte Seite gehen, links sehen wir bereits den nördlichen Bergfried von Niederkraig. Auf der anderen Seite wandern wir nach links weiter. Nach einiger Zeit kommen wir zum Viadukt, kurz danach zweigt nach links ein Weg ab. Er bringt uns auf einem Pfad nach links steil empor nach Niederkraig.

Anschließend können wir noch nach Hochkraig wandern. Hierzu gehen wir zurück bis zum Weg, an dem rechts der Viadukt liegt und halten uns links. Nach einiger Zeit liegt rechts eine kleine Weide, dahinter verzweigt sich der Weg. Wir nehmen den rechten in Richtung »Frauenstein« Kurz danach zweigt nach rechts, praktisch zurück, ein Steig ab. Er bringt uns steil empor und führt uns durch einen Hohlweg zum Grat. Nach rechts erreichen wir in wenigen Minuten die Ruine. Zurück gehen wir denselben Weg. Etwas kürzer ist es, wenn wir bei Schloss Frauenstein starten. Man geht hierzu links an der Schlossanlage vorbei, hält sich am Teich links durch das Törlein und dahinter im Wald rechts. Beim zweiten Teich zieht erst der Weg nach links hinauf nach Hochkraig, zurückgekehrt folgt man dem Waldweg weiter und kommt zum Viadukt, vor dem man aber nach rechts nach Niederkraig abzweigt.

Ruine Taggenbrunn (570 m)
Gemeinde St. Georgen am Längsee.

AUSGANGSPUNKT
Goggerwenig.

WEGVERLAUF
Der Weg zur Ruine, die man direkt anfahren kann, ist ab der B 82 ausgeschildert. Auch von der B 83 wird man zur Ruine geleitet.

KARTE
Kompass Wanderkarte Blatt 134 Glantal-St. Veit Wimitzer Berge.

ZUR GESCHICHTE. Die große Ruine liegt weit sichtbar auf einem Bergkegel über dem Glantal im Osten des St. Veiter Beckens. Die 1157 als »castrum Takenbrunne« erstmals erwähnte Anlage gehörte dem Bistum Salzburg und war ein wichtiger Stützpunkt der Erzbischöfe zur Sicherung ihrer Ansprüche vor der Herzogstadt St. Veit. 1479 wurde die Burg vorübergehend von den Ungarn besetzt, ein Jahr später von kaiserlichen Truppen erobert und zerstört. Sie blieb nun kaiserlich und kam erst 1494 an Salzburg zurück. Daher geht die heutige Anlage vorwiegend auf die 1492 bis 1497 unter Erzbischof Leonhard von Keutschach erfolgten Baumaßnahmen zurück, der sie zur Festung ausbauen ließ. Es folgten mehrmalige Besitzerwechsel, 1818 soll die Anlage bereits Ruine gewesen sein und der Zugang durch die verfaulte Zugbrücke kaum möglich. Seit 1858 ist sie in privater Hand.

DIE ANLAGE. Wenn man vor der Burg steht, erweckt sie mit ihren mächtigen Rundtürmen an den Ecken einen abweisenden und stolzen Eindruck, vergleichbar mit manchen spanischen Kreuzritterburgen. Die Anlage ist aus Bruchsteinen, von kleinen bis zu mächtigen Brocken, gemauert. Der Kern der ummauerten Anlage ist der Palas, der um einen kleinen Hof errichtet wurde; angebaut sind die Stallungen und die Unterkünfte für die Mannschaft. Erhalten sind Reste des Neubaus aus dem 15. Jh., die unregelmäßige Ringmauer mit drei vorstehenden, bis zu fünf Stock hohen Rundtürmen mit Schießscharten und einem einst mit einer Zugbrücke versehenen Tor. Vom Ostturm zum Palas gibt es noch eine auf Spitzbogen ruhende Brücke. Am Ostturm sieht man außen noch Kragsteine, die wohl zu einem Balkon oder Gusserker und einem Abtritt gehörten, außerdem eine schöne Schlüsselscharte. Auch der Südturm (Hildegardturm) besitzt unten eine Schlüsselscharte. An der Nordecke steht der Heinrichturm, der als Aussichtswarte rekonstruiert wird. Auch er ist ein ehemaliger Geschützturm und stammt aus der Erbauungszeit Leopolds von Keutschach.

Zwischen der äußeren Ummauerung und dem inneren Gebäudekomplex verlief der Zwinger, in dem Gebäudeteil, der nach dem Eingang links vom Durchgang zum inneren Burghof liegt (heute Gaststube), befand sich im Obergeschoss die Kapelle St. Johannis. Rechts dieses Durchgangs lag der Palas, der eine gotische Halle besaß. In der Nordostecke des Gebäudekomplexes befand sich ein weiterer Palas. Von Nord nach Süd verlief auf der Ostseite des inneren Burghofes eine Mauer, außen an sie waren im Zwingerraum Gesindekammern angebaut. Wasser erhielten die Burginsassen durch einen Brunnen und eine Zisterne.

AUSKUNFT
Burgvogtei Taggenbrunn,
9300 St. Veit/Glan,
Leopold Fasching,
Tel. 0664 6337183.

ÖFFNUNGSZEITEN
April, Mai, Oktober
Di–So 14–20 Uhr;
Juni, Juli, August
Di–So 14–22 Uhr,
Fr, Sa bis 24 Uhr;
März, November,
Dezember Sa,
So, Fei 14–20 Uhr.

FÜR KINDER
Nach vollständiger Renovierung für Kinder interessante Anlage.

Burg Hochosterwitz (681 m)
Gemeinde St. Georgen am Längsee.

ZUR GESCHICHTE. Die Burg Hochosterwitz, sicherlich die berühmteste Burg Kärntens, liegt auf einem rund 160 m hohen Kreidefelsen. Die Gegend war schon früh besiedelt, denn hier vermutet man auf Grund von Funden eine Besiedlung bereits in der frühen Bronzezeit, und auch ein römischer Wachtturm soll hier gestanden haben.

860 wurde erstmals ein Bauerhof als »ad Astarnuiza«, also »bei Osterwitz«, erwähnt, die Burg wurde um 1150 genannt. Sie war bis um 1150 im Besitz des Erzbistums Salzburg, dann bis 1478 als Lehen der Landesfürsten im Besitz der Herren von Osterwitz. Georg Freiherr von Khevenhüller (1534–1587), Landeshauptmann von

Kärnten und Geheimer Rat von Erzherzog Karl von Innerösterreich, kaufte 1571 die Burg samt Herrschaft, der Familie gehört sie noch heute.

> **DIE KHEVENHÜLLER**
> *Die Khevenhüller sind ein altes Geschlecht: 1148 kam der erste Khevenhüller aus Kevenhüll bei Beilngries in der Oberpfalz (Deutschland) als bischöflicher Kommissar für die Güter des Bistums Bamberg nach Kärnten. Er wurde zunächst mit dem Schloss Aichelberg belehnt. Das Geschlecht entwickelte sich im Laufe der Zeit zu einem der bedeutendsten in Österreich und wurde 1566 in den Grafen-, 1763 in den Fürstenstand erhoben.*

Georg ließ Hochosterwitz wegen der drohenden Türkengefahr 1570 bis 1586 ausbauen (14 Tore!) und richtete eine Waffenkammer ein. Die wehrhafte Burg wurde im Laufe ihrer Geschichte auch niemals eingenommen.

Die Anlage lag Georg sehr am Herzen, wie man auch aus seinem Testament ersieht, in dem er schrieb: »Er hat angeordnet, daß diese Burg von seiner Familie niemals wegkomme, weder durch Verkauf, Schenkung, Veränderung, als Heiratsgut, als Unterpfand, durch Teilung, Ausleihen noch auf irgendeine andere Weise eine Besitzverminderung Platz greife.«

DIE ANLAGE. Berühmt sind vor allem die 14 Tore der Burg. Sie sind teilweise aus rotem Sandstein, teils aus grünem Chloritschiefer erbaut und mit weißem Kalkstein oder Marmor verziert. Die Tore wurden über eine Zeit von 13 Jahren errichtet und sind, jedes für sich, eigene, kleine Festungen, die vom Feind hätten nacheinander erobert werden müssen – was jedoch kaum einer versuchte und niemand geschafft hat. An den Burgtoren findet man eine Beschreibung über das jeweilige Bauwerk. Von unten beginnend sind es folgende Tore:

Burg Hochosterwitz (Foto: Michael Leischner)

1. Das Fähnrichstor besaß früher eisenbeschlagene Tore. Der Schlussstein zeigt ein Jesuskind mit Fahne und Lamm, darüber ein Jesus-Monogramm und das mit 1575 bezeichnete Wappen des Georg Khevenhüller. Die Wandmalereien mit den Fahnen schwingenden Landsknechten wurden 1957 erneuert. Das Relief mit der Frauenbüste an der rechten Ecke soll der Sage nach Margarete Maultasch darstellen, die angeblich die Burg 1334 erfolglos belagert haben soll.

2. Das Wächtertor hat seinen Namen nach der Wächterstube im Obergeschoss. Es besitzt ein rundbogiges Rusticaportal, darüber einen zweifenstrigen Gusserker auf Kragsteinen. Der Schlussstein mit dem Christus- und dem Engelskopf ist mit 1577 bezeichnet.

3. Am Nautor sieht man einen Inschriftstein mit der Jahreszahl 1583, es besitzt ein rechteckiges Tor.

4. Das Engelstor ist ein mächtiges Bauwerk, dabei sind ein Kampfplatz und ein Wachthaus. Es besitzt ein mächtiges Rusticaportal aus rotem Sandstein mit Marmorfiguren und Kämpfern. Der Schlussstein mit dem Engelrelief ist mit 1577 bezeichnet.

5. Am Löwentor sieht man ein graues Rusticaportal und einen Schlussstein mit Kreuz, Texttafel und Jesusrelief. Die eisenbeschlagenen Tore sind mit Löwen bemalt.

6. Das Mannstor besitzt einen Inschriftstein mit der Jahreszahl 1578. Die Torflügel öffnen sich gegen den Feind. Es war durch Schießscharten, ein Gussloch, ein Geschütz und eine Bastei auf der Talseite geschützt.

7. Die am aufwändigsten gebaute Toranlage ist das Khevenhüllertor, es besitzt drei Geschosse und ist mit Zinnen versehen, das Obergeschoss liegt auf Kragsteinen. Hier gibt es auch eine Reihe von Schusserkern. Das rundbogige Tor ist von einer Rusticaumrahmung aus grünem Schiefer umgeben, am Schlussstein befinden sich ein Löwenkopf und das Wappen der

AUSGANGSPUNKT
Parkplatz unterhalb der Burg.

WEGVERLAUF
Die Besichtung der gesamten Anlage einschließlich der Burgkirche und sämtlicher Tore stellt bereits ein ausgefülltes Programm dar.

SONSTIGES
Öffnungszeiten: Karwoche bis Oktober: täglich. 8.30–18 Uhr.
Auskunft: Tel. 04213 2507.

FÜR KINDER
Interessante Anlage, auch der Aufzug wird sie faszinieren.

Khevenhüller mit den Jahreszahlen 1580 und 1582. In einer Nische sieht man ein Marmorrelief mit einer Abbildung des Bauherrn der Burg, Georg II. Khevenhüller.

8. Das aus rotem Sandstein erbaute Landschaftstor ist über einer Felsschlucht erbaut. Die Zugbrücke ist innerhalb des Tors um eine Mittelachse drehbar angeordnet; dies alles bedeutete, dass ein eindringender Feind plötzlich vor einem gewaltigen Abgrund gestanden wäre und nur die verschlossene Zugbrücke gesehen hätte! Das Tor ist mit Diamantquadern eingefasst, darüber sieht man das Wappen Kärntens und eine Stiftungsinschrift (1570).

9. Am etwa 1575/80 errichteten Reisertor sieht man einen Inschriftstein mit einer geflügelten Sanduhr und einer Waage.

10. Beim Waffentor findet sich über dem mächtigen Rundbogentor ein Reliefstein mit dem Bildnis von Erzherzog Karl und eine mit 1576 bezeichnete Inschrifttafel.

11. Das Mauertor ist mit 1575 bezeichnet, die Torgewände sind aus Chloritschiefer.

12. Das mit 1575/80 bezeichnete Brückentor besitzt im Obergeschoss eine Kettenwinde für die Zugbrücke.

13. Das Kirchentor ist an die Bastion des Wachtturmes angelehnt und mit 1578 bezeichnet.

14. Das Kulmertor hat seinen Namen nach den Kulmern, die lange Zeit Pfleger der Burg waren. Es ist mit 1575 bezeichnet und besitzt eine Zugbrücke, einen Fallbaum und ein Fallgatter. Das Rusticaportal besteht aus rotem Sandstein. An der nordwestlichen Außenmauer nach ihm befindet sich eine Inschrifttafel mit der Jahreszahl 1576, ebenso ist nach dem Tor ein Römerrelief mit einer Opferdienerin eingemauert.

Man kann zur Besichtigung entweder den 620 Meter langen Burgweg durch die 14 Tore hinaufgehen oder mit der wagemutig in den Fels gebohrten Bahn hoch fahren und später hinab marschieren. Nach den Toren geht man durch den mit Eckbastionen versehenen Zwinger auf einer steilen Treppe zur Hochburg, die ebenfalls durch Ecktürme und eine Wehrmauer geschützt ist. Dieser Teil der Anlage wurde 1575/76 auf einer älteren Burg umgebaut. Der südliche Bau stammt von 1683. Der kleine Burghof, den man zuerst erreicht, besitzt einen Laubengang und eine Zisterne.

Über eine breite Stiege kommt man in den mit Kastanienbäumen bewachsenen großen Burghof, auch hier gibt es Laubengänge an der West- und Südseite. Er besitzt ebenfalls eine Zisterne. Außerdem befinden sich verschiedene Römersteine in der Anlage. Interessant ist auch das kleine Museum mit den alten Bildern, Waffen und Rüstungen, darunter die eines 2,25 Meter großen ehemaligen Burgkommandanten.

Die im Kern romanische Burgkapelle St. Nikolaus wurde 1321 erwähnt und befindet sich in der Ostmauer des großen Burghofes. Ihre heutige Form stammt jedoch von 1568. Sie besitzt schöne Malereien an Decke und Wänden von etwa 1570, u.a. Stifterbilder von Balthasar und Margarethe Kulmer von 1567 und 1576, einen Knorpelwerkaltar und ein Holzbild des Erbauers Georg Khevenhüller mit seinen zwei Frauen und sieben Kindern. Interessant ist auch die Burgkirche hl. Johann Nepomuk und hl. Nikolaus (1586) unterhalb der Anlage, die am Eingang mit schönen Skulpturen geschmückt ist. Dieses Portal wurde wahrscheinlich in Italien gefertigt. Die Kirche besitzt einen barocken Hochaltar von 1729 aus der Werkstatt Johann Pachers und eine Kanzel von etwa 1700.

Etwas weiter entfernt findet man das von einem Park umgebene Schloss Niederosterwitz, das 1541 von Christoph Khevenhüller gekauft wurde. Seit 1690 ist es der Wohnsitz der Familie.

Ruine Grünburg (1009 m)
Gemeinde Klein St. Paul.

ZUR GESCHICHTE. Die Ruine Grünburg liegt am westlichen Abhang der Saualpe. Auf der Burg saßen vermutlich zuerst im 11. Jh. Lehensleute der Görzer Grafen bzw. der Bamberger Bischöfe, im 12. Jh. dann ein Ministerialengeschlecht, das den Salzburger Erzbischöfen diente.

Im 14. Jh. lebten hier Ministerialen von Himmelberg. Nach verschiedenen Besitzern gehörte sie ab dem 15. Jh. Kaiser Friedrich III., ab 1543 Hans Leonhard von Windischgrätz und ab 1629 Georg Friedrich von Ambthofen.

Schließlich wurde die Anlage in den Besitz Eberstein einverleibt. Die Burg wurde vermutlich im Laufe des 17. Jh. aufgegeben, wann der Verfall einsetzte, ist nicht bekannt.

DIE ANLAGE. Die einst mächtige hochmittelalterliche Burg besteht heute aus Bauelementen von der Romanik bis zur Renaissance.

Man kommt vor der Anlage durch den tiefen Graben, dann steigt der Pfad hoch zur Ruine des Vorwerks, das ab dem 13. Jh. errichtet wurde. Man betritt sie durch eine große Toröffnung, links sieht man die Mauerreste eines Gebäudes. Die polygonale Ringmauer aus dem 14. Jh. ist zum großen Teil noch erhalten. Sie besitzt mächtige Zinnen, außerdem sieht man Balkenlöcher. Der aus der späten Romanik stammende Bergfried ist ein mächtiger Rundturm. Er ist noch sechs Geschosse hoch und 3,20 Meter stark. Der rundbogige Eingang befand sich im zweiten Stock. Er besitzt schmale Schießscharten.

Von der aus dem 12. Jh. stammenden, stark zerfallenen Hauptburg liegen die ältesten Teile im Osten und Süden. Der Palas ist vom Zwinger umgeben. In die Mauer sind die Reste der zweigeschossigen romanischen Burgkapelle eingemauert. Sie wurde im 14. Jh. um einen Stock erhöht und mit einem Wehrgeschoss über dem dritten Geschoss wehrhaft ausgebaut.

Grabungen ergaben, dass eine halbkreisförmige Apsis über die Mauer hinausragte. Die 14. Jh. erbaute, befestigte Burgkapelle gehörte der Herrschaft als Eigenkirche. Sie wurde im Typ einer Doppelkapelle errichtet, besitzt spitzbogige Fenster und Fugenmalerei. Sie wurde 1616, in einer Zeit, als die Burg selbst vermutlich schon verfallen war, in einem Salzburger Visitationsbericht als »ruinenhaft und reparaturbedürftig« erwähnt. Südlich der Ruine befindet sich ein Reliefstein mit einer Darstellung des »Lamm Gottes«, möglicherweise aus der Zeit des Ulricus de Gruneberch.

Das Lamm diente später als Wappenbild. Der Marhof, Nr. 11, östlich des Vorwerks (»Silberegger Schwaig«) stammt aus dem 16. Jh. und besitzt ein Schopfwalmdach. Von ihm aus soll ein Gang zur Burg geführt haben.

AUSGANGSPUNKT
Wieting.

WEGVERLAUF
Südlich von Wieting mündet von Osten her der Grünburger Bach ins Görtschitztal. Hier weist auch ein Schild zur Jausenstation Jagerhansl bzw. zur Ansiedlung Grünburg. Wir wandern immer auf dem Sträßchen neben dem Bach hinauf in Richtung Jagerhansl. Kurz nach einem scharfen Linksknick und ein paar 100 m vor der Jausenstation sehen wir links zwei Gebäude: den Marhof, dahinter ragt der Bergfried der Ruine empor.

LÄNGE
Etwa 9 km.

ZEIT
Etwa 3 Stunden.

HÖHENUNTERSCHIED
Etwa 350 m.

KARTE
Kompass Wanderkarte Blatt 134 Glantal-St. Veit Wimitzer Berge.

Ruine Hornburg (919 m)
Gemeinde Klein St. Veit.

AUSGANGSPUNKT
Eberstein.

LÄNGE
Etwa 10 km.

ZEIT
Etwa 2 Stunden.

HÖHEN-UNTERSCHIED
Etwa 280 m.

ZUR GESCHICHTE. Die beiden Ruinen der Zwillingsburgen auf dem Gipfel des Hornberges am Abhang der Saualpe zwischen Eberstein und Klein St. Paul wurden zwischen 1140 und 1145 erstmals erwähnt. Erst waren sie im Besitz der Grafen von Görz, danach des Ministerialengeschlechts der Hornburger.

1304 bis 1322 hat Heinrich Graf von Görz dem Wolfsberger Hauptmann Hermann Siebenberger die Burg versetzt. 1315 verkauften die Brüder von Hornburg ihm ihr »Haus zu Hornburg« um 550 Mark Silber. Von 1320 ist bekannt, dass zwei Brüder von Silberberg Herzog Heinrich versprachen, gegen 2000 Mark Silber die Feste Hornburg zu räumen. 1414 wurde die Befestigung den modernen Erfordernissen angepasst. 1430 weiß man von einem Besitzer Konrad der Hornberger. 1465 wurde die Anlage als »Schloss Oberhornberg« genannt.

Danach kamen die Burgen an die Herzöge von Steiermark, im 15. Jh. waren sie Lehen des Kaisers. 1581 wurden sie an Sigmund Welzer von Eberstein verkauft. 1630 bis 1939 gehörten sie der Familie Christalnigg. 1414 wurden die Burgen ausgebaut. Schließlich ließ man die Burgen verfallen, vermutlich ab Anfang des 17. Jh. Jedenfalls beschrieb sie Valvasor 1688 bereits als Ruinen.

DIE ANLAGE. Die romanische Obere Hornburg (Hochhornburg) stammt von Anfang des 12. Jh. Wenn man sie vom Vorwerk aus betritt, kommt man in den Burghof, links liegt der Bergfried, rechts befinden sich die Wirtschaftsgebäude. Der rechteckige romanische Bergfried mit einem rundbogigen Einstiegstor im Obergeschoss ist noch bis zu etwa zwei Stockwerke erhalten.

Die Anlage besitzt eine hohe Ringmauer aus der Gotik mit Wehrgang und einem Rundturm. Zwischen dem Bergfried und der Mauer verläuft in Verlängerung des Burghofes der Zwinger. Die Mauern bestehen aus waagrecht geschichteten Bruchsteinen, der Torbau ist gefüllt.

Außerhalb der Burg steht eine gotische Kapelle. Sie wurde 1285 als »Ecclesia in Hornberg« genannt und besitzt einen dreiseitigen Chorschluss.

Die Anlage ist heute verschlossen und nicht zu besichtigen.

Die Untere Hornburg (Niederhornburg) liegt westlich davon auf einem isolierten Bergkegel, von ihr sind nur mehr wenige Reste eines rechteckigen Gebäudes aus dem 12. Jh., Reste der Ummauerung und eines im 13./14. Jh. errichteten Wohngebäudes vorhanden. Die Burg verfällt seit dem 17. Jh., 1996 wurde die Mauer gesichert.

WEGVERLAUF
Nach einer Linkskurve in Richtung St. Oswald befindet sich links der Ebersteiner Kräutergarten mit dem keltischen Baumhoroskop. Hier parken. Dann folgen wir dem Sträßchen kurz aufwärts, bis vor einer Rechtskurve gerade ein Forstweg abgeht, hier befindet sich ein Schild (»5 Ruine Hornburg«). Schließlich knickt unser Forstweg nach links ab. An einer Wegspinne, wo sich die markierten Wanderwege verzweigen, nehmen wir den ganz linken, der mit der rotweißen und mit einer blauen Markierung versehen ist. Kurz darauf können wir rechts oben auf dem bewaldeten Hügel die Ruine erkennen.

KARTE
Kompass Wanderkarte Blatt 134 Glantal-St. Veit Wimitzer Berge.

Ruine Waisenberg (ca. 600 m)
Gemeinde Völkermarkt.

ZUR GESCHICHTE. Die Ruine Waisenberg liegt auf einem schroffen Kalkfelsen im Trixner-Tal. Die Burg wurde 895 erwähnt und 1167 beurkundet. Sie gehörte mit den beiden anderen Trixner Burgen zu den Sperranlagen, die das Hüttenberger Eisenerzgebiet sichern sollten und war Teil der Güter, die von der hl. Hemma, Gräfin von Friesach-Zeltschach, um 1043 dem Nonnenkloster Gurk geschenkt wurden. Mit Unterbrechungen war sie von 1072 bis 1530 (oder 1550) im Eigentum des Bistums Gurk und wurde von Burggrafen und Pflegern verwaltet. Ab 1713 im Besitz der Familie Christalnigg, wurde sie 1740 verlassen, 1790 brannte sie ab, und seither verfällt sie. Ein letztes Mal wurde sie in den Kärntner Abwehrkämpfen

1918/19 zum Schauplatz harter Gefechte. Seit 1992 ist sie im Besitz des Architekten Klaus Mayr, der sie Mitte der siebziger Jahre des 20. Jh. entdeckt hat, sie vor weiterem Verfall bewahrt und sichert. In ihr finden Kulturveranstaltungen statt, dazu wurden im dreiseitig hoch umschlossenen Burghof 150 Sitzflächen geschaffen, außerdem gibt es drei Bühnen und einen Saal.

DIE ANLAGE. Die fast quadratische Hauptburg liegt auf der Spitze einer Felsklippe und stammt aus dem frühen 13. Jh. Um die gesamte Anlage herum läuft ein breiter Zwinger mit Ringmauer aus dem 16. Jh, an deren Südostecke sich der Eingang befindet. Die quadratische äußere, zweigeschossige Toranlage ist durch eine vorstehende Flankenmauer mit Schießplatz gesichert. Sie hat seitlich der Toröffnung je eine Schießscharte, innen sieht man noch die Öffnung, die die Falltüre aufnahm. Der Torturm wurde nach 1569 erbaut und besitzt eine gotische Steinwendeltreppe, die zu einer Bastei führte. Nun geht man den langen Burgweg hinauf und vorbei an einem bereits zerstörten zweiten Tor, das am Fuß des Bergfrieds liegt. An ihm liegt links der dreigeschossige Palas. Er wurde im 15. und 16. Jh. mehrfach umgebaut und ist heute teilweise Ruine. Die Türen und Fenster sind noch gotisch profiliert. Vor diesem rechteckigen Gebäude befindet sich der Hof mit einer wieder freigelegten, neun Meter tiefen Zisterne.

Nordwestlich von ihm steht der mächtige, runde vierstockige Bergfried (»Emmaturm«); er stammt aus der Romanik und wurde im 15. Jh. umgebaut. Im Erdgeschoss sieht man einen Raum mit einem verputzen Gewölbe. In den Obergeschossen befinden sich die romanisch-gotischen sechsachsigen Sterngewölbe, die aus einer unverputzten Bruchsteinmauer bestehen.

Im obersten Geschoss des Turms befand sich auch die Burgkapelle (Andreaskapelle). Südlich unterhalb der Ruine steht der Kasten der Schlossmeierei, der zu Wohnzwecken umgebaut wurde.

AUSGANGSPUNKT
Waisenberg.

WEGVERLAUF
Wenn man von Mittertrixen in Richtung Brückl fährt, sieht man bei den Teichen hoch oben im Wald bereits die Ruine. An der Bushaltestelle zweigt ein Waldweg nach links nach »Waisenberg« ab. Ihm folgt man bis zum nächsten Anwesen, vor ihm wird man bereits nach links »Zur Ruine« verwiesen. Man geht bis vor das nächste Anwesen, vor ihm zieht nach links ein Wiesenweg hinauf.

ZEIT
Etwa 1 Stunde.

HÖHEN-UNTERSCHIED
Etwa 60 m.

SONSTIGES
Die Ruine kann nur bei Veranstaltungen betreten werden (z.B. am Ostermontag: eine Veranstaltung für Kinder). Auskunft: Architekt Klaus Mayr, Khevenhüllerstr. 8, 9020 Klagenfurt, Tel. 0463 54131.

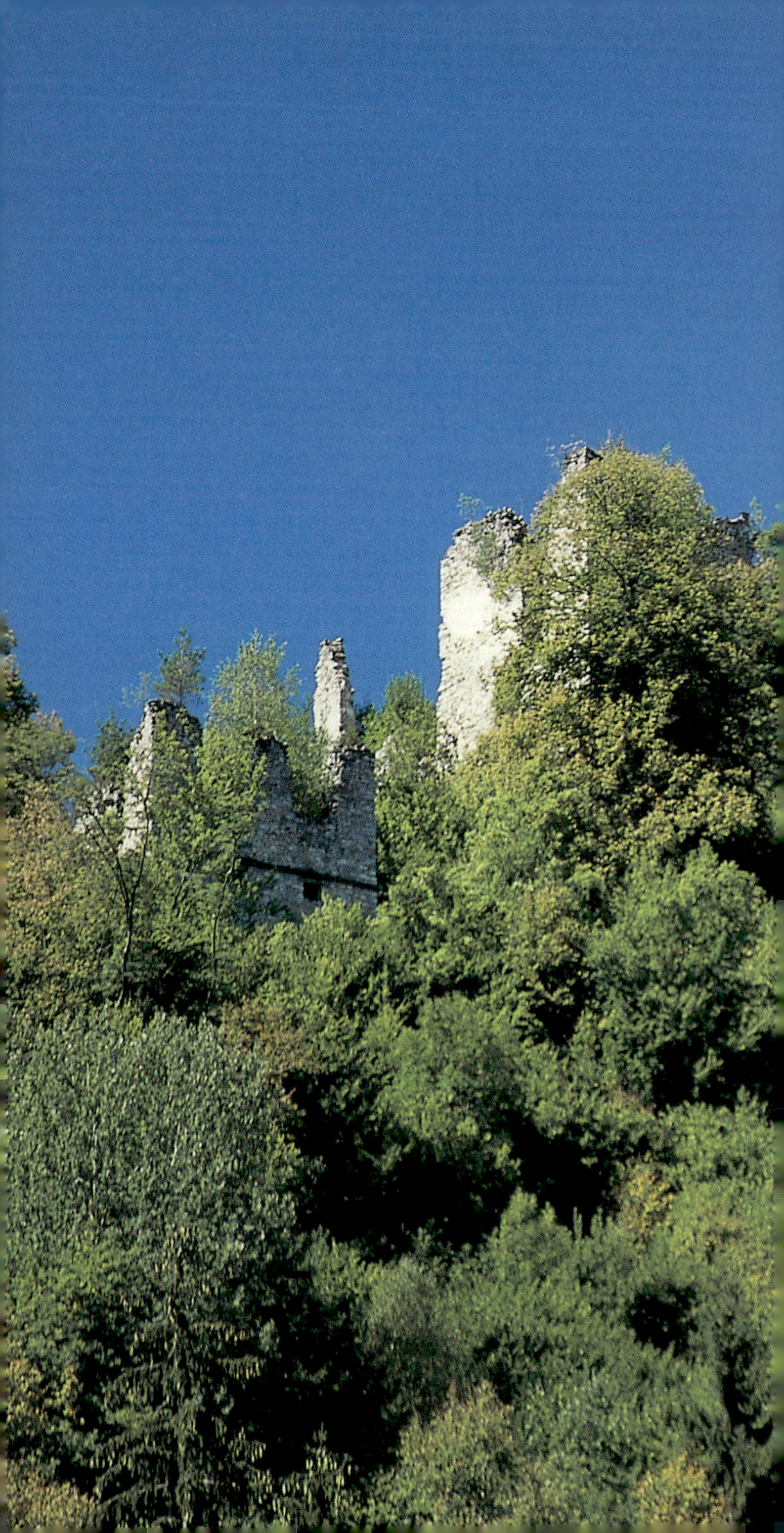

Ruine Höhenbergen (450 m)
Gemeinde Völkermarkt.

ZUR GESCHICHTE. Die Ruine des barocken Schlosses, das beherrschend auf einem Felsplateau liegt, stammt aus der Mitte des 18. Jh. Sie ist insofern etwas Besonderes, als der Bau nie vollendet wurde. Im 13. und 14. Jh. saßen hier die Perger von Höhenperg. Das Schloss stammt ursprünglich aus dem 15. und 16. Jh. und wurde 1653 von Georg-Niklas Graf von Rosenberg von einer Freifrau von Windischgrätz und ihrem Sohn gekauft. Später erbte es sein Neffe Philipp-Josef Graf von Rosenberg (1691–1765). Er ließ das alte Schloss abreißen und wollte ein neues bauen. Kurz vor Vollendung wurde der Bau jedoch eingestellt. Warum? Rosenberg war als Gesandter ins Ausland geschickt worden und seine Frau, der er das Schloss zugedacht hatte, starb, so dass er das Interesse an der Anlage verlor.

DIE ANLAGE. Das rechteckige Gebäude besitzt eine mächtige Nordfassade mit sieben Achsen. Sie sind mit einer barocken Gliederung mit Pilastern, Fensterverdachungen und drei Portalen im Mittelrisalit versehen, über denen sich Kragsteine befinden, die die Balkone tragen sollten. Im Erdgeschoß des dreistöckigen Baus befanden sich Freskenreste mit Jagdszenen. Innen sollte ein kleiner Lichthof errichtet werden.

AUSGANGSPUNKT
Tainach.

WEGVERLAUF
Bei der Anlage befindet sich eine kleine Parkgelegenheit, von hier aus kann man sich die Ruine von außen ansehen. Hinein kommt man nicht, denn sie ist verschlossen und mit Schutt gefüllt.

KARTE
Kompass Wanderkarte Blatt 065 Klopeiner See.

Ruine Reichenfels (ca. 890 m)
Gemeinde Reichenfels.

AUSGANGSPUNKT
Reichenfels.

ZEIT
Etwa 1 Stunde.

HÖHEN-UNTERSCHIED
Etwa 80 m.

ZUR GESCHICHTE. Um 1050 gehörte die Gegend im oberen Lavanttal dem Bistum Bamberg, das wegen der reichen Gold- und Silberfunde in der Sommerau die Burg und eine Kirche errichtete. Da es der Kärntner Herzog Bernhard von Spanheim auf diese reichen bambergischen Besitztümer abgesehen hatte, ließ er 1227 die Burg Reichenfels besetzen, um die Silbergruben in seinen Besitz zu bringen.

Bischof Eckbert von Bamberg bat daraufhin Papst Gregor IX. und Kaiser Friedrich II. um Hilfe. Im selben Jahr wurde dann in Graz ein Vertrag zwischen dem Bischof und dem Herzog abgeschlossen, in dem der Herzog alle Vorteile gegenüber dem Bistum verlor und gegen eine

Entschädigung von tausend Mark Silber auf die Silbergrube und die Burg Reichenfels verzichten musste.

Die Verwaltung der Bamberger befand sich auf der Burg Reichenfels, an der Spitze stand ein Pfleger. 1557 erhielt der Markt von Bischof Georg IV. den Burgfried, der vorher zum Schloss/Burg gehörte. Im 15. und 16. Jh. wurde die Burg zu einem Schloss ausgebaut. Durch die schlechten Zeiten in Kärnten und die Finanznot der Bamberger wurde Reichenfels auch als Sitz eines Pflegers aufgehoben und die Verwaltung nach St. Leonhard verlegt.

Der letzte Bamberger Pfleger auf der Burg war Matthias Bienlein, der zu zahlreichen Sagen Anlass gab. Ab etwa 1700 dürfte der Verfall eingesetzt haben. 1759 kaufte Kaiserin Maria Theresia den gesamten Besitz der Bamberger um eine Million Gulden. 1825 kauften sie die Brüder von Rosthron zusammen mit der Herrschaft Wolfsberg, 1846 gelangte sie an Hugo Graf Henckel von Donnersmarck.

DIE ANLAGE. Im Südosten der kleinen Burgruine stehen zwei hoch aufragende Mauerteile, davor die Reste weiterer Gebäude mit zwei großen Rundbogen. Um die Anlage liegen noch Reste der mittelalterlichen Ummauerung mit einem großen Rundbogeneingangsportal. Auf der Hangseite befindet sich ein breiter Halsgraben.

DER WEGVERLAUF. Wir wandern auf dem hinter der Kirche nach W führenden Weg entlang des Sommeraubaches. Danach nehmen wir den Weg in Richtung »Jausenstation Pichlbauer« nach links über den Bach. Es geht steil bergauf, dann verzweigt sich der Weg. Nach rechts führt Weg 2 weiter, wir nehmen den linken Weg, der uns bald zur Burgruine bringt.

Zurück gehen wir entweder denselben Weg oder folgen an der Verzweigung Weg 2 und steigen auf zum Pichlbauer.

KARTE
Kompass Wanderkarte Blatt 219 Lavanttal Saualpe-Koralpe.

FÜR KINDER
Durch kurzen Zugang auch für Kinder interessante kleine Anlage.

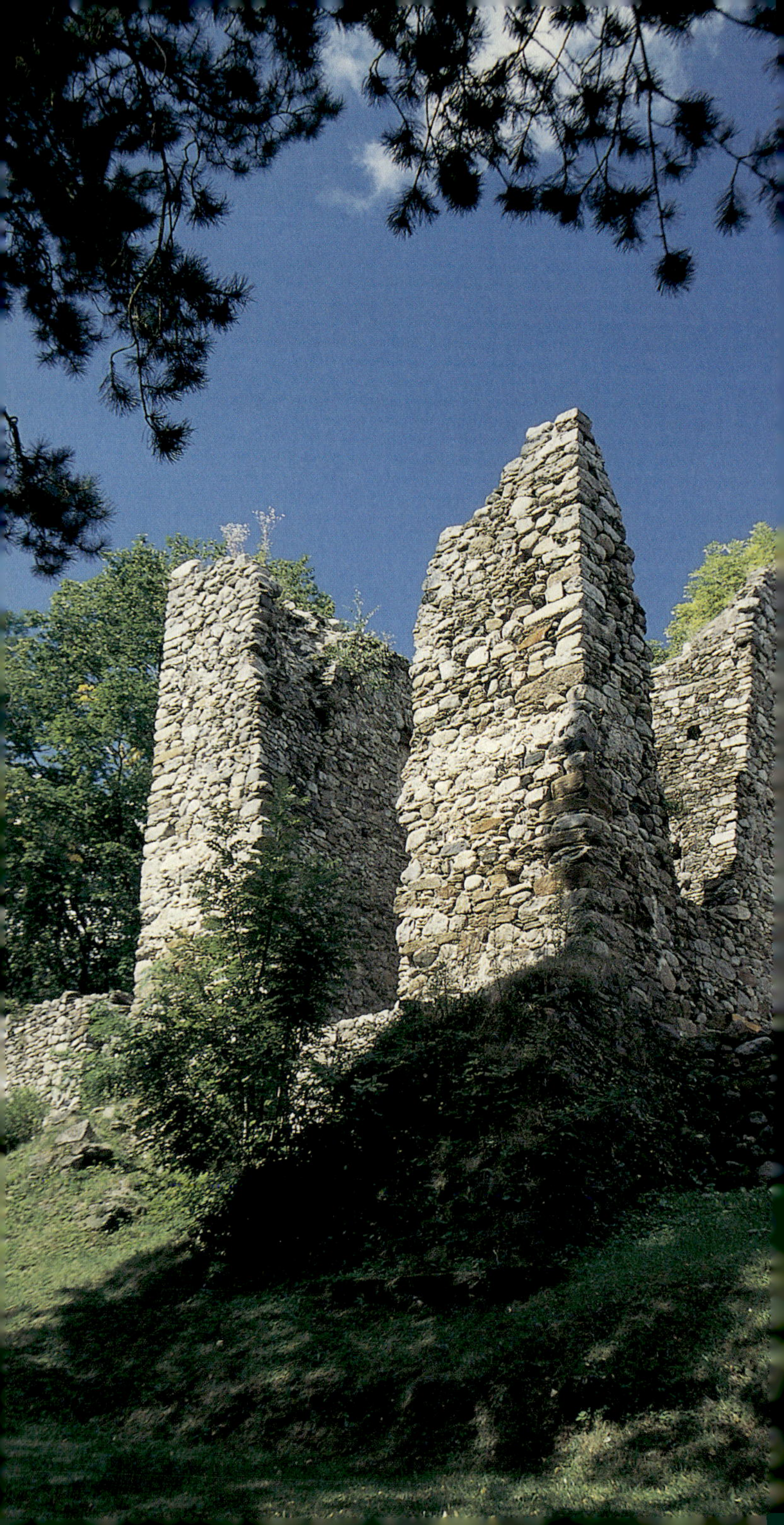

Ruine Gomarn (ca. 710 m)
Gemeinde Bad St. Leonhard.

ZUR GESCHICHTE. Die Ruine Gomarn (Gomaron) steht an der Nordwestecke der Stadtmauer auf einem vor gelagerten und steil zur Lavant abfallenden, bewaldeten Hügel. Die 1287 erstmals erwähnte, erst kleine Burg entstand vermutlich in der Zeit kurz nach der Jahrtausendwende bis ins 12. Jh.. Der heutige spätgotische Bestand geht aber auf die Zeit zwischen 1200 bis Ende des 15. Jh. zurück, als sie schlossartig ausgebaut wurde.

Sie war ab dem 14. Jh. Amtssitz des Land- und Burgrichters des Bistums Bamberg für das obere Lavanttal. In dieser Eigenschaft erhielt sie auch mehrmals Besuch der Bischöfe. Zum Bistum gehörte sie bis 1759, als Kaiserin Maria Theresia dessen Besitz kaufte. 1762 brannte die Burg ab, da allerdings nur die Holzteile verbrannten, wurde sie rasch wieder instand gesetzt. Nach dem nächsten Brand 1808 blieb sie jedoch Ruine. Anfang des 19. Jh. übergaben die Habsburger die Ruine schließlich der Gemeinde.

DIE ANLAGE. Man betritt die ausgedehnte Burganlage von Südosten durch ein gut erhaltenes Torgebäude, das einst die Zugbrücke enthielt. Links und rechts sieht man in den Wänden noch Balkenlöcher, zum Teil noch mit der Holzführung für den Balken. Links im Süden der Anlage steht der sauber gemauerte, quadratische Bergfried aus dem 12.–14. Jh., rechts davon sieht man noch bis zu vier Geschosse des Palas (15. Jh.) mit einigen teilweise noch gut erhaltenen Fensterstöcken. Hier kann man auch in einen Kellerraum mit erhaltenem Gewölbe hinab gehen. Man sieht außerdem noch Reste der übrigen Gebäude und der Wehrmauer, im großen Hof davor befindet sich ebenfalls noch ein Stück Mauer. Die Anlage ist aus großformatigen Bruchsteinen gebaut. Im Burghof steht eine alte Kastanie. Die Anlage wird heute für Veranstaltungen genutzt.

AUSGANGSPUNKT
Bad St. Leonhard im Lavanttal.

WEGVERLAUF
Die Burg steht hinter der Kirche am nordwestlichen Ortsende. Wer nicht in der Stadt parken will, fährt am nördlichen Ortsende nach links die Badstraße hinab und parkt direkt unterhalb der Anlage.

KARTE
Kompass Wanderkarte Blatt 219 Lavanttal Saualpe-Koralpe.

FÜR KINDER
Für Kinder interessante Ruine ohne Anmarschweg.

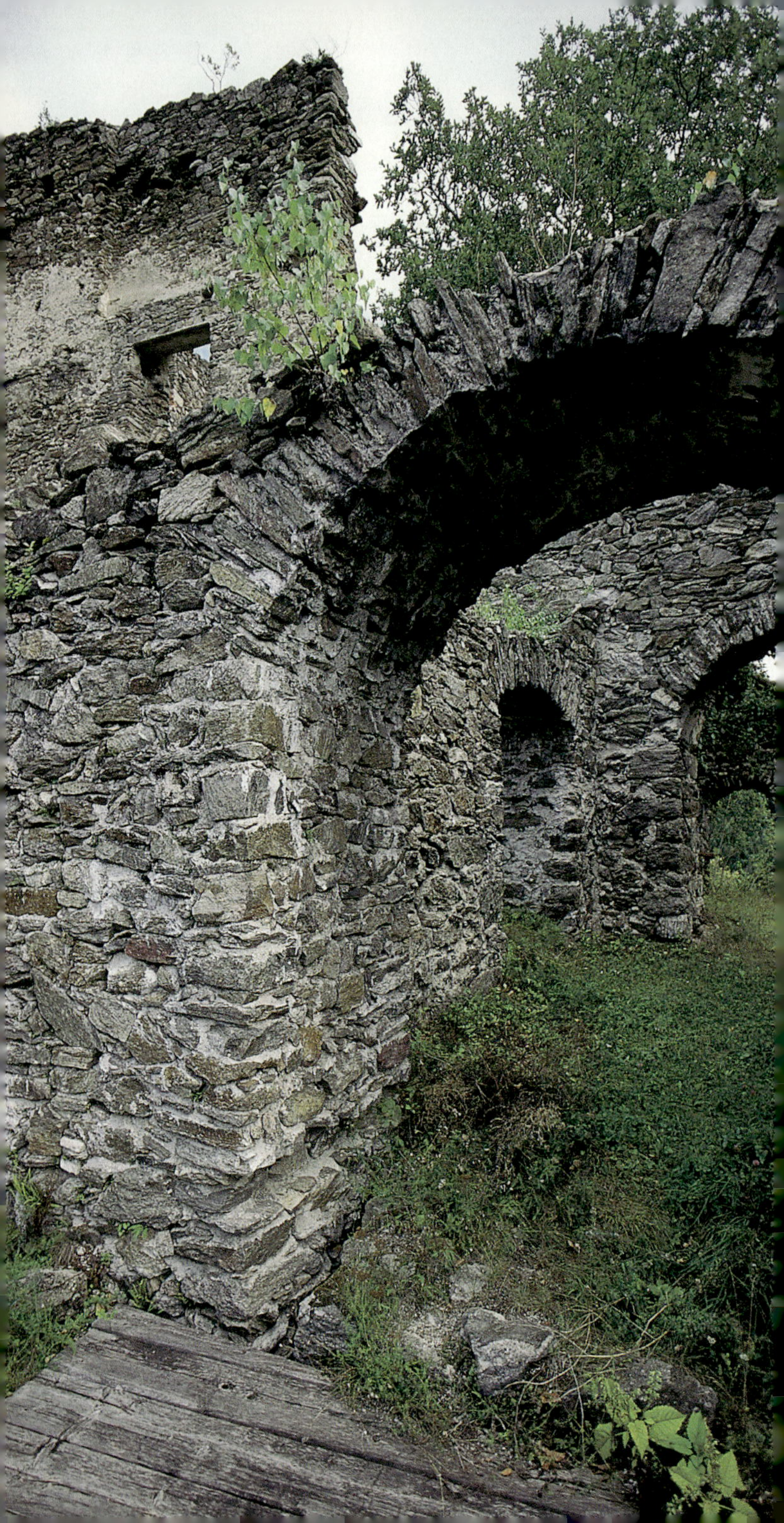

Ruine Twimberg (ca. 700 m)
Gemeinde Bad St. Leonhard.

ZUR GESCHICHTE. Im Twimberggraben befindet sich in romantischer Lage an der Kreuzung zweier wichtiger Verkehrswege (über den Obdacher Sattel nach Salzburg bzw. über die Packstraße nach Graz) hoch über dem Ort die Ruine einer ehemaligen Zwingburg. Von ihr stammt möglicherweise auch der Name des Ortes (Zwingburg–Twimberg).

Die Burg wurde zwischen 1300 und 1320 von Otto von Weizzenegg erbaut, erstmals erwähnt wurde sie 1326. Ottos Vetter Hartneid von Weissenegg verkaufte die Burg zwischen 1326 und 1329 an Bischof Dietrich von Lavant; diesem in St. Andrä ansässigen Bistum, das im mittleren und unteren Lavanttal begütert war, gehörte die Anlage dann bis ins 19. Jh. Dietrich führte umfangreiche Umbaumaßnahmen durch.

Der Bergfried wurde errichtet, außerdem in der ersten Hälfte des 14. Jh. die Ummauerung erneuert. Bischof Johann I. von Lavant ließ die stark vernachlässigte Burg 1468 wieder wehrhaft herrichten, man erbaute die Vorburg mit einer neuen Toranlage und Zwinger, außerdem den Osttrakt und den Küchenbau. Die Burg war damals nur über eine Zugbrücke zu erreichen.

In den Streitigkeiten zwischen Kaiser Friedrich III. und dem Ungarnkönig Matthias Corvinius hielt der Bischof zu dem Ungarn und übergab die Burg dem ungarischen Hauptmann Hans Haugwitz von Biskopitz. So war die Burg von 1481 bis zum Tod des Königs 1490 von den Ungarn besetzt.

Diese unternahmen von hier aus Raubzüge und versetzten die Bevölkerung in Angst und

AUSGANGSPUNKT
Twimberg.

WEGVERLAUF
Wir gehen von der Abzweigung der B 70 zum Packsattel von der B 78 etwas nach N und nehmen nach dem Rüsthaus der Feuerwehr das nach oben führende Sträßchen. Es bringt uns in vielen Windungen vorbei an Wohnhäusern zum letzten Bauern. Rechts am Haus vorbei führt ein Weg in wenigen Minuten weiter zur Ruine, die sich hoch über dem Zwickel der Straßen befindet. Im Wald verzweigt sich der Weg, der linke führt zu dem vor gelagerten Turm, der allerdings nicht zu begehen ist, der rechte zur Ruine selbst.

ZEIT
Etwa 1 Stunde.

HÖHENUNTERSCHIED
Etwa 100 m.

KARTE
Kompass Wanderkarte Blatt 219 Lavanttal Saualpe-Koralpe. Der Weg zur Ruine ist allerdings nicht vollständig zu erkennen.

Schrecken; auch der Verkehr über die Pack fand nicht mehr statt, denn die Ungarn überfielen und beraubten die Reisenden und hielten sie teilweise auch auf der Burg gefangen, um Lösegeld zu erpressen. So erhielt die Burg auch einen Ruf als Raubritterburg. Da die kaiserlichen Truppen mehrmals versuchten, die Burg einzunehmen, kam es immer wieder zu Kämpfen, unter denen vor allem die Bevölkerung zu leiden hatte. Mit ihr wurden zwar Neutralitätsvereinbarungen geschlossen, trotzdem kam es zu Übergriffen. Nach dem Friedensschluss wurde die Burg 1490 von Haugwitz dem Domstift St. Andrä, dem ursprünglichen Besitzer, zurückgegeben.

Die dann verfallende Burg wurde 1569 erneuert und war Sitz eines Pflegers, seit etwa 1670 verfällt sie aber.

DIE ANLAGE. Die große, fast quadratische Anlage mit den drei Höfen ist von einer Mauer umgeben und weist Bauteile vom 14. bis zum 16. Jh. auf. Die Haupterbauungszeit war Anfang des 14. Jh., im 15. Jh. gab es noch Zubauten und Veränderungen. Die Hauptburg befindet sich im Südosten, südlich davor liegt eine ausgedehnte Vorburg aus dem 14. Jh. Die Anlage wurde aus unregelmäßigen Bruchsteinen gemauert. Wasser erhielten die Bewohner durch eine Zisterne.

Man betritt die Anlage durch ein großes Rundbogentor. Zum hoch gelegenen, mit Schießscharten versehenen Burgtor gelangte man über eine Rampe mit anschließender Zugbrücke. Beachten sollte man die beiden hohen gemauerten Pfeiler, die der Toranlage vorgesetzt sind. Am Anfang der Rampe sieht man eine in die Mauer eingemauerte Kanonenkugel.

Links vom Burgtor befand sich das Feste Haus, daneben der Wohntrakt. Vom Wohngebäude sind noch Teile seines Osttraktes aus dem 14. und 15. Jh. erhalten. Rechts vom Eingang stehen im Nordosten die Reste des im 13. Jh. errichteten Bergfrieds mit der Katharinenkapelle.

Bei Renovierungsarbeiten in den dreißiger Jahren des 20. Jh. fand man in einem Gebäudeteil eine drehbare Schießscharte aus Holz, die man nach Klagenfurt ins Landesmuseum brachte. Bei den damals erfolgten Grabungsarbeiten sind auch Pfeilspitzen, Kugeln, Leiterbrecher und mehr gefunden worden.

Etwa 300 m nordöstlich steht auf einem steilen Hügel noch ein 1320 errichteter und von Halsgräben umgebener Turm. Er besitzt Seitenlängen von etwa 12 m, eine Mauerstärke von zwei Meter und ist noch rund 14 m hoch. Er ist allerdings nicht zu betreten.

BURG WALDENSTEIN

Auf dem Weg zum Packsattel kommt man an der Burg Waldenstein vorbei. Sie wurde vom Hochstift Bamberg zum Schutz des Eisenbergbaus erbaut. In dem Burgschloss richtete der Landeshauptmann der Steiermark Hans Ungnad, ein überzeugter Protestant, im 16. Jh. eine der ersten Druckereien ein und druckte auf einer aus Tübingen stammenden Presse Bibeln, auch in slowenischer (sog. Dalmatin-Bibeln) und kroatischer Sprache. Da ihr Vertrieb verboten war, packte man sie in Weinfässer, die man in Lavamünd in die Drau warf. Sie schwammen dann nach Süden und wurden dort von Eingeweihten herausgefischt. 1557 verließ Ungnad Kärnten und zog nach Böhmen, wo er 1564 starb. Begraben ist er in Tübingen. Seine Druckerpresse, vermutlich die älteste, die in Kärnten betrieben wurde, kam während des Einmarsches der Franzosen an diese und wurde nach Paris verschickt, wo sie in den Louvre gelangte. Während der Gegenreformation kam die Anlage an die Grazer Jesuiten. Der mächtige Bergfried stammt aus der Romanik, die Anbauten aus der Gotik und der Renaissance. Die Anlage ist privat und kann nicht besichtigt werden.

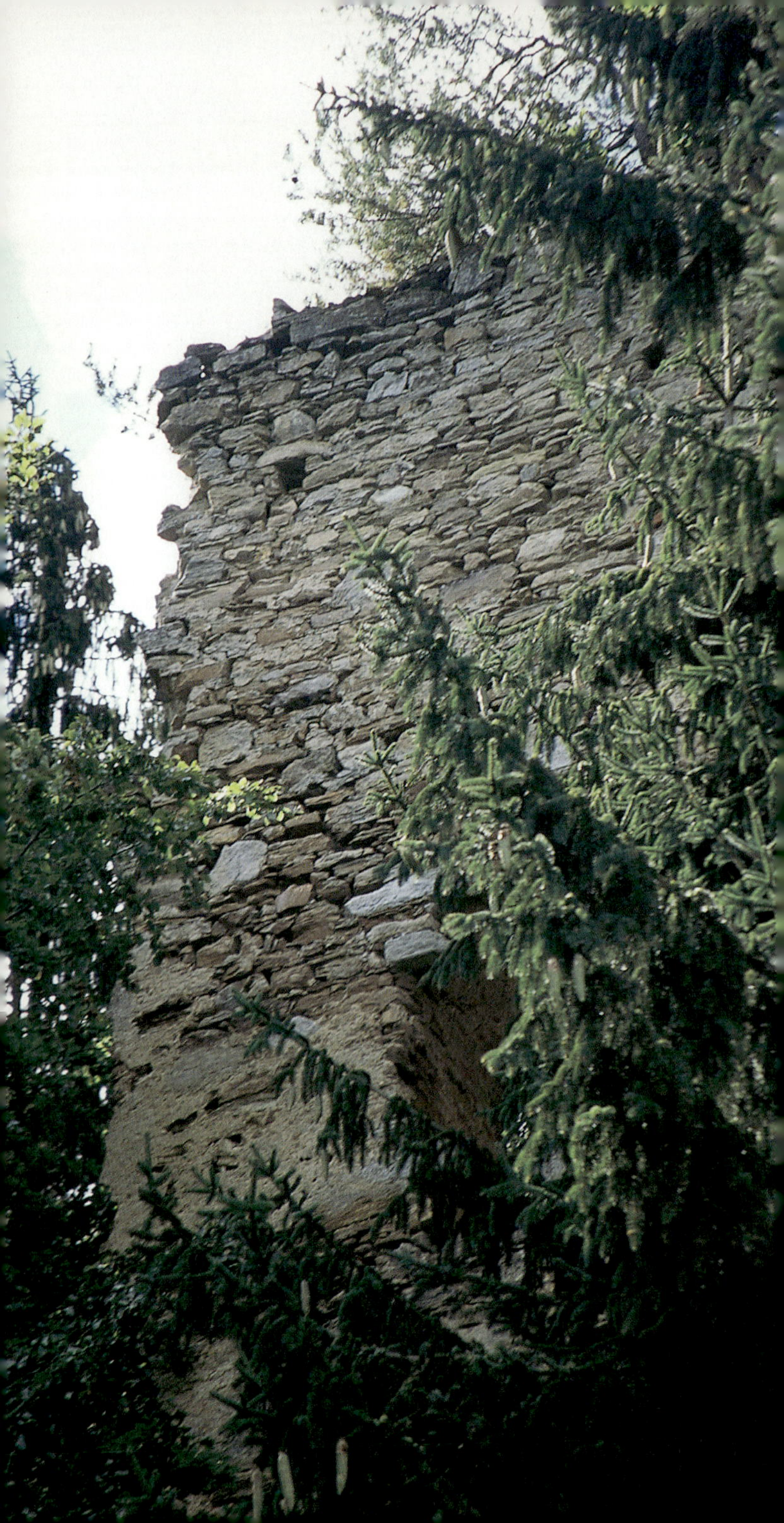

Ruine Reisberg (794 m)
Gemeinde Wolfsberg.

ZUR GESCHICHTE. Die Ruine liegt am Osthang der Saualpe, an ihrem Platz befand sich vorher ein Römertempel; die Burg wurde 1241 erstmals genannt. Sie kam nach verschiedenen Vorbesitzern Anfang des 13. Jh. an das Bistum Salzburg. 1289 wurde sie von Ulrich Kapeller, einem Söldnerführer, auf Befehl des Herzogs von Kärnten, der mit Salzburg in Fehde lag, zerstört. Bald danach hat man sie wieder aufgebaut; die Verwaltung oblag der sich nach der Burg nennenden Burggrafenfamilie, aus der auch Erzbischof Johann II. (1429–1441) stammte. 1480 wurde sie von Truppen des Kaisers unter Leonhard von Kollnitz erobert, nachdem sich die Salzburger mit seinen Feinden, den Ungarn, verbündet hatten. Da Kollnitz nach fünf Jahren immer noch nicht den vereinbarten Lohn dafür erhalten, den Sold für die Soldaten aber vorgestreckt hatte, versuchte er, die Burg für sich zu erobern. Sein Vorhaben misslang aber. So blieb die Burg im Besitz des Kaisers, der sie 1485 Hans von Gutenstein zu Lehen gab. 1494 unter Kaiser Maximilian I. gelangte die Burg wieder an Salzburg. Sie verfällt seit dem Tod des letzten Reisbergers 1565.

DIE ANLAGE. Die Anlage gruppiert sich um den ehemaligen, unregelmäßig gestalteten Hof. Erhalten ist noch die dreigeschossige Ostwand des Palas. Wie aus einem Foto aus den siebziger Jahren des 20. Jh. zu erkennen ist, war damals noch eine hohe, mehrgeschossige Wand mit Festeröffnungen über dem Wald zu erkennen; heute ist dies alles zugewachsen und man sieht nur noch mit Mühe die Reste der Ruine.

In der Ruine sowie in der unterhalb gelegenen Kirche St. Peter und Paul, der ehemaligen Burgkapelle, befinden sich zahlreiche Römersteine.

AUSGANGSPUNKT
Reisberg.

WEGVERLAUF
Man lässt das Auto bei der Jausenstation Rabinig stehen und folgt hier dem Sträßchen zur Kirche. Die Ruine befindet sich in dem Hügel oberhalb der Kirche. Leider ist sie aber nicht zugänglich. Man kann nur vom Friedhof aus einen Blick auf sie werfen.

KARTE
Kompass Wanderkarte Blatt 219 Lavanttal Saualpe-Koralpe.

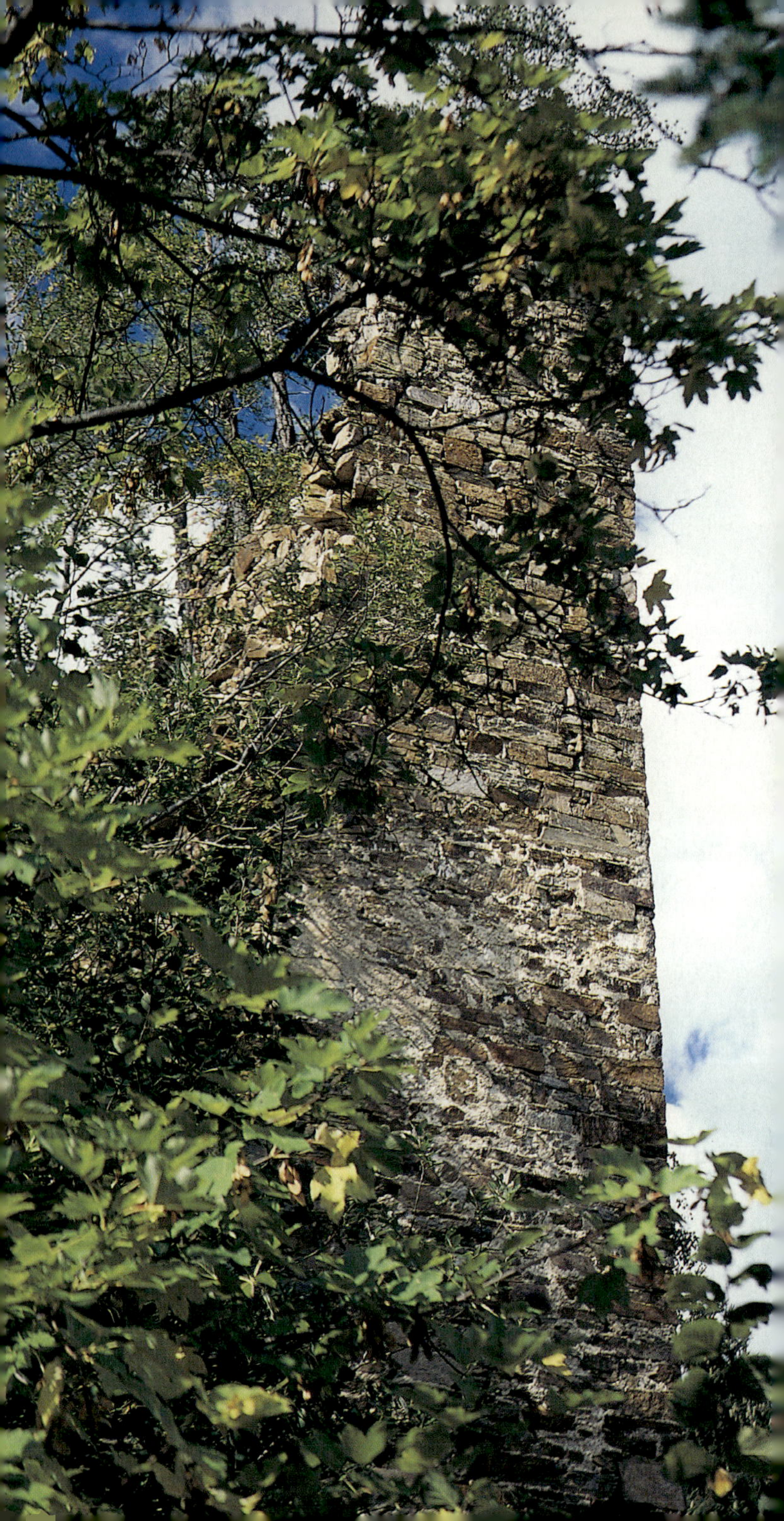

Ruine Hartneidenstein (877 m)
Gemeinde Wolfsberg.

ZUR GESCHICHTE. Die um 1300 von Hartneid von Weissenegg auf einem nach Süden und Westen steil abfallenden Vorsprung errichtete Burg gehörte erst dem Geschlecht der Weißenegger (Weizzenegg). Hier saß auch das Landgericht, das die Weizzenegger von den Grafen von Heunburg erhalten hatten. Nachdem die Heunburger 1322 ausgestorben waren, wollte Konrad von Auffenstein, der Landeshauptmann von Kärnten, das Landgericht, das ursprünglich ein bambergisches Lehen war, wieder zurück erhalten. Er ließ dazu 1330 Hartneidstein erobern und gab das Landgericht Bischof Werntho von Bamberg. Der Kärntner Herzog war damit aber nicht einverstanden und gab es wieder an die Weizzenegger zurück. 1331 verkaufte Hartneid von Weizzenegg die Burg dem steirischen Hauptmann Ulrich von Wallsee, 1363 folgten als Besitzer die Grafen von Cilli und später das Bistum Bamberg. Seit dem 18. Jh. verfällt die Anlage.

DIE ANLAGE. Erhalten sind ein hoch aufragender Rest des mächtigen Bergfrieds im Norden sowie weitere Mauerteile von Gebäuden im Süden. Aus Richtung Jausenstation kommend liegt vor dem Bergfried der tiefe Halsgraben, nach Süden war die Anlage nach dem Palas und einem daneben liegenden Gebäude durch den Steilabfall gesichert, ebenso nach Westen. Der mächtige, quadratische Bergfried stammt aus den ersten Baumaßnahmen um 1300 und ist wie die anderen Gebäude aus waagrecht gemauerten Bruchsteinen errichtet. Er war einst 23 m hoch mit einer Ausdehnung von etwa zehn auf elf Meter. Sein Eingang lag auf der Südseite im dritten Geschoss. Insgesamt besaß er vier Geschosse, wobei das unterste wohl als Gefängnis diente. In den Gebäuderesten im Süden sieht man einen Rundbogeneingang, der vermutlich in den Keller führte.

AUSGANGSPUNKT
Riegelsdorf.

WEGVERLAUF
Der Straße in Richtung »Koralpe Jausenstation Lippi« bis zur Jausenstation und noch etwa einen halben Kilometer weiter folgen. Hier beschreibt sie eine scharfe Linkskurve. Wir stellen das Auto am Straßenrand ab und folgen den Pfadspuren, die in Verlängerung des von der Jausenstation kommenden Sträßchens hinab führen. In wenigen Minuten sind wir bei der Ruine.

ZEIT
Etwa 1/2 Stunde.

HÖHENUNTERSCHIED
Etwa 50 m.

KARTE
Kompass Wanderkarte Blatt 219 Lavanttal Saualpe-Koralpe.

SONSTIGES
Vorsicht wegen der baufälligen Anlage!

Ruine Sonnegg (657 m)
Gemeinde Sittersdorf.

AUSGANGSPUNKT
Sittersdorf/
Pfannsdorf.

ZEIT
Etwa 40 min.

**HÖHEN-
UNTERSCHIED**
Etwa 120 m.

ZUR GESCHICHTE. Die 1267 als »castrum Iounek« (nach der römischen Siedlung Juenna am Fuß des Hemmaberges) erwähnte Ruine liegt auf dem Gipfel eines bewaldeten Hügels. Besitzer der einst bedeutenden Anlage waren von 1296 bis 1312 Heinrich und Hermann von Sonegg. Der Adlerflügel, den das Geschlecht der Sonnegger im Wappen führte, ist heute noch Bestandteil des Sittersdorfer Gemeindewappens. Ab 1442 gehörte die Anlage den Ungnad, die von Kaiser Friedrich III. mit dem Besitz belehnt wurden. 1522 wurden sie zu Freiherren mit dem Prädikat »von Sonnegg« ernannt. Sie mussten als Protestanten – bekannt war vor allem Hans Ungnad, der eine der ersten Druckereien in Österreich besaß und die Lutherbibel ins Slowenische übersetzen ließ – in der Zeit der Gegenreformation das Land verlassen und flohen nach Schwaben. Ab 1646 waren die Grafen Orsini-Rosenberg die Besitzer. In der Anlage war früher das herzogliche Landesgericht im Jauntal untergebracht. Nach den Zerstörungen durch ein Erdbeben, das 1690 während eines Festes stattfand, verfällt die zu einem Schloss umgebaute Anlage, die damals eine der größten Kärntens war. Im 17. Jh. kam die Anlage kurzfristig durch die Heirat einer Tochter an das Haus Hessen in Deutschland, wurde aber 1639 an Johann Andreas von Rosenberg verkauft. Nach dem Erdbeben wurde das damalige Verwalterhaus zum Schloss umgebaut.

DIE ANLAGE. Das ehemalige Schloss soll mindestens sieben Türme gehabt haben. Erhalten sind aus dem Mittelalter und der Renaissance stammende Reste der Mauern. Am Eingang befindet sich in der Mauer rechts ein Profil, das wie ein runder Balken aussieht, hier sieht man auch quadratische Pfostenlöcher. Dann geht man entlang eines niedrigen Mauerrestes weiter, bis man links eine mehrere Stockwerke hohe Mauer mit vielen Fenstern, davon zwei mit noch schönen Fensterstöcken, sieht. Dabei ist auch der Ansatz eines einst wohl hohen Bogens. Etwas weiter rechts befindet sich ein weiterer Mauerrest.

WEGVERLAUF
Von Pfannsdorf aus verläuft ein Sträßchen nach N Richtung Gösselsdorf. Kurz nachdem es die B 81 gequert hat, beginnt der Wald. Wir parken gleich rechts und folgen dem in den Wald hinein führenden Weg. Er steigt an und bringt uns zu einem Sendemasten. Rechts von ihm sehen wir bereits erste Mauerreste der Ruine, zu den größten Resten kommen wir, wenn wir dem nach rechts führenden Weg folgen.

KARTE
Kompass Wanderkarte Blatt 065 Klopeiner See.

| **DER SITTERSDORFER SIEBEN-MÄNNER-WEIN**

Eine Besonderheit ist der hier angebaute Wein, der Sittersdorfer »Rötel«. Der Sage nach soll er von Christoph von Ungnad, Herrn von Sonnegg, um 1470 von einer Spanienreise mitgebracht worden sein. Da das Klima hier jedoch relativ rau ist, war der Wein herb und sauer. Weil deshalb sechs Männer einen Trinkenden halten mussten, wurde er auch »Sittersdorfer Sieben-Männer-Wein« genannt. Als »Gesundwein«, der bei Verdauungsbeschwerden helfen sollte, war er weithin beliebt.

191

Ruine Rechberg (ca. 700 m)
Gemeinde Bad Eisenkappel-Vellach.

AUSGANGSPUNKT
Rechberg.

ZEIT
Etwa 40 min.

HÖHEN-UNTERSCHIED
Etwa 100 m.

ZUR GESCHICHTE. Die Burg Rechberg liegt auf dem Bergrücken, der das Vellachtal wie ein Riegel gegen das Jauntal abschließt. Sie wurde 1236 erstmals erwähnt, befand sich später im Eigentum der Herzöge von Kärnten und war das Zentrum eines großen Verwaltungsbezirkes, der sich über das ganze Jauntal erstreckte. Man vermutet, dass die Burg bereits im 15. Jh. verfallen war, ob sie zerstört oder einfach nur aufgegeben wurde, ist nicht bekannt.

Ladislaus Prager stiftete 1494 die Kirche St. Bartelmäh und das unter der Burg liegende Kastengebäude für ein Ordenshaus, an dessen Spitze ein St. Georgs-Ritter stehen sollte. Später kam dieser Besitz an die Jesuiten.

Es stehen noch das mächtige, kastenförmige Gebäude mit Schießscharten unter dem Dach, die Kirche, der Rundkarner und das Wirtschaftsgebäude. Die Ummauerung ist noch teilweise erhalten. Heute befindet sich ein Jugendheim in dem Gebäude.

DIE ANLAGE. Übrig sind noch die Reste des mächtigen, fünfeckigen Bergfrieds, der in einem kleinen Burghof stand, außerdem verschiedene Mauerstücke. Südlich vom Bergfried befindet sich heute noch eine Mulde im Fels. Zur Burg kam man auf einer Brücke, die auf zwei hohen Pfeilern ruhte; beide Pfeiler sind noch erhalten und stehen links des Pfades, auf dem man zur Ruine aufsteigt, im Halsgraben.

KARTE
Kompass Wanderkarte Blatt 65 Klopeiner See Karawanken.

SONSTIGES
Wenn man in der Burganlage »herumkraxeln« oder auf die Spitze des Bergfrieds will, von dem man Aussicht hat, sollte man schwindelfrei und trittsicher sein.

> **TÜRKENSCHANZE**
>
> *Mit einer Burgruine vergleichbar ist die so genannte Türkenschanze. Sie liegt in einem Tabora genannten Teil des Vellachtals. Dieses wildromantische, felsige Tal ist so schmal, dass nur Straße, Bahn und Fluss Platz haben. Die enge Schlucht war für die Bevölkerung Fluchtort bei Türkeneinfällen: Die beiden Türkenschanzen geben heute noch Zeugnis davon. Sie waren einst mit einer Mauer verbunden und schlossen Fluss und Straße hermetisch ab. Auch von der Mauer ist noch ein Stück zu sehen.*

DER WEGVERLAUF. Unterhalb des Kirchleins gibt es Parkmöglichkeiten. Wir folgen dann Weg 21 in Richtung »Rochusberg«. Es geht im Zickzack hinauf, schließlich halten wir uns bei einer Verzweigung rechts (»21«) und stehen nach weiterem Zickzackaufstieg vor der Ruine.

Beim Besichtigen, vor allem bei Hinaufgehen auf den Bergfried, ist Vorsicht vor den Steilabstürzen geboten.

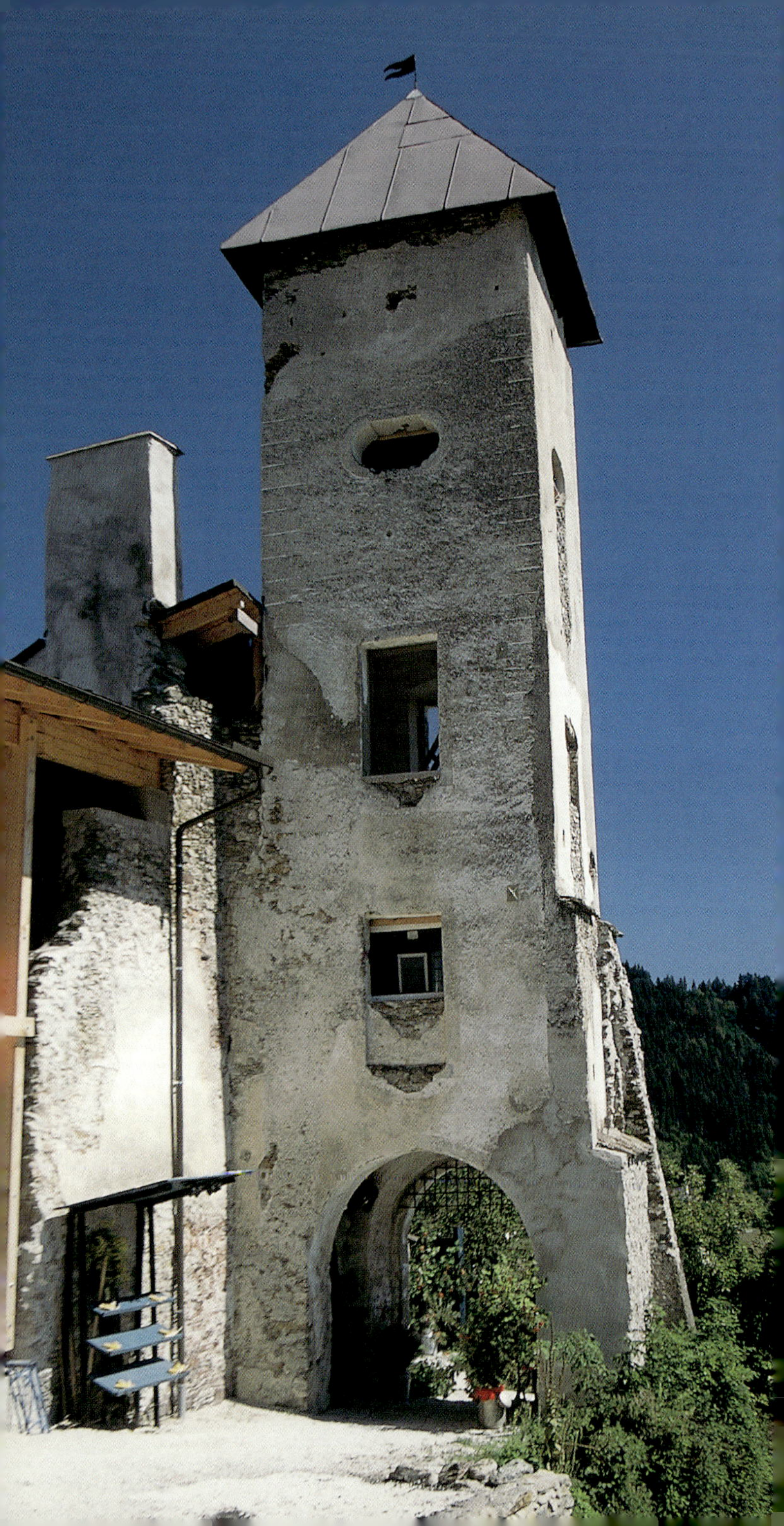

Ruine Haimburg (ca. 550 m)
Gemeinde Völkermarkt.

ZUR GESCHICHTE. Die 1103 als Huneburch (Hunnenburg) erwähnte Ruine Heunburg steht auf einem isolierten Felshügel im Süden des Ortes. Seit 1070 sind die Grafen von Heunburg, ein in Kärnten im 12. und 13. Jh. mächtiges und reiches Geschlecht, das 1322 ausstarb, nachweisbar. Sie hatten auch Besitz südlich der Drau, beispielsweise den Markt und das Schloss Bleiburg.

Ein herausragendes Mitglied der Familie war Graf Ulrich von Heunburg, der mit der Witwe des letzten Spanheimer Herzogs von Kärnten, Ulrich III., verheiratet war. Nach dem Tod des deutschen Königs Rudolf von Habsburg setzte er sich an die Spitze eines Komplotts von Adeligen gegen dessen Sohn Albrecht. Nachdem die Aufständischen 1293 die »Schlacht am Wallersberg« (bei Ruden) verloren hatten, musste er sich unterwerfen und unternahm bis zu seinem Tod 1308 keine Raubzüge mehr. Nachdem das Geschlecht ausgestorben war, trat ein reger Besitzerwechsel ein.

Schließlich kam sie an die Familie Orsini-Rosenberg, dann 1886 an die Familie der Freiherren von Helldorf, der sie heute noch gehört. 1749 zerstörte ein Brand teilweise das Hauptgebäude, trotzdem blieb die Burg bis zur Wende des 19. Jh. bewohnt. Sie wurde durch einen rührigen Verein restauriert und dient heute kulturellen Zwecken (Theaterproduktionen und Konzerte).

DIE ANLAGE. Man betritt die Anlage durch den Torturm. Östlich des wieder hergerichteten mächtigen Hauses stehen die Reste verschiedener Gebäude, davor liegt der Burghof. Der ältere Teil der Anlage befindet sich im Westen, hier lag auch die Kapelle St. Alexius. Die Bauteile stammen von der Romanik über die Gotik bis zum Barock. Im Osten und Südosten befand sich der Zwinger, im Norden ist die Anlage durch den Steilabfall gesichert.

AUSGANGSPUNKT
Haimburg.

WEGVERLAUF
Die Ruine ist vom Ort aus in wenigen Minuten erreicht.

ZEIT
Etwa 30 min.

HÖHEN-UNTERSCHIED
Etwa 50 m.

SONSTIGES
Infos über das Sommerprogramm des Kulturvereins k.l.a.s.: www.klas.at.

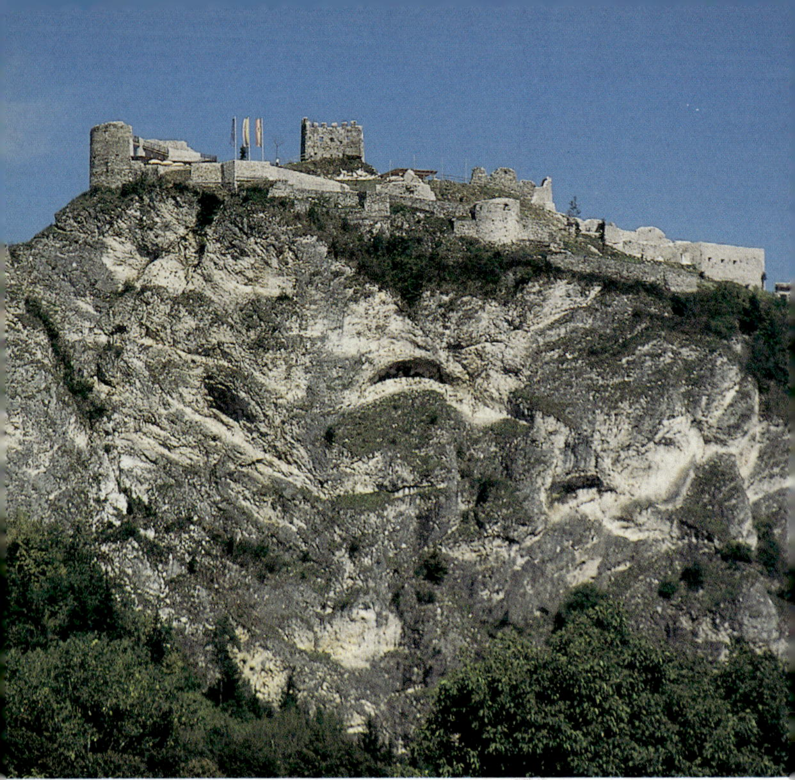

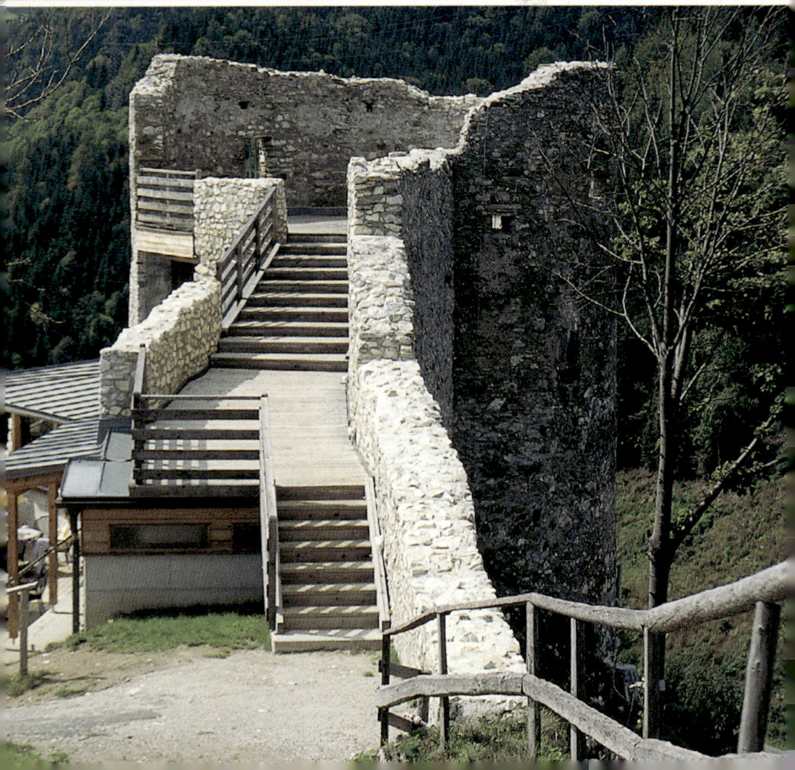

Ruine Griffen (616 m)
Gemeinde Griffen.

ZUR GESCHICHTE. »... liegt die alte Stadt Völkermarkt, von welcher der Blick über das Jaunthal hinüber gegen die östlichen Karawanken, sowie gegen die Sannthaler (Steiner) Alpen wohl eines der herrlichsten Gebirgsbilder bietet. Während die nördliche Umgebung von Völkermarkt durch die Ruinen der Trixner Schlösser und jene von Waisenberg, das wohlerhaltene Schloß Thalenstein und die auf einem kolossalen Urkalkblock thronenden Überreste der Burg Griffen zahlreiche überaus anmuthige Landschaftsbilder in sich schließt, zeichnet sich das weite Jaunthal vorzüglich in seinem oberen Theile durch mehrere malerisch gelegene kleine Seen und liebliche Hügellandschaften aus, welche letzteren vornehmlich in der Umgebung von Sittersdorf und Globasnitz in ihren Südgehängen den Schmuck der edlen Rebe tragen, aus deren Frucht der wegen seines großen Säuregehaltes bekannte, aber dennoch beliebte Sittersdorfer Wein gekeltert wird.«
Die österreichisch-ungarische Monarchie in Wort und Bild. Kärnten und Krain. Wien, 1891.

Die imponierende, Landschaft beherrschend auf einem nach allen Seiten abfallenden Kalkfelsen/Marmorklotz aus dem Trias (vor 180 bis 350 Millionen Jahre) liegende Ruine ist eine der größten Festungen Kärntens. Der Berg war aber bereits früh besiedelt. Als Spuren einstiger Niederlas-

AUSGANGSPUNKT
Griffen.

WEGVERLAUF
Der Aufgang zum Burgberg beginnt bei der Kirche, wo sich auch der Eingang zur Höhle befindet.

ZEIT
Etwa 40 min.

HÖHEN-UNTERSCHIED
Etwa 140 m.

KARTE
Kompass Wanderkarte Blatt 65 Klopeiner See Karawanken.

FÜR KINDER
Schon allein die Ruine dürfte Kindern gefallen, in Zusammenhang mit einer Besichtigung der Griffener Tropfsteinhöhle wird dies ein sehr interessanter Ausflug für sie.

sungen fand man in der Griffener Tropfsteinhöhle alt- und mittelsteinzeitliche Werkzeuge sowie Feuerstellen.

Die von den Bamberger Fürstbischöfen auf dem Schlossberg erbaute Burg wurde 1160 als »castrum Grivena« erstmals erwähnt, indem gesagt wurde, dass sie bereits vor 1148 dem Bistum gehörte. Sie galt seinerzeit als uneinnehmbar. Auf der Burg lag ständig eine Söldnertruppe, und sie war Sitz eines Burghauptmanns. 1244 wurde auch ein bambergischer Richter genannt, bis 1425 waren die Besitzer mit der Blutgerichtsbarkeit versehen. Das Hochgericht befand sich vermutlich nordseitig am Fuß des Burgberges. 1292 wurde die Burg von Ulrich von Heunburg während eines Aufstandes gegen den Sohn von König Rudolf, Albrecht, zwar besetzt, Ulrich wurde aber 1293 in einem Gefecht bei der Burg besiegt. 1425 kam die Burg Weissenegg mit ihrem Landgericht an Bamberg, Griffen wurde in diesen Bezirk mit einbezogen und verlor sein Blutgericht. 1666 hatte man vor, die nicht mehr den neuesten kriegstechnischen Erfordernissen entsprechende Burg auszubauen, wozu es aber nicht kam. 1759 wurde sie wie die anderen bambergischen Besitztümer von Maria Theresia gekauft, damals waren aber nur noch ein paar »Zimmerlein« bewohnbar, der Kastner wohnte in dem 1672 gekauften Stöckl, das unter der Anlage stand.

Danach kam die Burg an Graf Egger, später an die Freiherren von Helldorff. Seit dem 18./19. Jh. verfiel die ausgedehnte Anlage, heute sind jedoch umfangreiche Restaurierungs- und Sicherungsarbeiten im Gange.

DIE ANLAGE. Die Anlage wurde so am Kamm des Berges errichtet, dass die Mauern auf beiden Seiten unterhalb des Kamms lagen. Sie stammen aus dem 14. und 15. Jh. und wurden wegen der schwierigen Topographie unregelmäßig erbaut, wobei man auch den Fels mit einbezog. Man sieht noch Voranlagen, und an dem in Serpentinen steil hoch führenden Burgweg – ein prächtiger Panoramaweg – fünf Torbauwerke und bis zu sechs Meter hohe Schalentürme aus dem 16. Jh. Die ältesten Bauteile, ein Rundturm, und die romanische Kapelle stehen auf den höchsten Punkten, von ihnen sind noch Mauerreste erhalten. Hier befindet sich auch die rekonstruierte Zisterne. Unterhalb der Burg befinden sich noch Reste von Bruchsteinmauern der Verteidigungsanlagen aus der Gotik (14./15. Jh.).

Der sauber gemauerte Rundturm an der steilsten Stelle liegt 130 Meter über dem Tal; er besitzt eine Mauerdicke von eineinhalb Metern und ein Innenmaß von sieben Metern. Er ist mit kleinen Schießscharten versehen, die wohl für kleine Geschütze gedacht waren.

Oben auf Plateau hat man einen herrlichen Rundblick über das Kärntner Unterland.

GRIFFENER TROPFSTEINHÖHLE

In der sehenswerten Tropfsteinhöhle, der buntesten Höhle Österreichs, fand man Spuren der ersten altsteinzeitlichen Siedlung in Kärnten (30 000–20 000 v. Chr.), außerdem Knochenreste von Höhlenbär, Riesenhirsch und Wollnashorn. Auf die Höhle stieß man, als man im Zweiten Weltkrieg einen Luftschutzraum baute. Seit 1956 gibt es Führungen. Am Ende jeder Führung erlebt der Besucher eine multimediale Zeitreise von der Entstehungsgeschichte der Erde bis in die jüngste Vergangenheit. Der Zugang liegt im Ortszentrum hinter der Kirche. Öffnungszeiten: Juli bis August 9–17 Uhr und Abendführungen Dienstag und Donnerstag 20.30 Uhr, Mai, Juni, September 9–12 und 13–17 Uhr, Oktober 9–12 und 13–16 Uhr. Auskunft: Verschönerungsverein, Tel. 04233 2029.

Ruine Rabenstein (691 m)
Gemeinde St. Paul im Lavanttal.

AUSGANGSPUNKT
St. Paul im Lavanttal.

ZEIT
Etwa 1 Stunde.

HÖHEN-UNTERSCHIED
Etwa 180 m.

ZUR GESCHICHTE. Die 1091 als »Ramestein« errichtete und zwischen 1096 und 1105 genannte Burg wurde von den Spanheimern zum Schutz des Klosters St. Paul errichtet, sie sollte den Zugang von Westen durch das Granitztal sichern. Ab etwa 1150 begannen Jahrhunderte lang anhaltende Streitigkeiten zwischen den Rabensteinern bzw. ihren Nachfolgern und dem Kloster. Die Burg wurde in Fehden mehrmals zerstört, dann aber wieder aufgebaut, so auch, nachdem sie 1307 von kaiserlichen und Salzburger Truppen nach längerer Belagerung gestürmt wurde. Ab 1459 kaufte Kaiser Friedrich III. erst zwei Drittel der Burg und ihrer Güter, den letzten Teil erwarb er 1462. Er setzte dann Pfleger ein. 1480 überstand die Anlage unbeschadet die Türkeneinfälle. 1514 belehnte Kaiser Maximilian I. Siegmund von Dietrichstein mit der Burg, im Besitz dieser Familie verblieb sie dann auch hundert Jahre. 1567 wurde sie von Seyfried von Dietrichstein zu einem Renaissanceschloss umgebaut. Nach dem Aussterben der Dietrichsteiner kam die Burg 1628 an Fürst Johann Ulrich von Eggenberg. Schließlich kaufte Abt Hieronymus Marchstaller 1629 die Anlage von Kaiser Ferdinand. 1636 brannte die Burg ab und wurde nun nicht mehr aufgebaut.

DIE ANLAGE. Die Ruine liegt auf einem weithin sichtbaren, allein stehenden und nach drei Seiten steil abfallenden Kalkfelsen 300 Meter über St. Paul und bietet eine prächtige Aussicht ins Lavanttal und zur Koralpe. Ihr Nordhang war durch Wall und Graben gesichert, an den anderen drei Seiten befinden sich Steilabhänge. Der quadratische Bergfried stand an der höchsten Stelle. Südöstlich von ihm lagen terrassenförmig die anderen Gebäude, allen voran der Palas mit den ihn umschließenden Verteidigungsanlagen. An der gefährdeten Nordseite befand sich eine halbkreisförmige Bastion, mit der man das Vorgelände beschießen konnte.

Die ein bis zwei Meter dicke Mauer östlich des Bergfrieds stammt aus dem 12./13. Jh. und wurde mit ungelöschtem Kalk, Sand und Steinen ausgegossen. Und während die Außenmauern durch die Witterungseinflüsse der vergangenen Jahrhunderte verschwunden sind, ist diese widerstandsfähige Zwischenschicht erhalten geblieben.

Von 1996 bis 2002 wurde die Ruine renoviert und gesichert. Dabei fand man auch Keramikreste aus dem 12./13. Jh., den Fundamentsockel eines Kachelofens und grün glasierte Ofenkacheln aus dem 16./17. Jh.

Südlich der Ruine steht der dreigeschossige, ehemalige Meierhof (Schlosshof), der ein Walmdach besitzt. Nach dem Brand 1636 wurde er umfassend erneuert.

WEGVERLAUF
Es empfiehlt sich, zum Johannesberg zu fahren, und ab hier zu wandern. Der Weg 306 (rechts vom Kruzifix vor dem Gasthof) führt ansteigend in den Wald und knickt dort nach rechts ab. Am nächsten Bauernhof gehen wir rechts vorbei, kurz danach kommt ein Stück Weg außerhalb des Waldes, das uns einen prächtigen Blick nach Süden beschert. Danach geht es im Wald noch etwas weiter in Richtung »Gasthaus Rabensteiner«. Kurz darauf haben wir bereits einen prächtigen Blick zur Ruine, zu der wir vom Gasthaus aus aufsteigen.

KARTE
Kompass Wanderkarte Blatt 219 Lavanttal Saualpe-Koralpe.

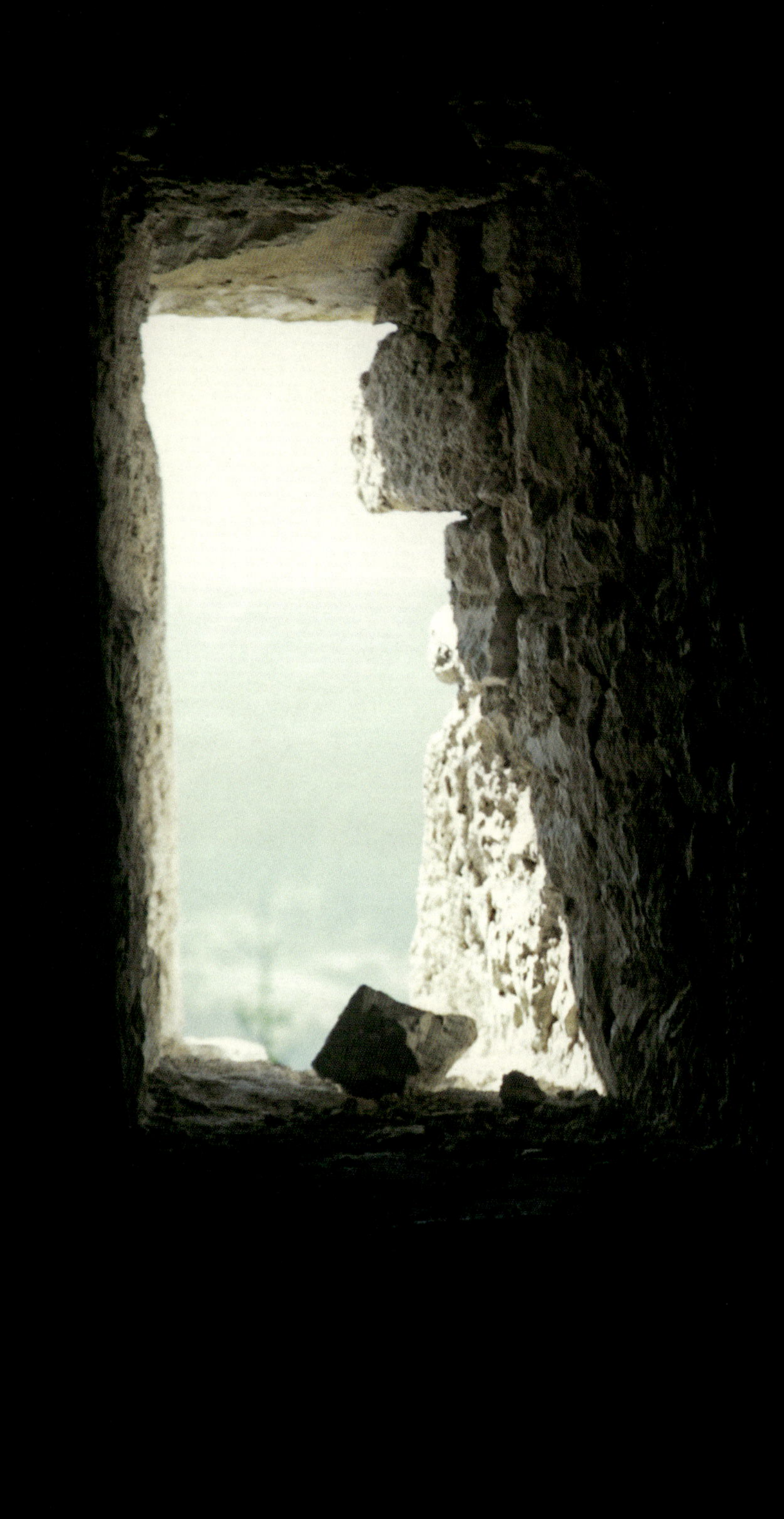

204 Glossar   **214** Register   **216** Literatur

Anhang

Glossar

ABORTERKER
Der auch Abtritt, Haymlichkeit oder haymlich Gemach genannte Erker ruht auf Konsolen. Er wird manchmal mit Pechnasen verwechselt.

ABSCHNITTSBURG
Burg mit mehreren durch Gräben oder Mauern getrennten Abschnitten. Sie entstand oft durch die Befestigung der Vorhöfe.

ABSCHNITTSGRABEN
Gräben, die die einzelnen Bereiche einer Abschnittsburg trennen.

AFTERLEHEN
Lehen, das von einem Lehensnehmer an einen Dienstmann oder Vasallen weiter verliehen wurde.

ALLOD (ALLODIAL)
Dies war der Eigenbesitz eines Adeligen (Burg, Land, Leute).

ALTAN
Söller – vom Erdboden aus gestützter, balkonartiger Anbau.

ANGSTLOCH
Kreisrunde oder quadratische Öffnung über dem Verlies im Bergfried, durch das man den Gefangenen an einer Haspel herunterließ und ihn mit Nahrungsmitteln versorgte. Die heutige Burgenforschung kommt jedoch von der im 19. Jh. entstandenen Meinung ab, dass die meisten Bergfriede Verliese hatten.

AUSFALLPFORTE
Geheimer, versteckter Ausgang in der Mauer einer Burg oder Festung. Durch sie konnte die Burgbesatzung bei Belagerungen einen Ausfall unternehmen.

BARBAKANE
Vorwerk, das ein Tor schützen soll.

BASTION
Vorspringender Teil der Burgmauer. Ab dem 15. Jh. als Verstärkung der Ringmauer neu- oder ausgebaut. Sie ist oft fünfeckig, damit die eigene Artillerie besser operieren konnte und um den Gegner von der Seite beschießen zu können.

BERGFRIED
Dieser mächtige Hauptturm der Burg kam fast nur im deutschsprachigen Raum vor. Er war im unteren Bereich fensterlos, im Innern gab es zwischen den Geschossen oft nur einziehbare Leitern. Nach früherer Auffassung war der Bergfried die letzte Rückzugsstation, wenn der Feind bereits in die Burganlage eingedrungen war. Daher sei der untere Bereich fensterlos gewesen und der Eingang oft fünf bis zwölf Meter über dem Boden gelegen.

Man glaubt, dass die Bergfriede eher als Macht-, Herrschafts-, Status- und Rechtssymbol, als Tresor und Auslug gedient haben und wohl nicht zu verteidigen gewesen wären.

Er war nicht zum ständigen Wohnen eingerichtet und wurde meist auf der höchsten und am meisten gefährdeten Stelle der Anlage errichtet, um gleichzeitig als Schild für die übrigen Bauten zu dienen. Seine Form konnte rund, quadratisch, rechteckig oder mehreckig sein, in anderen Gegenden kamen auch halbrunde oder dreieckige Formen vor. Bedingt durch die dicken Mauern weist er innen oft einen kleinen Querschnitt auf. Die Höhe betrug bis zu 30 m. In seinem untersten Teil war oft das durch das Angstloch zugängliche Verlies untergebracht, es diente wahrscheinlich auch als Vorratskammer. Der Eingang befand sich oft fünf bis zwölf Meter über dem Erdniveau; erreicht wurde er über eine Leiter oder Strickleiter, die man im Notfall einziehen oder eine hölzerne Treppe, die man abschlagen konnte. Die heutigen ebenerdigen Eingänge wurden erst in späteren Zeiten ausgebrochen.

Gute Beispiel sind die Bergfriede der Ruine Glanegg oder Khünburg.

BERING
Ringmauer.

BLUTBANN
Auch Hohe Gerichtsbarkeit genannt: Wer den Blutbann innehatte, durfte in seinem Herrschaftsgebiet auf Leben und Tod richten.

BRÜCKEN
Es gab Zug-, Wipp-, Holz- und Steinbrücken, wobei die letzteren eher in jüngeren Bauten vorkamen. Bei kleineren Burgen gab es wohl weniger Zug- als einfache Holzbrücken, die man bei Annäherung eines Feindes zerschlagen konnte.

BRUSTWEHR
Oberer Abschluss einer Schutzwand an der Ringmauer oder am Turm. Sie kann eine glatte Oberkante haben oder mit Zinnen besetzt sein.

BURG
Das Wort Burgos bezeichnete bei den Römern einen Wachtturm. In Deutschland versteht man darunter einen mittelalterlichen Wehrbau, der von Gräben und Mauern umgeben ist. Sie war Wohnsitz eines Territorialherrn oder eines Lehensmannes (Ministerialen) von ihm, Sitz eines oder mehrerer Geschlechter oder des Vertreters der Macht des regierenden Landesherrn. Sie diente auch als Gerichts- und Verwaltungsort. Die umliegende Bevölkerung fand in Notzeiten hier Zuflucht. Häufig wurde auch zur besseren Erfüllung der Aufgabe eine zweite Burg (Sperrburg) errichtet; manchmal war dies auch nötig, da sich die Familien vergrößerten oder spalteten. Oft gab es auch von der Hauptanlage getrennte Vorwerke, die manchmal sogar nur aus einem Turm bestanden.

BURGFRIEDE
Bedeutete den vertraglich vereinbarte Frieden unter den Mitgliedern der Erbengemeinschaft innerhalb einer Burg.

BURGSTALL
Bezeichnung für eine abgegangene Burg.

BURGVOGT
Verwaltungsbeamter, zuständig für einen bestimmten Bezirk; Hauptmann, der über eine kleine Söldnertruppe verfügte.

DIENSTMANNEN, -LEUTE
s. Ministerialen.

DONJON (franz.)
Hauptturm einer Burg. Meist größer als ein Bergfried, da er auch zu Wohnzwecken diente.

FALLGATTER/FALLTOR
Meist ein Balkenrost aus Eisen oder Holz (mit eisenbeschlagenen Spitzen), mit dem das Burgtor auf einen Schlag verschlossen werden konnte. Es war an Seilen oder Ketten in der Torhalle, in Nuten oder hinter Hakensteinen befestigt und wurde in senkrechten Mauerschlitzen geführt.

FEHDEHANDSCHUH
Das war der Handschuh, den der Ritter demjenigen zuwarf, den er zum Zweikampf herausforderte.

FEUDALISMUS
Durch Lehenssystem geprägte Gesellschaftsordnung.

FLANKIERUNGSTURM
Turm, der aus einer Mauer hervortritt. Ist er innen offen, spricht man von einem Schalenturm. Er diente zur Kontrolle des Platzes vor der Burg, von ihm aus konnten die Flanken beschossen werden.

GADEN
Schutzraum.

GANERBENBURG
Von mehreren Eigentümern, die nicht miteinander verwandt sein mussten, bewohnte Burg.

GEHEIMGÄNGE
Sie stammen wohl meist aus dem Reich der Sagen, waren sie doch mit den seinerzeit zur Verfügung stehenden Mitteln nur äußerst mühselig in den Untergrund zu schlagen. Meist führten sie kurz außerhalb der Mauer ins Freie oder nur zu vorgeschobenen Verteidigungsstellungen, sicherlich nicht zu weiter entfernt liegenden Dörfern oder gar unter Flüssen hindurch.

GESINDE
Bedienstete (Stallknechte, Küchenpersonal).

GEWÄNDE
Die meist profilierten Steine, die ein Fenster, eine Tür oder ein Tor umgaben.

GRABEN
Vertiefung vor der Mauer, ringsum oder vor der am meisten gefährdeten Seite, künstlich angelegt oder natürlich. Er diente als Hindernis für Angreifer und war meist trocken und in U-(Sohlgraben) oder V-(Spitzgraben)Form angelegt, gelegentlich auch als Wassergraben, vor allem bei Burgen in Tallagen bzw. in der Ebene. Als Halsgraben trennte er die Burg vom Vorgelände, als Abschnittsgraben diente er zur Unterteilung des Burgplatzes in Verteidigungsabschnitte (er wurde manchmal auch zusätzlich als Hundezwinger verwendet), als Ringgraben ging er um die gesamte Burg. War die Lage bergiger, so bildeten oft die den Burgen vor gelagerten Felsen Gräben, die vielleicht noch erweitert wurden. Breite und Tiefe des Grabens waren manchmal auch von der gesellschaftlichen Stellung und dem Darstellungswillen bzw. dem Willen zur Machtdemonstration des Burgherrn abhängig.

GUSSERKER (auch Gießerker, Pechnase, Senkscharte)
Er war über Toren und Eingängen angebracht, um heißes Pech, Steine,

Schwefel, siedendes Wasser oder ähnliches auf Angreifer hinab werfen oder gießen zu können. So glaubte man zumindest früher, die heutige Burgenforschung verneint dies jedoch. Wie sollen die Verteidiger beispielsweise auch Flüssigkeiten solange am Kochen halten können, bis der günstigste Moment des Ausgießens kam? Aus ihm konnte man auch mit Einlassheischenden oder Parlamentären verhandeln.

HALSGRABEN
Trennt als letzte Verteidigungslinie eine Spornburg auf einer Bergzunge vom angrenzenden Gelände, ist meist tief und breit.

HARNISCH
Der für den Oberkörper bestimmte Teil der Rüstung, Brust- und Rückenteil sind manchmal durch Gelenke verbunden.

HEISS AUSGEGOSSENE MAUERN
Es wurde eine äußere und innere Steinmauer errichtet und mit einem heißen Zwischenguss gefüllt. Dieser bestand aus gestoßenem ungelöschtem Kalk, Sand und Steinen, wurde mit Wasser gemischt und heiß eingegossen. Das Ganze ergab dann eine feste Masse, vergleichbar mit Beton.

HERRENHAUS
Ein Ministeriale oder Lehensmann, der keine Hoheitsrechte hatte und seinen Wohnsitz nicht mit einem Bergfried befestigen durfte, baute sich ein Herrenhaus (oder Edelsitz), einen oft von einem Wassergraben umgebenen, wehrhaften Bau.

HOCHBURG
Höchstgelegener und oft ältester Teil einer Burg.

HOFAMT
Der König oder Landesfürst konnte vier Hofämter vergeben: Der *Truchsess* (Seneschall) war Vorsteher der Hofhaltung und Küchenmeister und sicherlich der an Einfluss mächtigste Hofbeamte. Der *Mundschenk* (Schenk) war für die Getränke zuständig. Der *Marschall* war ein hoher Hofbeamter und als Stallmeister zuständig für Pferde und Wagen. Seit dem 16./17. Jh. ist dies der höchste Generalstitel in der Armee. Der *Kämmerer* verwaltete die Einkünfte, war Schatzmeister und verwahrte Schätze und kostbare Stoffe.

HOHE GERICHTSBARKEIT
Siehe Blutbann.

INTERREGNUM
(lat. Zwischenherrschaft) Dieser Zustand gibt es nur in Wahlmonarchien, in Erbmonarchien kann er nicht entstehen, solange es erbberechtigte Thronanwärter gibt. Interregnum wird die »schreckliche, kaiserlose« Zeit genannt ab dem Tod des letzten Stauferkaisers Konrads IV., sie dauerte von 1254 bis zur Wahl Rudolfs I. von Habsburg 1273. Diese Zeit war für die Entwicklung des Reiches von größter Bedeutung. Die von den Staufern geschaffene Regierungsordnung brach zusammen, Ministerialen stiegen auf, Städtebünde, die den Landfrieden wahren wollten, bildeten sich und Landesfürsten erstarkten. Die Goldene Bulle von Kaiser Karl IV. (1356) sollte ein weiteres Interregnum verhindern. Durch die Bestimmung von Reichsverwesern wollte man die Kontinuität der Reichsverwaltung während einer herrscherlosen Zeit sichern. Diese Bestimmung galt bis 1806.

KÄMMERER
S. Hofamt

KAPELLEN
Burgkapellen gab es fast in allen Burgen, auch wenn sie manchmal einfach ausgestattet waren oder nur aus einer Nische oder einem Erker bestanden. In größeren Burgen gab es auch einen Burgkaplan, der manchmal in den umliegenden Dörfern den Gottesdienst versah. Als Schreib-Kundiger war er auch für die Abfassung von Schriftstücken zuständig.

KASEMATTEN
Verteidigungs- oder Vorratsräume im Festungsbau. Sie wurden unterirdisch angelegt oder durch dicke Mauern oder Erdanhäufung und dicke Decken geschützt.

KASTEN
Außer der Bezeichnung für einen Schrank ist damit im süddeutschen Raum (Norddeutschland: Speicher) ein freistehendes, oft zweigeschossiges Gebäude zur Aufbewahrung von Saatgut und sonstigen Vorräten oder wertvoller Habe gemeint.

KATAPULT
Wurfmaschine, das Geschoss wird durch die Sehne eines gespannten Bogens »katapultiert«.

KEMENATE
Eine mit Kamin versehene Kammer (lat. caminata/caminus = Kamin). Ursprünglich war es die Bezeichnung für beheizbare Wohngemächer im Palas, und zwar für die gesamte Herrschaft, später in größeren Burgen der den Damen vorbehaltene Wohntrakt.

KNAPPE
»Ritternachwuchs« vom cirka 14. bis zum 18. Lebensjahr. Er übte sich in Kriegsdiensten, Reiten, Kämpfen und Schießen.

KONSOLE
Aus der Mauer vorkragender, ständerartiger Stein, meist profiliert. Sie diente als Auflage für die Last der Baulichkeiten, die nach außen vortreten (Balken, Erker).

KRAGSTEIN
Konsolenartig aus der Mauer hervorstehender Stein, auf dem Aufbauten wie z.B. Erker lagen.

KUNKELLEHEN
Lehen, das auch auf Erbtöchter übertragen werden konnte (Gegenteil: Schwertlehen).

LEHEN
Persönliches Dienstverhältnis zweier freier Männer. Einer von beiden bekam vom (reicheren und mächtigeren) anderen Land, eine Burg oder ein Recht zu Lehen, also zur Nutznießung. Im Gegenzug war er zur militärischen Gefolgschaft verpflichtet, u. U. auch zu finanzieller Leistung, z.B. Aufbringung von Lösegeld, wenn der Herr gefangen genommen wurde, der Hochzeit der ältesten Tochter, der Ritterweihe des ältesten Sohnes oder im Falle eines Kreuzzuges. Der Lehensmann konnte auch Lehen zweier Herren annehmen, wodurch die Treuepflicht zu jedem einzelnen natürlich eingeschränkt wurde – vor allem, wenn es zwischen beiden Herren zu Kriegshandlungen kam. Das komplizierte System reicht in den Anfängen bis ins 5. Jh. zurück und fand erst im 18. Jh. sein Ende. Anfangs wurde es persönlich vergeben, später wurde es erblich (oder zumindest so gehandhabt); vielfach ging es auch in Eigenbesitz (allod) über.

MANNLOCH
Kleiner Durchschlupf durch den Torflügel.

MANTEL
Der Mantel war ein Teil der Ringmauer, der den dahinter liegenden Teil der Burg wie ein Mantel schützt und umgibt, meist bei kleineren Burgen ohne Turm. Die einzelnen Gebäude waren direkt angebaut.

MARSCHALL
S. Hofamt.

MARSTALL
Diente in größerer Hofhaltung (z.B. bei Fürsten) zur Unterbringung von Pferden, Wagen und Geschirr.

MAUER
Die Mauer war zwar einer der wichtigsten Teile der Burg, aber auch ihr schlichtester. Sie hatte vor allem stabil zu sein und den Belagerern und ihren Versuchen, sie zu beschädigen oder zu überwinden, standzuhalten. Um sie möglichst dick zu machen, wurde oft zwischen zwei gemauerten Wandschalen ein Füllkern aus kleinerem Material mit Mörtelbindung eingebracht.

MINE
Gang, der von Angreifern unterirdisch bis unter die Burgmauer getrieben wurde, um den Bau durch Unterhöhlung zu zerstören.

MINISTERIALE
Lateinisch für Dienstmann (ministerium = Dienst). Der Ministeriale gehörte ursprünglich zum unfreien Adel der niedrigsten Stufe der Heerschildordnung und der Ritterschaft. Er besaß ein Lehen und war einem Höhergestellten auf Lebenszeit dienstverpflichtet. Ihm wurden vom Herren (König, Graf oder Geistlichkeit wie Bischöfe oder Äbte) wichtige Funktionen der Hofhaltung oder der Verteidigung einer Burg übertragen. Da diese Unfreien ihre ganze Karriere ihrem Herrn zu verdanken hatten, waren sie auch treuere Gefolgsleute als die freien Lehensleute, die nur durch das Lehensband mit ihrem Herrn verbunden waren.

MOTTE
Einfache Art einer (hölzernen) Turmhügelburg. Sie ist bereits auf dem berühmten Teppich von Bayeux abgebildet, der viele Aufschlüsse über das Leben zur Ritterzeit bietet. Um 1100 soll es rund hundert solcher Anlagen im deutschen Sprachraum, in Frankreich, auf den Britischen Inseln und in Skandinavien gegeben haben.

MUNDSCHENK
S. Hofamt.

NIEDERE GERICHTSBARKEIT
Wer damit belehnt war, durfte in seinem Gebiet über die Untertanen richten und war zuständig für kleinere Vergehen wie Diebstahl, Körperverletzung und Sachbeschädigung.

PAGE
Er war die Vorstufe zum Knappen. Der acht- bis 14-jährige Page half im Haushalt und wurde durch die Burgherrin erzogen.

PALAS
Herrenhaus: Er war das Hauptwohngebäude der Burg, der Wohntrakt des Burgherrn mit Rittersaal und Kemenate, wurde aber auch zu Verwaltungszwecken verwendet. In seinem Untergeschoss lagen Vorratsräume, Keller und Küche,

manchmal auch Stallungen. Er war meist repräsentativ ausgebildet, oft ausgeschmückt und besaß mehrere Geschosse.

PALISADEN
Wand als Schutz gegen Feinde aus eingegrabenen, oben angespitzten und fest miteinander verbundenen Pfählen, oft auf der Wallkrone. Manchmal auch ein dichter Flechtzaun.

PFALZ
Pfalzen waren zu Zeiten der Karolinger und Salier unbewehrte Höfe, in denen der König bei seinen Reisen residierte. Unter den Staufern wurden sie zu aufwändig gestalteten Burgen umgebaut.

PFAND
Eine Burg konnte auch für verliehenes Geld verpfändet werden.

PFLEGER
Vergleichbar mit einem Landrat. Er hatte Verwaltungs-, Steuereinnahme und Gerichtsfunktionen. Zur Machtdemonstration lebte er auf einer Burg oder einem Schloss.

PFRÜNDE
Einkünfte aus einem Kirchenamt.

RAUBRITTER
Dies waren verarmte Ritter im ausgehenden Mittelalter. Das Raubritter-Unwesen war in der Zeit des Interregnums besonders verbreitet. Die Verarmung kam zum Teil durch die Umstellung des Wirtschaftssystems (Geld- statt Naturalwirtschaft). Die Ritter waren als Landbesitzer von den Bauern, die ihre Abgaben ebenfalls in Naturalien machen mussten, abhängig. Dadurch fehlte ihnen im Gegensatz zu reichen Bürgern und Kaufleuten das Bargeld. König Rudolf von Habsburg ließ 1291, im Jahr seines Todes, 21 Raubritter enthaupten und sechzig ihrer Burgen schleifen.

REICHSLEHEN
Vom Kaiser verliehenes und mit Hoheitsrechten belegtes Lehen aus Reichsgut.

REITTREPPE
Treppe mit niedrigen, breiten Stufen, um in die oberen Stockwerke reiten zu können.

RINGMAUER (Bering)
Oft von einem Wehrgang gekrönte Mauer zur Begrenzung der Burganlage. In manchen Mauern sieht man Kanonenkugeln stecken (z.B. in Gmünd); während man früher meinte, sie seien von Beschießungen übrig geblieben, geht man heute davon aus, dass sie absichtlich angebracht worden sind, um die Angreifer über die Stärke der Mauer zu täuschen und um den Bewohnern Sicherheit vorzuspiegeln.

RITTERSCHLAG
Mit etwa 18 Jahren erhielt der Knappe das Ritterschwert (Schwertleite) und wurde zum Ritter geschlagen.

RUSTICA
Architektonische Bezeichnung für eine bestimmte Art, Werksteine zu gestalten. Sie waren groß, quaderförmig und wurden oft bei Portaleinfassungen (Torumfassungen, Erdgeschossmauern etc.) verwendet, was einen starken, wehrhaften Eindruck erweckte.

SCHALENTURM (Halbturm)
Zur Burgseite hin offener Turm.

SCHIESSSCHARTE
(Bogen-, Schieß-, Armbrust-, Schlüssel-, Maul-, Kugelscharte). Mauerdurchbruch aus senkrechten, waagrechten oder runden Elementen zum Durchschießen mit Bogen oder Armbrust, als Maulscharte für Geschütze. Die Scharten wurden so angebracht, dass aus ihnen das gesamte Mauervorfeld bestrichen werden konnte, deshalb erweiterten sie sich auch nach innen. Dadurch hatten die Schützen Platz, um sich zu bewegen. Am häufigsten kamen Schlüsselscharten vor.

Allerdings: nicht alles, was heute wie eine Schießscharte aussieht, muss früher auch eine gewesen sein. Manche waren zum Schießen derart ungeschickt gebaut, dass sie wohl eher einen wehrhaften Eindruck vortäuschen wollten, manche waren wohl eher Attrappen und so beschaffen, dass sie gar nicht bedient werden konnten; auf Grund mangelnder Bewegungsfreiheit innen bzw. zu kleiner Öffnung konnte aus ihnen oft kaum geschossen werden. Später wurden sie vermutlich als bloße Schmuckelemente angebracht, nur Festungen wurden noch mit Maulscharten versehen.

SCHILDMAUER
Teil der Ringmauer auf der am meisten gefährdeten Seite und darum besonders hoch und dick gemauert. Oft ist sie begehbar. Manchmal war auch der Bergfried in die Schildmauer integriert (z.B. Ruine Weidenburg).

SCHWERTLEHEN
Dieses Lehen durfte nur an Männer übertragen werden (Gegenteil: Kunkellehen).

SCHWERTLEITE
Ritterschlag.

SÖLDNER
Sie leisteten für vereinbarten Sold Kriegsdienst und wechselten je nach Bezahlung ihren Kriegsherrn.

SÖLLER
Balkon mit Brüstung, von unten abgestützt.

SPORNBURGEN
Sie verstärkten ihre verletzliche Seite zum Land hin durch eine hohe Schildmauer. Diese konnte auch als selbstständiger Baukörper dastehen, war oft begehbar und hatte zur Rundumverteidigung Zinnengänge oder überdachte Wehrgänge sowie einen Turm.

STEINMETZZEICHEN
Ab der Mitte des 12. Jh. signierten die Steinmetzmeister ihre Steine, jeder mit einem eigenen Zeichen. Wahrscheinlich waren die Zeichen auch Grundlage für die Abrechnung mit dem Bauherrn. Gebräuchlich waren sie nach neueren Forschungen bereits in der Antike. Die Formen und Sinngehalte der Zeichen wechselten im Laufe der Zeiten, von Tiersymbolen über Waffen, Körperteile bis hin zu gotischen Buchstaben oder einfachen Strichzeichnungen reicht das Spektrum.

TOR
Auf der Außenseite war es zum Schutz gegen Feuer oft mit Blechplatten beschlagen oder man nagelte zu einem Gitternetz verbundene schmiedeeiserne Bänder darüber. Innen war es häufig durch einen Querbalken bzw. mehrere Verriegelungen zusätzlich gesichert. Oft enthielt es eine Schlupfpforte

(Mannloch) und ein Guckloch. An größeren Toren waren noch zusätzliche Türen für einzelne Fußgänger angebracht. Dies ist z. B. noch schön im Schloss Straßburg zu sehen. Im Torgang hinter dem Tor lag in vielen Burgen eine Wolfsgrube.

Versperrt wird das Tor mit dem Torbalken, er ist möglich als Schiebe- oder Schwenkbaum oder Riegel. Die Verriegelung erfolgte seitlich in Mauerschlitzen oder hinter Klauensteinen, die Löcher sind oft heute noch zu sehen. Die Torhalle ist ein meist gewölbter Raum im Torbau, oft ist sie mit mehreren Verschlussmöglichkeiten ausgestattet, um eingedrungene Feinde behindern oder vernichten zu können.

TORTURM
Oft wurden die Tore mit Doppeltürmen vor dem Torhaus befestigt. Sie bildeten häufig eine Art kleine Burg vor der Hauptburg und wurden errichtet, um das Haupttor besser verteidigen zu können.

TRUCHSESS
s. Hofamt.

TURM
Die Türme waren erst viereckig, später gab es dann besser zu verteidigende Rundtürme (von denen auch die Kugeln besser abprallten). Es gibt sie frei vor Mauern stehend oder in Verbindung mit dieser oder mit anderen Gebäuden stehend, aber auch bündig mit der Mauer oder zur Flankierung vortretend. Grundrissformen können Quadrat, Rechteck, Kreis, Halbkreis, Polygon sein. Manchmal sind sie auch auf der Innenseite offen (Schalenturm). Man unterscheidet Wohn-, Mauer-, Tor-, Treppen-, Gefängnis-, Wasser- und später Pulver- und Geschütztürme.

TURMBURG
Burg, die lediglich aus einem Wohn- und Wehrturm mit einer Ringmauer besteht. Meist war es eine Burg des niederen Adels.

UMWEHRUNG
Äußere Burgmauer.

UNTERIRDISCHER GANG
Fluchtweg oder Zugang zu einer Wasserader. Entsprang wohl meist der Phantasie in späteren Jahrhunderten. Beispielsweise soll in der Burg Gomarn ein solcher Geheimgang bestanden haben.

URBAR
Hier waren alle Besitzungen einer Herrschaft mit den auf ihnen lastenden Abgaben und Robotpflichten verzeichnet.

URFEHDE
Verzicht auf Fehde oder Rache durch einen aus Gefangenschaft entlassenen oder verurteilten Ritter; sie musste beeidet werden.

VASALL
Lehensnehmer, Burgherr.

VERLIES
Raum, der nur durch eine Deckenöffnung zugänglich ist. Es befand sich oft im Sockel des Bergfriedes. Der Raum ist zwar als Gefängnis bekannt, diente wahrscheinlich aber hauptsächlich der Vorratshaltung. Oft ist er nur durch einen hochgelegenen Wandschlitz belüftet.

VOGT
s. Burgvogt.

VORBURG
Wehrhaft gebautes Gebäude, außerhalb der Ringmauer/Kernburg

gelegen. Es diente meist als Wirtschaftsgebäude oder Stall. Oft war hier auch die Pferdeschwemme. Im Kriegsfall konnten in der Vorburg auch die Landbevölkerung und ihre Tiere Aufnahme finden.

WALL
Erdaufschüttung als Ergänzung zum Graben. Er war ein zusätzliches Hindernis für den Angreifer. Der Wall ist die früheste Form einer Wehranlage. Bei Festungsbauten im 16. bis 19. Jh. wurde der Wall wieder ein wesentliches Element.

WARTE/WARTTURM
Isoliert stehender Turm an einer Grenze; Sitz eines Wachtpostens.

WEHRGANG
Gang auf der Ringmauer oder in außen liegenden Gebäuden, oft überdacht, für Wächter und Verteidiger. Innen ist er meist als leichte Holzkonstruktion gearbeitet.

WEHRPLATTE
Durch Brustwehr oder Zinnenkranz geschützte Plattform. Hier standen die Geschütze oder die Verteidiger.

WIDDER
Rammbock: Mit Menschenkraft bewegter Balken mit Metallkopf zum Einrammen von Toren.

WILDBANN
Jagdgebiet, das für den Landesherrn reserviert war.

WOHNTURM
Burg, deren Turm zugleich Wohnzwecken diente, manchmal auch mit Anbau an ein Wohnhaus. Wohntürme wurden, vor allem bei kleinen Anlagen, anstelle des Bergfrieds errichtet. Der Eingang lag oft über dem Boden.

WOLFSGRUBE
Tiefe Grube hinter dem Tor, zum Schutz vor eindringenden Feinden.

ZEHNT
Wurde unter Karl dem Großen im Frankenreich verbindlich gemacht. Er wurde zwischen dem Eigenkirchenherrn und dem Priester im Verhältnis 2:1 geteilt.

ZINNE
Mauerteil auf Brustwehr des Wehrgangs zum Schutz der Verteidiger.

ZISTERNE
Eine Zisterne war in Gegenden und auf Burgen, wo Brunnen fehlten, ein Behälter zum Sammeln von Regenwasser.

ZUGBRÜCKE
Holzbrücke, die durch eine Haspel, einen Schwenkbalken oder als Kippbrücke mit Einschlag in eine »Wolfsgrube« bewegt wird. Die hochgezogene Brückenfläche verschließt zugleich das Tor.

ZWINGER
So wurde die Fläche zwischen zwei Mauerringen oder -teilen benannt. Von beiden Mauern herab konnte ein eingedrungener Feind »bezwungen« werden. Kenntnisse über den Bau von Zwingern brachten die Kreuzritter des 11. bis 13. Jh. mit.

ZWINGERMAUER
Mauer, die den Zwinger gegen den Graben abgrenzt. Meist mit nach außen vorstehenden Flankierungstürmen. Sie ist immer niedriger als die Ringmauer und wird von dieser beherrscht.

Register
Burgen und Ruinen

Altes Schloss Gmünd | Gmünd 71
Burg Hochosterwitz |
  St. Georgen am Längsee 164
Burg Waldenstein |
  Bad St. Leonhard 185
Burgenstadt Friesach |
  Friesach 147
Kraiger Schlösser |
  Frauenstein 157
Mautturm | Winklern 50
Ruine Aichelberg |
  Wernberg 108
Ruine Aichelburg |
  St. Stefan an der Gail 90
Ruine Alt-Albeck | Sirnitz 115
Ruine Alt-Finkenstein |
  Finkenstein 106
Ruine Alt-Leonstein |
  Pörtschach 123
Ruine Alt-Liemberg |
  Liebenfels 132
Ruine Altrosegg | Rosegg 113
Ruine Alt-Treffen | Treffen 100
Ruine Arnoldstein | Arnoldstein 93
Ruine Arnulfsfeste | Moosburg 119
Ruine Federaun | Villach 97
Ruine Feldsberg | Lurnfeld 76
Ruine Flaschberg |
  Oberdrauburg 55
Ruine Glanegg | Glanegg 129
Ruine Goldenstein |
  Dellach im Gailtal 59
Ruine Gomarn |
  Bad St. Leonhard 181
Ruine Gradenegg | Liebenfels 135
Ruine Griffen | Griffen 197
Ruine Grünburg | Klein St. Paul 170
Ruine Haimburg | Völkermarkt 195
Ruine Hardegg | Liebenfels 140
Ruine Hartneidenstein |
  Wolfsberg 189
Ruine Höhenbergen |
  Völkermarkt 177

Ruine Hohenburg | Lurnfeld 74
Ruine Hohenburg |
  Oberdrauburg 53
Ruine Hohenliebenfels |
  Liebenfels 136
Ruine Hohenwart |
  Velden am Wörthersee 110
Ruine Hornburg |
  Klein St. Veit 172
Ruine Karlsberg |
  St. Veit an der Glan 138
Ruine Khünburg | Hermagor 87
Ruine Landskron | Villach 103
Ruine Malenthein | Hermagor 84
Ruine Mölltheurer | Kolbnitz 65
Ruine Ödenfest | Malta 68
Ruine Ortenburg |
  Baldramsdorf 79
Ruine Pittersberg |
  Kötschach-Mauthen 56
Ruine Rabenstein |
  St. Paul im Lavanttal 200
Ruine Rechberg |
  Bad Eisenkappel | Vellach 192
Ruine Reichenfels |
  Reichenfels 178
Ruine Reifnitz | Keutschach 126
Ruine Reisberg | Wolfsberg 187
Ruine Sommeregg | Seeboden 82
Ruine Sonnegg | Sittersdorf 190
Ruine Sonnenburg | Malta 68
Ruine Taggenbrunn |
  St. Georgen am Längsee 162
Ruine Twimberg |
  Bad St. Leonhard 183
Ruine Waisenberg |
  Völkermarkt 174
Ruine Weidenburg |
  Kötschach-Mauthen 62
Ruine Zeiselberg |
  Magdalensberg 143
Schloss Straßburg |
  Straßburg 154

Die Gemeinden mit ihren Burgen und Ruinen

Arnoldstein | Ruine Arnoldstein 93
Bad Eisenkappel-Vellach |
  Ruine Rechberg 192
Bad St. Leonhard |
  Ruine Gomarn 181
Bad St. Leonhard |
  Ruine Twimberg 183
  Burg Waldenstein 185
Baldramsdorf | Ruine Ortenburg 79
Dellach im Gailtal |
  Ruine Goldenstein 59
Finkenstein |
  Ruine Alt-Finkenstein 106
Frauenstein | Kraiger Schlösser 157
  Niederkraig 157 Hochkraig 158
  Schloss Frauenstein 159
  Burg Freiberg 159
  Schloss Dornhof 161
  Burg Nussberg 161
  Ruine Schaumburg 161
Friesach | Burgenstadt Friesach 147
  Burg Geyersberg 153
  Ruine Rotturm 152
  Virgilienberg 153
  Ruine Petersberg 148
  Ruine Lavant 148
Glanegg | Ruine Glanegg 129
Gmünd | Altes Schloss Gmünd 71
  Neues Schloss Gmünd 73
Griffen | Ruine Griffen 197
Hermagor | Ruine Khünburg 87
Hermagor | Ruine Malenthein 84
Keutschach | Ruine Reifnitz 126
Klein St. Paul | Ruine Grünburg 170
Klein St. Veit | Ruine Hornburg 172
Kolbnitz | Ruine Mölltheurer 65
Kötschach-Mauthen |
  Ruine Pittersberg 56
Kötschach-Mauthen |
  Ruine Weidenburg 62
Liebenfels | Ruine Alt-Liemberg 132
Liebenfels | Ruine Gradenegg 135
Liebenfels | Ruine Hardegg 140
Liebenfels |
  Ruine Hohenliebenfels 136
Lurnfeld | Ruine Feldsberg 76
Lurnfeld | Ruine Hohenburg 74
Magdalensberg |
  Ruine Zeiselberg 143
Malta | Ruine Ödenfest 67
Malta | Ruine Sonnenburg 68
Moosburg | Ruine Arnulfsfeste 119
Oberdrauburg | Ruine Flaschberg 55
Oberdrauburg | Ruine Hohenburg 53
Pörtschach |
  Ruine Alt-Leonstein 123
Reichenfels |
  Ruine Reichenfels 178
Rosegg | Ruine Altrosegg 113
Seeboden | Ruine Sommeregg 82
Sirnitz | Ruine Alt-Albeck 115
  Schloss Neu-Albeck 117
Sittersdorf | Ruine Sonnegg 190
St. Georgen am Längsee |
  Burg Hochosterwitz 164
St. Georgen am Längsee |
  Ruine Taggenbrunn 162
St. Paul im Lavanttal |
  Ruine Rabenstein 200
St. Stefan an der Gail |
  Ruine Aichelburg 90
St. Veit an der Glan |
  Ruine Karlsberg 138
Straßburg | Schloss Straßburg 154
Treffen | Ruine Alt-Treffen 100
Velden am Wörthersee |
  Ruine Hohenwart 110
Villach | Ruine Federaun 97
Villach | Ruine Landskron 103
Völkermarkt | Ruine Haimburg 195
Völkermarkt |
  Ruine Hohenbergen 177
Völkermarkt |
  Ruine Waisenberg 174
Wernberg | Ruine Aichelberg 108
Winklern | Mautturm 50
Wolfsberg |
  Ruine Hartneidenstein 189
Wolfsberg | Ruine Reisberg 187

Literatur

Dehio-Handbuch. Die Kunstdenkmäler Österreichs. Kärnten. Bearbeitet von Gabriele Russwurm-Biró. 3. Auflage, 2001.

Barbara Deuer, Wilhelm Deuer: Rund um den Wörthersee. Klagenfurt, 1999.

Dr. Georg Graber: Sagen und Märchen aus Kärnten. Graz, 1944.

Hugo Henckel-Donnersmarck: Burgen und Schlösser in Kärnten. Band 1 und 2. Klagenfurt, 1964.

Klaus Kaiser, Thomas Zedrosser: Friesach. Friesach und Wien, 1992.

F. X. Kohla: Kärntens Burgen. Klagenfurt, 1953.

F. X. Kohla, G. A. v. Metnitz, G. Moro: Kärntens Burgen, Schlösser, Ansitze und wehrhafte Stätten. Band 1 und 2. Klagenfurt 1973.

Michael Leischner/Alois Brandstetter: Burgen und Schlösser in Kärnten. Einschließlich Broschüre zur Ergänzung. Klagenfurt, 2000.

Marianne Mehling (Hrsg.): Knaurs Kulturführer in Farbe Kärnten. München, 1984.

Heinrich Noé: Südliche Täler, südliche Höhen. Reprint aus dem »Deutschen Alpenbuch«. Rosenheim, 1982.

Siegfried Obermeier: Kärnten. Ein Führer. München, 1975.

Josef Friedrich Perkonig: Kärnten Ein Heimatbuch. Leipzig, 1925.

Pfarramt Reichenfels: Reichenfels. Reichenfels, 1985.

Arnold Ronacher: Die Gail entlang. Klagenfurt, 1992.

Salzburger Museum Carolino Augusteum: Burgen in Salzburg. Austellungskatalog. Salzburg, 1977.

Stadtgemeinde Hermagor (Hrsg.): Hermagor. Klagenfurt, 1969.

Heinrich Widmann: Kärntner Heimatbuch. Wien, 1923.